Dr. Peter Littig

HR MANAGEMENT

Handlungsfelder, Konzepte und Praxis des Personalmanagements von morgen

D1683579

STARK

Der Autor

Dr. Peter Littig ist Direktor Bildungspolitik und -strategie der DEKRA Akademie GmbH. Er befasst sich mit Fragen zur Entwicklung des Arbeits- und Stellenmarktes im europäischen und außereuropäischen Kontext und vertritt die Akademie in wichtigen (bildungs-)politischen Gremien in Berlin und Brüssel.

Coverbild: © Alexey Avdeev
ISBN 978-3-86668-861-2

© 2013 by Stark Verlagsgesellschaft mbH & Co. KG
www.berufundkarriere.de

Das Werk und alle seine Bestandteile sind urheberrechtlich geschützt. Jede vollständige oder teilweise Vervielfältigung, Verbreitung und Veröffentlichung bedarf der ausdrücklichen Genehmigung des Verlages.

Inhalt

Vorwort

Die Demografie lässt grüßen!

Vor einigen Jahren fiel es vielen Menschen zumindest sprachlich noch schwer, zwischen Demoskopie und Demografie zu unterscheiden. Heute kommt das schon erheblich seltener vor. Demografie bzw. das, was wir unter dem demografischen Wandel verstehen, hat in den letzten Jahren immer mehr Einzug in das Bewusstsein der Menschen und ihren alltäglichen Sprachgebrauch gehalten.

Ganz gleich, ob wir über die Kostenentwicklung bei der Renten- oder Krankenversicherung diskutieren, ob wir über die alternde Gesellschaft und die Veränderung der ehemaligen Alterspyramide zu einem Sarkophag nachdenken oder ob wir über das in Zukunft am Arbeitsmarkt verfügbare Potenzial an erwerbsfähigen Frauen und Männern sprechen: Wir können den Diskussionen um den demografischen Wandel und seinen Folgen kaum noch ausweichen.

Natürlich war den Personalchefs[1] der Unternehmen auch schon vor zehn oder mehr Jahren bekannt, wie die demografische Entwicklung in Deutschland in der ersten Hälfte des 21. Jahrhunderts mit hoher Wahrscheinlichkeit verlaufen wird. Dieser Erkenntnis zum Trotz blendeten die meisten Personalmanager aber zu dieser Zeit den demografischen Faktor und dessen Auswirkungen auf den Arbeitsmarkt noch gerne aus und träumten von einem Arbeitsmarkt, an dem sie auch weiterhin das Sagen und lediglich die Qual der Wahl bei der Besetzung offener Stellen durch Nachwuchskräfte hätten.

Heute wird, wie die zunehmende Diskussion in der Öffentlichkeit verdeutlicht, ein ganzes Stück bewusster wahrgenommen, dass und wie der demografische Wandel die zukünftige Leistungs- und Wettbewerbsfähigkeit der Unternehmen bedroht. Dennoch hat es den Anschein, dass nicht überall oder zumindest keinesfalls flächendeckend frühzeitig genug die passenden Gegenstrategien entwickelt werden. Die allenthalben zu beobachtende

1 Wenn im Folgenden nur die männliche Form verwendet wird, dann ausschließlich, um den Lesefluss zu gewährleisten.

mangelnde Entschlossenheit vieler insbesondere kleiner und mittlerer Unternehmen, sich des Themas Fach- und Führungskräftesicherung bewusster und offensiver anzunehmen, ist ein gewichtiger Grund dafür, dass ich mich entschlossen habe, mich den Themen demografischer Wandel, Fachkräftesicherung und Fachkräftemangel in dieser Form zu widmen.

Obwohl die Diskussionen um den demografischen Wandel und die Fach- und Führungskräftesicherung mittlerweile immer präsenter werden und Politik sowie Medien sich dieser Themen angenommen haben – ein Blick in die aktuelle Tagespresse oder auch eine kleine Recherche im Internet unter einem der genannten Stichworte wird dies rasch belegen –, gehörten die Entwicklung und die Umsetzung von Strategien zur mittel- bis langfristigen Sicherung des Potenzials an Fach- und Führungskräften noch nicht zu den Lieblingsbeschäftigungen vieler Personalverantwortlicher. Vielmehr gibt man sich oft mit lediglich kurzfristig wirksamen Lösungsansätzen zufrieden, um eine aktuelle Vakanz im Unternehmen rasch wieder mit einem qualifizierten Mitarbeiter zu besetzen. Mit den Problemen der Zukunft beschäftige man sich eben erst dann, wenn es so weit sei, so bekommt man immer wieder zu hören.

Jedenfalls bin ich überzeugt, dass sich die Unternehmen keinen Gefallen damit tun, wenn sie nicht mittel- bis langfristig wirksame Strategien im Hinblick auf den demografischen Wandel und dessen arbeitsmarktpolitische Effekte stärker in den Fokus nehmen. Daher verfolge ich mit diesem Buch u. a. die Ziele, die Personalverantwortlichen dazu zu motivieren, sich intensiver mit dem demografischen Wandel und dessen Auswirkungen vertrauter zu machen, sich in diesem Zusammenhang über die sogenannte demografische Wettbewerbsfähigkeit des eigenen Unternehmens klar zu werden und ganz besonders darüber nachzudenken, wie diese demografische Wettbewerbsfähigkeit verbessert werden kann etc.

Deshalb will ich mit diesem Buch auch Wege ansprechen, die zu mehr demografischer Wettbewerbsfähigkeit führen. Dabei geht es mir darum, zu zeigen, wie wichtig Ansätze sind, die sich der bisher verborgenen Potenziale im eigenen Unternehmen annehmen. In den folgenden Abschnitten werden aus diesem Grund meine Bemühungen darauf abzielen, u. a. die Personalverantwortlichen in unserer heterogenen Unternehmenslandschaft auf die vielen Frauen und Männer aufmerksam zu machen, deren Talent und deren Kompetenzen bisher unentdeckt blieben oder viel zu wenig beachtet wurden.

Es würde mich sehr freuen, wenn es mir mit meinen Ausführungen gelänge, das Augenmerk der HR Manager und Führungskräfte bei der Suche nach talentiertem Fach- und Führungskräftenachwuchs stärker auf die Frage zu lenken: Wie kann man die im eigenen Unternehmen noch verborgenen Rohdiamanten entdecken, fördern und auch an das Unternehmen binden?

Dr. Peter Littig, im September 2013

Einleitung

Wir sollten uns endlich eingestehen, dass es keinen Sinn macht, die möglichen Konsequenzen des altersbedingten Rückgangs der Erwerbsbevölkerung weiter zu verdrängen, und uns offen der Problematik stellen. Deshalb müssen wir uns verstärkt mit den mittel- bis langfristigen Entwicklungen des Arbeits- und Stellenmarktes vor dem Hintergrund des demografischen Wandels auseinandersetzen. Auch wenn die Euro- und Bankenkrise immer noch andauert und ein Ende noch lange nicht in Sicht zu kommen scheint; auch wenn Rezessionsängste, die von der deutschen Wirtschaft ausgesendet werden, immer wieder aufs Neue aufkeimen; auch wenn die Statistik nicht mehr – wie in den Jahren 2011 und 2012 – monatlich immer niedrigere Arbeitslosenzahlen vermeldet (im Juni 2013 lag die Zahl der Arbeitsuchenden in Deutschland zwar niedriger als im Vormonat, aber doch um mehr als 50.000 Menschen über den Werten im Vorjahresmonat Juni 2012 [2]): Das eher strukturelle Problem des demografischen Wandels und dessen Auswirkungen auf das Potenzial an Fach- und Führungskräften darf nicht in den Hintergrund gedrängt werden. Handlungsbedarf im Hinblick auf die Fachkräftesicherung besteht selbst dann, wenn die Arbeitslosigkeit wieder temporär ansteigen sollte:

Zahlreichen Unternehmen fällt es auch im Jahr 2013 immer noch schwer, sich von einem lange gehegten und gepflegten Wunschbild zu verabschieden bzw. es zumindest infrage zu stellen: dem Bild des von nachdrängenden Fach- und Führungskräften umworbenen Arbeitgebers. Das mag zwar verständlich sein, vernünftig im Hinblick auf die zukünftige Wettbewerbsfähigkeit der Unternehmen erscheint eine solche Einstellung nicht. Für diese – vorsichtig gesagt – Abwartehaltung eines Teils der Unternehmen sei stellvertretend die Antwort eines Personalchefs zitiert. Auf die Frage nach der Strategie im Hinblick auf den demografischen Wandel antwortete er: „Mit diesem Problem beschäftigen wir uns dann, wenn es da ist.“

2 Vgl. Bundesagentur für Arbeit (Hrsg.): Arbeitslosenquoten im Juni 2013, www.arbeitsagentur.de/zentraler-Content/A01-Allgemein-Info/A011-Presse/Publikation/pdf/Landkarten-Eckwerte-2013-06.pdf, Nürnberg 2013

Allerdings sei davor gewarnt, im Rahmen der Diskussion um die Auswirkungen des demografischen Wandels und die möglichen Reaktionen darauf der Gefahr zu grober Pauschalierungen zu erliegen. Denn was die aktuellen demografischen Strategien der Unternehmen angeht, so sehen wir uns einer unglaublichen Vielfalt von Einstellungen und Reaktionsmustern gegenüber, auch abhängig davon, wie groß heute schon der demografische Leidensdruck jedes einzelnen Unternehmens sein mag: Während einige Unternehmen also in einer bewussten Abwartehaltung verharren, wähnt sich der andere Teil schon mittendrin im sogenannten Kampf um die Talente, mittendrin im ‚War for Talents', wie ihn Ed Michael, der damalige amerikanische Direktor der Unternehmensberatung McKinsey, bereits in den Neunzigerjahren prägte und der Management-Guru Tom Peters immer wieder propagierte. Auf der anderen Seite eröffnet der ‚War for Talents' zusätzliche Chancen und Karrieremöglichkeiten für qualifizierte Fach- und Führungskräfte, die dann auch mit größerem Selbstbewusstsein den Arbeitgebern gegenüber auftreten. Das ist sicher einer der Effekte des demografischen Wandels und seiner Auswirkungen auf den Arbeits- und Stellenmarkt, wobei die Unternehmen als Hauptakteure ihr bislang fest gefügtes Rollenverständnis zu wandeln beginnen.

Dass das Problem der erschwerten Rahmenbedingungen bei der Fach- und Führungskräftesicherung ‚da ist', lässt sich schon recht lange nicht – und heute schon gar nicht mehr – übersehen: Das jährlich verfügbare Potenzial an jungen Absolventen, die dem Arbeitsmarkt als mögliche zukünftige Fach- und Führungskräfte zur Verfügung stehen könnten, scheint stetig kleiner zu werden – egal ob wir die betrachten, die gerade ihren Bachelor oder Master an einer der Hochschulen gemacht haben, oder die, die eine berufliche Ausbildung abgeschlossen haben. Das heizt den Wettbewerb der Unternehmen um dieses ‚knappe Gut' schon heute immer stärker an und beflügelt die Fantasie der Unternehmen in der Schaffung immer neuer Anreizsysteme, die über die heute bereits üblichen Modelle (Gehalt, Gewinnbeteiligung, Arbeitszeitmodelle, Perspektiven zur persönlichen Entwicklung etc.) hinausgehen. Um sich attraktiver für Nachwuchskräfte zu machen, mag dies durchaus notwendig und sinnvoll sein, und die Arbeitnehmer profitieren davon. Dennoch: Zur dauerhaften Sicherung eines Potenzials an Fach- und Führungskräften innerhalb und außerhalb der Unternehmen dürften verbesserte, mehr oder minder herkömmliche Anreizsysteme allein kaum ausreichen. Immer mehr Unternehmen haben zwischenzeitlich erkannt, dass es dafür immer dringender umfassenderer Strategien bedarf.

Wie genau hat sich das Nachfrageverhalten der Unternehmen nach Fach- und Führungskräften aufgrund der demografischen Randbedingungen verändert? Wie können sich heute Unternehmen darauf einstellen? Diese und weitere Fragen sollen nachfolgend aufgegriffen und beantwortet werden.

Dass solche Fragen in der Unternehmenswirklichkeit eine immer größere Rolle spielen, darauf deuteten beispielsweise bereits die Ergebnisse einer Studie der DEKRA Akademie und der ATOSS Software AG hin, die im Jahr 2008 unter dem Titel *Digging for Diamonds*[3] veröffentlicht wurde. Die Studie basiert auf der Erkenntnis, dass sich die Unternehmen nach langen Jahren der praktizierten Frühverrentungs- und Vorruhestandsstrategien allmählich einer grundlegenden und bedrohlichen Veränderung bewusster werden: Immer mehr hoch qualifizierte ‚Babyboomer' scheiden aus dem Arbeitsprozess aus. Die Lücken, die sie an ihren Arbeitsplätzen zurücklassen, können immer schwerer durch Nachwuchskräfte geschlossen werden. Vor diesem Hintergrund legte die Studie den Schwerpunkt ihrer Untersuchung auf die Frage, „inwieweit sich Unternehmen mit ungenutzten Potenzialen innerhalb ihrer Belegschaft auseinandersetzen und welche Programme sie einsetzen, um diese zu fördern"[4]. Dabei stand als eines der strategischen Mittel ein Ansatz im Fokus, der darauf abzielt, bisher unentdeckte Talente unter der Mitarbeiterschaft eines Unternehmens aufzuspüren und zu fördern: „Wir untersuchten die Frage, welche Strategien und Instrumente Unternehmen einsetzen, um nach unentdeckten ‚Rohdiamanten' zu graben, sie zu heben, zu entwickeln und sie letztlich zum Nutzen des Unternehmens einzusetzen."[5]

3 Atoss Software AG u. DEKRA Akademie GmbH (Hrsg.): Digging for Diamonds, Verborgene Potenziale im Unternehmen heben – Status quo und Ausblick, München und Stuttgart 2008 (www.atoss.com/de/newsroom/downloadcenter/Documents/studien/ATOSS-Digging-for-Diamonds-Management-summary-2008.pdf)

4 Ebd., S. 7

5 Ebd., S. 7

Der vorliegende Ratgeber wendet sich insbesondere an HR Manager bzw. Mitarbeiter des HR Managements sowie an Führungskräfte, die angesichts des demografischen Wandels vor der Aufgabe stehen, die für die Weiterentwicklung ihres Unternehmens benötigten Nachwuchskräfte für Fach- und Führungspositionen zu gewinnen und gleichzeitig die Kompetenz der sogenannten Silver Ager[6] zu nutzen – wohl wissend, dass eine zukunftsorientierte Personalpolitik vor dem Hintergrund des demografischen Wandels nur dann erfolgreich sein kann, wenn die Mitarbeiter 50+ oder auch 60+ mithilfe geeigneter Konzepte zum längeren Verbleib in ihren Unternehmen motiviert werden. Auch wird zunächst nicht prinzipiell zwischen Fach- und Führungskräften unterschieden. Dies beruht ganz wesentlich auf der Tatsache, dass in der Realität der Unternehmen die weitaus überwiegende Mehrheit der Führungskräfte aus dem Kreis der Fachkräfte gewonnen wird. Darauf geht das Kapitel 5.1.1 ab Seite 88 ein. Im Folgenden soll zuerst einmal dargestellt werden, vor welche Herausforderungen sich nun Gesellschaft, Wirtschaft und Unternehmen durch die Auswirkungen des demografischen Wandels gestellt sehen.

6 Häufig (zumindest im deutschen Sprachraum) auch Best Ager, Generation Gold, Generation 50+ etc. genannt

1

Herausforderungen und nachhaltige Lösungen

Positive Entwicklungen

Sinkende Arbeitslosenzahlen

Zahlreichen, meist während der Krisenjahre 2009 und 2010 vorveröffentlichten Schreckensszenarien war zu entnehmen, dass die Zahl der Arbeitslosen in Deutschland bald wieder in Richtung der berüchtigten Fünfmillionenmarke tendieren könnte. Aber spätestens seit Mitte des Jahres 2011 reiben sich viele Experten verwundert die Augen ob der von den gewohnten tradierten Reflexen abweichenden Entwicklung der Arbeitslosenquote: So lag in der zweiten Hälfte des Jahres 2011 die Zahl der arbeitslos gemeldeten Menschen am jeweiligen Monatsende deutlich unter der Zahl des entsprechenden Vorjahresmonats. Und das, obwohl die Sorgen um die wirtschaftliche Entwicklung in Europa und letztlich auch in Deutschland im Zusammenhang mit der Banken- und Eurokrise immer deutlicher zu vernehmen waren. Bereits die vorangehende Wirtschaftskrise infolge des Zusammenbruchs des amerikanischen Immobilienmarktes im Herbst 2008 und der ersten großen Welle an Krisen großer Finanzinstitute hat sich auf den deutschen Arbeitsmarkt lange nicht so dramatisch negativ ausgewirkt, wie man angesichts der gewaltigen Dimension des wirtschaftlichen Einbruchs in Deutschland (– 4 % Wirtschaftswachstum) zu Zeiten des Höhepunkts der globalen Finanzkrise hätte vermuten können.

Dabei war interessant zu beobachten: Viele Arbeitgeber waren in fast noch ungewohnter Weise eher zurückhaltend, als es darum ging, die Mitarbeiterzahl in ihren Unternehmen entsprechend der spürbar besorgniserregenden wirtschaftlichen Entwicklung und den kurz- bis mittelfristigen Prognosen nach unten anzupassen. Das lässt sich ziemlich sicher in hohem Maße auf die offensive Art und Weise zurückführen, mit der die Bundesagentur für Arbeit den Unternehmen Alternativen zum sofortigen Personalabbau eröffnete: Insbesondere verstanden es die Arbeitsagenturen, den schwächelnden Unternehmen die Möglichkeit der Kurzarbeit als Alternative zu einer schnellen Kündigung zahlreicher Mitarbeiter schmackhaft zu machen – eine Initiative, die darüber hinaus noch durch weitere wirksame arbeitsmarktpolitische Instrumente (Weiterbildung während der Kurzarbeit etc.) flankiert wurde.

Aber möglicherweise leistete bereits seit 2008 ein weiterer, bis dato unterschätzter Einflussfaktor seine guten Dienste zur Vermeidung eines erheblich kräftigeren Anstiegs der Arbeitslosenquote: die Sorge der Unternehmen im

Hinblick auf das sich immer stärker abzeichnende Defizit an verfügbaren und hoch qualifizierten Fach- und Führungskräften – zurückzuführen u. a. auf die demografische Entwicklung.

Die Intervention der Bundesagentur für Arbeit mithilfe der ihr zur Verfügung stehenden arbeitsmarktpolitischen Instrumente ist allerdings nur ein, wenn auch ein nicht ganz unwichtiger Ansatz zur Erklärung einer positiven Entwicklung des Arbeitsmarktes, die dem allgemeinen Wirtschaftstrend trotzt: Noch im August 2011 waren insgesamt 2.944.686 arbeitslos gemeldete Menschen registriert. Obwohl in der zweiten Hälfte desselben Jahres das Bruttosozialprodukt um 0,2 % sank, stieg die Zahl der offiziell arbeitslos gemeldeten Frauen und Männer aber im Januar 2012 – mehr oder minder saisonbedingt – auf ‚lediglich' 3.081.706 Menschen. Auch in der ersten Hälfte des Jahres 2012 begleiteten durch viele beunruhigende Meldungen aus Wirtschaft und Politik geschürte Rezessionsängste das tägliche Leben und Arbeiten; trotzdem lag dann schließlich die offizielle Arbeitslosenzahl im August 2012 mit 2.905.112 sogar unter dem Vergleichswert des entsprechenden Vorjahresmonats.[7] Auch wenn die Arbeitslosigkeit in der ersten Jahreshälfte 2013 im Vergleich zur ersten Hälfte des Jahres 2012 wieder leicht angestiegen ist, hält sich der Anstieg trotz noch vorhandener wirtschaftlicher Sorgen in Grenzen. Tendenziell besteht sogar Hoffnung, dass die Arbeitslosigkeit mittel- bis langfristig weiter sinken wird. Die Tatsache, dass, wie bereits angedeutet, die Finanzkrise keine tieferen negativen Spuren auf dem Arbeitsmarkt hinterlassen hat, ist – abgesehen von der Interventionspolitik der Bundesagentur für Arbeit – auf eine Vielzahl von weiteren Ursachen zurückzuführen, wie z. B. dass zu viele Menschen in Niedriglohnjobs flüchten mussten, mit denen sie häufig nicht annähernd ihren Lebensunterhalt sichern können. Darüber hinaus lenkt die Erfahrung mit der Entwicklung der Arbeitslosigkeit insbesondere in den Krisenjahre 2008–2010,

7 Vgl. Bundesagentur für Arbeit: Monatsberichte August 2011, Januar 2012 und August 2012 (http://statistik.arbeitsagentur.de/nn_10260/SiteGlobals/Forms/Suche/serviceSuche_Form.html?allOfTheseWords=Monatsbericht+August+2011&OK=OK&pageLocale=de&view=processForm, http://statistik.arbeitsagentur.de/nn_10260/SiteGlobals/Forms/Suche/serviceSuche_Form.html?allOfTheseWords=Monatsbericht+Januar+2012&OK=OK&pageLocale=de&view=processForm, http://statistik.arbeitsagentur.de/nn_10260/SiteGlobals/Forms/Suche/serviceSuche_Form.html?allOfTheseWords=Monatsbericht+August+2012&OK=OK&pageLocale=de&view=processForm)

als die Arbeitgeber während des vorläufigen Höhepunkts der Finanzkrise das Instrument des Stellenabbaus verhältnismäßig moderat einsetzten, auch auf den in diesen Jahren bewusster werdenden demografischen Wandel. So kann diese Zurückhaltung im Hinblick auf einen konjunkturell bedingten Stellenabbau meines Erachtens auch als Ausdruck dessen angesehen werden, dass Fachkräftemangel zwischenzeitlich von allen gesellschaftlichen Gruppen und insbesondere von den Arbeitgebern als gravierende Bedrohung ihrer Fähigkeit angesehen wird, zukünftig in dem Maße Aufträge annehmen zu können, wie es für eine gesunde wirtschaftliche Entwicklung ihres Unternehmens erforderlich ist. Fachkräfte, die scheinbar leichtfertig in wirtschaftlichen Krisenzeiten ‚abgebaut' werden, können – so die Befürchtungen der Unternehmen – nicht so leicht vom Arbeitsmarkt zurückgewonnen werden. Denn dieser ist zunehmend durch den demografisch bedingten Abgang erfahrener Fachkräfte in den Ruhestand sowie durch einen spürbaren Mangel an gut qualifizierten jungen Nachwuchskräften gekennzeichnet. Der Kampf um die Talente ist schon längst Realität.

1.1 Anfang oder Ende?

Es ist wahrscheinlich nicht jedermanns Sache, an Prophezeiungen wie die des Maya-Kalenders zu glauben, in denen so dramatische Ereignisse bzw. Veränderungen wie das Ende der menschlichen Zivilisation in ihrer derzeitigen Form und der Eintritt in eine völlig neue Phase für den Tag der Wintersonnenwende des Jahres 2012 vorhergesagt wurden und werden. Meine Sache ist es auch nicht. Dennoch empfiehlt es sich, auf Basis vorhandenen und weitgehend gesicherten Wissens immer wieder einen Blick in die Zukunft zu wagen – auch wenn uns bewusst sein muss, dass vieles von dem, was wir heute noch als gesichert ansehen, sich morgen schon völlig verändert haben kann.

Veränderungen als normale Rahmenbedingungen täglichen Lebens

Wir tun gut daran, Veränderungen als normale Rahmenbedingungen unseres täglichen Lebens zu begreifen. In der Regel handelt es sich dabei um stetige Veränderungsprozesse. Diese ereignen sich über sehr lange Zeiträume hinweg und wirken sich auf unsere Ökologie und Ökonomie, auf unser politisches und gesellschaftliches Leben und auch auf unser individuelles Dasein aus und verändern diese wiederum nachhaltig. Plötzliche und radikale

Veränderungen hingegen werden eher die Ausnahme bleiben, wie beispielsweise die Nuklearkatastrophe um das japanische Kernkraftwerk Fukushima im März 2011 und deren unmittelbare Auswirkungen auf das gesellschaftliche und ökologische Bewusstsein, auf die Bundes- und Landespolitik und letztlich auch auf die Ökonomie in Deutschland.

Megatrends

Gesamtgesellschaftliche Veränderungsprozesse unterliegen meist sogenannten Megatrends, die durch Kriterien charakterisiert werden können, wie sie der Zukunftsforscher Matthias Horx in seinem Buch *Das Megatrend Prinzip* skizziert:

Was zeichnet Megatrends aus?

- Megatrends sind **langfristige Trends** über mehrere Jahrzehnte hinweg.
- Megatrends sind tief in der Menschheitsgeschichte **verwurzelt**.
- Megatrends zeichnen sich durch **Ubiquität** und **Komplexität** aus, d. h., sie sind niemals nur in Teilbereichen, Branchen oder Spezialgebieten sichtbar.
- Megatrends weisen – wenn auch in unterschiedlicher Intensität – immer eine **globale Tendenz** auf.
- Megatrends verhalten sich äußerst **robust** gegenüber zusätzlichen Einflussfaktoren wie Krisen.
- Die Langfristigkeit von Megatrends (Aktivzeit von ca. 100 Jahren) bedingt deren **Langsamkeit**: Die Standardgeschwindigkeit liegt bei einem Prozent pro Jahr.
- Megatrends entwickeln immer wieder zeitweilige Retrotrends bzw. **Paradoxien** und verhalten sich somit **nicht linear**.[8]

Ein gutes Beispiel für einen solchen Megatrend stellt der demografische Wandel dar, dessen Auswirkungen in allen unseren Lebensbereichen immer allgegenwärtiger werden: „In 80 Prozent aller Länder der Erde sehen wir seit

8 Zusammenfassend zitiert aus: Matthias Horx, Das Megatrend-Prinzip. Wie die Welt von morgen entsteht, © 2011, Deutsche Verlagsanstalt, München, in der Verlagsgruppe Random House GmbH, S. 72 f.

rund zwei Jahrhunderten einen kontinuierlichen Anstieg der Lebenserwartung um im Mittel zwölf bis fünfzehn Wochen pro Jahr".[9]

Megatrends weisen zwar immer eine globale Tendenz auf, treten aber in der Regel national und regional mit unterschiedlicher Intensität auf. So beobachten wir in Deutschland, dass seit 1972 die Sterberate höher ist als die Geburtenrate. In Kombination mit der ständig steigenden durchschnittlichen Lebenserwartung führt dies dazu, dass sich der Anteil der älteren Menschen im Verhältnis zu dem der jüngeren stetig vergrößert. Dieser Prozess konnte in der Vergangenheit durch die Zuwanderung von meist jüngeren Arbeitnehmern aus dem Ausland aufgehalten werden, obwohl bis zum Jahr 2009 die Zuwanderungsbilanz meist negativ war. Erst im Jahr 2010 war erstmals wieder eine positive Bilanz zu verzeichnen: Laut Bundesamt für Migration und Flüchtlinge (BAMF) zogen im Jahr 2010 insgesamt 180.758 mehr ausländische Staatsangehörige zu als Menschen aus Deutschland wegzogen. Im Jahr 2011 wuchs dieser Wanderungssaldo auf 320.335 und im Jahr 2012 gar auf 421.141 Menschen an[10]. Das ist mittlerweile mehr als ein Hoffnungsschimmer, der die Zuversicht stützt, dass insbesondere durch sogenannte qualifizierte Zuwanderung die Folgeerscheinungen des demografischen Wandels für das Potenzial an Fach- und Führungskräften zumindest gemildert werden können.

Die Frage nach der angemessenen Reaktion

Wie reagieren?

Dass die kontinuierliche Alterung der Bevölkerung zwangsläufig dazu führt, dass die Zahl der Menschen im erwerbsfähigen Alter in gleichem Maß rückläufig ist, kann natürlich nicht überraschen. Dies führt aber gleichzeitig zu der Frage, ob wir in unserer Gesellschaft wirklich alles dafür tun, alle möglichen Potenziale an erwerbsfähigen Menschen zu erkunden, sie zu fördern und beispielsweise zu Fach- und Führungskräften zu entwickeln. Das muss man angesichts folgender Tatsachen infrage stellen:

- Es gibt weniger als 3.000.000 (Juni 2013) offiziell bei der Bundesagentur für Arbeit als arbeitslos gemeldete Menschen.

9 Ebd., S. 68

10 Vgl. Bundesamt für Migration und Flüchtlinge (Hrsg.): Migration nach Deutschland, Jahresbericht 2012, Nürnberg 2012, S. 5

- Jährlich verlassen immer noch zwischen 60.000 und 70.000 Jugendliche die Schule ohne qualifizierten Abschluss.
- Vorzugsweise in den sogenannten MINT-Fächern, aus denen der Fachkräftenachwuchs in den Fachgebieten Mathematik, Informatik, Naturwissenschaften und Technik kommen soll, gibt es noch Hochschulprofessoren, die sich damit brüsten, einen Großteil der Studienanfänger spätestens nach dem dritten oder vierten Semester ‚herausgeprüft' zu haben.
- Es gibt immer noch zahlreiche Unternehmen, die stolz darauf sind, dass sie kaum Mitarbeiter beschäftigen, die älter als 50 oder gar 60 Jahre sind.
- Wir schaffen es immer noch nicht, die weibliche Bevölkerung in gleichem Maße und mit gleichen Rechten und Pflichten am Erwerbsleben teilhaben zu lassen.
- Es ist immer noch nicht gelungen, eine Vielzahl von Menschen mit Behinderungen ihren Begabungen und Fähigkeiten entsprechend vollständig in das Arbeitsleben zu integrieren.

Wir stehen sicher nicht am Anfang eines demografiebedingten Wandels in unserer Gesellschaft – wohl aber am Anfang der Bewusstwerdung der Konsequenzen dieses Wandels und somit auch am Anfang der Reaktion darauf.

1.2 Realität 2013

Beispiel Junior Management School: Die Unternehmen werden tätig

Junior Management School (jMS)

Einer auf der Homepage der Junior Management School (jMS) veröffentlichten Pressemitteilung lässt sich das folgende Statement entnehmen: „Ob Businesspläne für individuell lackierte Laptops, die Organisation von Kultur-Veranstaltungen, Sozialprojekte wie Benefiz-Events oder die Errichtung von Basketball-Freiplätzen – jeder findet ein Thema, mit dem er sich identifizieren kann, für das er sich begeistert und Spaß daran hat, dafür etwas ‚zu unternehmen'. In den Projekten ziehen die Schüler los, befragen Experten, führen Umfragen zu ihren Ideen durch, prüfen die technische Realisierbarkeit von innovativen Lösungen oder sprechen mit Ämtern und Behörden. Die Projekte geben ihnen die Gelegenheit zu zeigen, was sie im Programm der jMS gelernt haben. Denn innerhalb dieser Philosophie, die Faszination für unternehmerisches Handeln zu wecken, steht bei der jMS vor allem die praxisnahe Vorbereitung auf Beruf und Studium im Vordergrund. Zum jMS-Lehrplan gehören u. a. Marketing, Zeitmanagement, Bewerbungstraining, Businessplan, Berufseinstieg, Präsentation, Projektmanagement, Innovation oder Gesprächsführung. Der Unterricht wird ausschließlich von Unternehmern, Praktikern und Experten durchgeführt und hat über die Arbeit mit Rollenspielen, Fallstudien und viel Gruppenarbeit deutlichen Workshopcharakter, sodass ein hoher praktischer Bezug sichergestellt ist. Ein Gesamtkonzept, das durch die Mischung aus praxisnahem Unterricht, Projekten und Veranstaltungen mit Unternehmenspartnern auch seine Wirkung im Hinblick auf die Konkretisierung von Berufsvorstellungen der teilnehmenden Schülerinnen und Schüler nicht verfehlt."[11]

Die jMS ist ein interessantes Beispiel einer Schule, die Schülern von der 10. bis zur 13. Klasse auf ihrem Weg zum (Fach-)Abitur zusätzlich zum Angebot der regulären Schulen entweder an Samstagen oder im Rahmen von Ferienprogrammen die Möglichkeit bietet, sich auf das (Arbeits-)Leben nach der Schule vorzubereiten. Das Projekt findet man an zurzeit insgesamt fünf Standorten in Schleswig-Holstein und Nordrhein-Westfalen, wobei beabsichtigt ist, es nach Klärung der Finanzierungsfragen auch in Bayern zu etablieren. Die jMS bietet ihren Schülern zahlreiche möglichst praxisnahe Unterrichtseinheiten, wobei gegen Ende ein prüfungsrelevantes Projekt erarbeitet und präsentiert werden muss. Den Abschluss bildet die Übergabe eines Zertifikats als ‚Junior Manager' an die hoffnungsvollen Nachwuchskräfte.

Die jMS entstand bereits im Jahr 2000 aus einer Elterninitiative an einer Schule im Rheinland, die 2005 dazu führte, die jMS als GmbH professionell weiterzuführen. Ganz wesentlich getragen wird die jMS allerdings von großen, mittleren und kleinen Unternehmen, die bundesweit oder auch regional als Partner der jMS auftreten. Die Unternehmen tragen u. a. die Kosten für Stipendien, stellen Unterrichtsräume zur Verfügung, bringen sich inhaltlich ein (z. B. Unternehmensmitarbeiter als Lehrende oder als Gastrefe-

11 Vgl. Homepage der Junior Management School, www.juniormanagementschool.de

renten), bieten die Möglichkeit zu Unternehmensbesuchen etc. Das Projekt ‚Junior Management School' liegt sozusagen im Schnittpunkt der Interessen der Eltern und der Unternehmen, die sich von ihrer jeweiligen Position aus Sorgen um die zukünftigen Nachwuchskräfte machen:

- Der Eltern, weil sie glauben, dass ihre Sprösslinge in ihren herkömmlichen Schulen nicht genügend auf das „richtige" Leben vorbereitet werden.
- Der Unternehmen, weil sie gerade vor dem Hintergrund des sich abzeichnenden demografisch bedingten Fachkräftemangels die Notwendigkeit erkannt haben, sich erheblich früher als in der Vergangenheit um die Förderung von potenziellen Nachwuchskräften kümmern zu müssen.

Die Kosten für die jMS liegen bei monatlichen Beträgen (je nach gewähltem Programmformat) zwischen 195 und 295 Euro; darüber hinaus besteht noch die Möglichkeit, sich um ein Stipendium in Höhe zwischen 50 und 100 Euro pro Monat zu bewerben. Natürlich entscheiden letztlich immer die Eltern darüber, ob Programme wie dieses für ihr Kind geeignet sind.

Die wachsende Sorge der Unternehmen

Das Beispiel des Engagements zahlreicher Unternehmen für die Junior Management School deutet u. a. darauf hin, dass die Sorge um den Fach- und Führungskräftenachwuchs zwischenzeitlich die Chefetagen vieler Unternehmen erreicht hat. Man hat erkannt, dass allein mit ausschließlich unternehmensspezifischen Ansätzen den Herausforderungen des demografischen Wandels nicht wirksam genug begegnet werden kann.

Dass die wachsende Sorge der Unternehmen um zukünftige Fach- und Führungskräfte nicht unbegründet erscheint, darauf deuten zahlreiche Indikatoren wie Untersuchungen des Instituts für Arbeitsmarkt- und Berufsforschung (IAB) hin, das beispielsweise am 16. Februar 2012 einen deutlichen Anstieg der offenen Stellen im vierten Quartal 2011 als vorläufigen Höhepunkt vermeldete:

Im vierten Quartal 2011 gab es 1,13 Millionen offene Stellen auf dem ersten Arbeitsmarkt, zeigt eine Arbeitgeberbefragung des Instituts für Arbeitsmarkt- und Berufsforschung (IAB). Das sind 134.000 mehr als vor einem Jahr und sogar 211.000 mehr als im dritten Quartal 2011.

961.000 offene Stellen entfielen dabei auf Westdeutschland. In Ostdeutschland suchten die Betriebe 169.000 neue Mitarbeiter. Mit 852.000 waren mehr als drei Viertel der Stellen sofort zu besetzen.

„Im vierten Quartal 2011 kam rechnerisch auf 3,2 Arbeitslose eine offene Stelle. Dieses Verhältnis stellt den besten Wert seit der Wiedervereinigung dar. Befürchtungen hinsichtlich der zukünftigen wirtschaftlichen Entwicklung scheinen sich am Arbeitsmarkt bislang nicht zu bewahrheiten", so IAB-Forscher Alexander Kubis.

Der Anteil der offenen Stellen, die den Arbeitsagenturen gemeldet wurden, stieg im Vergleich zum vierten Quartal 2010 um 3,7 Prozentpunkte auf 43 Prozent.

Das IAB erfasst viermal jährlich das gesamte Stellenangebot, also auch jene Stellen, die nicht den Arbeitsagenturen gemeldet werden. Im vierten Quartal 2011 wurden Antworten von 15.000 Arbeitgebern aller Wirtschaftsbereiche ausgewertet. [12]

Ein erhöhter Bedarf an Fach- und Führungskräften

Dieser Trend lässt sich auch durch eine einfache Internetrecherche auf einem der gängigen Job-Portale bestätigen: Beispielsweise konnten an einem Wochenende im Februar 2012 rund 700 Stellenausschreibungen für Fach- und Führungskräfte gezählt werden, die allein in der Zeit von Freitag bis Sonntag (17. – 19.02.2012) im Bereich Jobs & Karriere des Netzwerkportals XING eingestellt worden waren. [13] Bemerkenswert ist, dass sich die Nachfrage nach Fach- und Führungskräften dort nicht auf die zunächst vermuteten Berufs-

12 © Institut für Arbeitsmarkt- und Berufsforschung (IAB): Pressemitteilung vom 12.02.2012, www.iab.de/de/informationsservice/presse/presseinformationen/os1104.aspx, Nürnberg 2012

13 www.xing.com/jobs

felder wie IT und Telekommunikation, Ingenieurwesen, technische Berufe oder Gesundheitswesen beschränkt, sondern dass eine Vielzahl von beruflichen Tätigkeitsfeldern angesprochen wird. Viele davon stehen mit ihrem Bedarf nicht weit hinter den immer wieder genannten Berufsfeldern (IT, Ingenieurwesen, Gesundheit etc.) zurück.

Berufs- und Tätigkeitsbereiche mit wachsender Nachfrage nach Fach- und Führungskräften

Auch Berufs- und Tätigkeitsbereiche wie beispielsweise die folgenden verzeichnen eine wachsende Nachfrage nach Fach- und Führungskräften:

- Marketing und Werbung
- Vertrieb und Handel
- Finanz- und Rechnungswesen
- Personalwesen
- Administration und Sachbearbeitung
- Einkauf, Transport und Logistik
- Banken, Versicherungen und Finanzdienstleister
- Unternehmensführung/Geschäftsleitung
- Redaktion, Medien und Information
- Fertigung, Bau, Handwerk
- Projektmanagement
- Customer Service und Kundenbetreuung
- Forschung, Entwicklung und Wissenschaft

Auch wenn im 4. Quartal 2012 ein vorläufiger Höchststand der offenen Stellenangebote erreicht war und die Zahl der Stellenangebote im 1. Quartal 2013 mit 949.900[14] ein ganzes Stück niedriger lag, darf dies nicht von der Tatsache ablenken, dass es aufgrund der Altersstruktur der Erwerbstätigen zu einer zunehmenden Verknappung des verfügbaren Angebots an Fach- und Führungskräften kommen wird. Zur Weiterverfolgung der sich entwickelnden Trends am Arbeitsmarkt finden Interessierte zahlreiche fun-

14 Vgl. Institut für Arbeitsmarkt- und Berufsforschung (IAB): Gesamtwirtschaftliches Stellenangebot im ersten Quartal 2013, http://doku.iab.de/grauepap/2013/os1301.xls, Nürnberg 2013

dierte Informationen zur Entwicklung des Arbeits- und Stellenmarktes u. a. bei der Bundesagentur für Arbeit (www.arbeitsagentur.de) oder auch bei Unternehmen wie der DEKRA Akademie, die seit einigen Jahren jeweils im Juni einen Arbeitsmarktreport veröffentlicht. Darin untersucht sie die Entwicklung der Nachfrage nach Fach- und Führungskräften in den unterschiedlichen Wirtschaftssektoren. [15]

Managementempfehlung

Personalverantwortliche oder Mitarbeiter des HR Managements müssen stets gut über die Entwicklungen des Arbeits- und Stellenmarktes sowie über die weiteren demografischen Tendenzen informiert sein. Damit kann man in seinem Unternehmen glaubwürdige Personalarbeit leisten. Als Informationsquellen bietet sich die Homepage der Bundesagentur für Arbeit (BA) an. So veröffentlicht die BA zu jedem Monatswechsel die neuesten offiziellen Arbeitsmarktdaten, die eine sehr gute erste Orientierungshilfe darstellen.

Im DEKRA Arbeitsmarktreport 2011 findet sich beispielsweise auch der Hinweis auf die Erfordernis, bisher eher vernachlässigte Zielgruppen stärker in die aktive Arbeitsmarktpolitik einzubeziehen, um den Herausforderungen des heraufziehenden Defizits an Fach- und Führungskräften wirksamer begegnen zu können: „Angesichts des sich verschärfenden Mangels an qualifizierten Fachkräften sind Wirtschaft, Politik, Bildungswesen sowie Verbände gefordert, neue Konzepte zu entwickeln, um Verbesserungen am Bewerbermarkt herbeizuführen. Oberstes Ziel muss es sein, allen Menschen ohne Ausnahmen bestmögliche Chancen für eine Teilhabe am Arbeitsmarkt zu eröffnen. Werden Personengruppen eingebunden, die bislang am Arbeitsmarkt vernachlässigt wurden, erschließen sich Arbeitgebern mittelfristig wichtige Ressourcen, um den Auswirkungen der demografischen Entwicklung vorzubeugen. In diesem Zusammenhang ist beispielsweise die

15 DEKRA Akademie GmbH (Hrsg.): DEKRA Arbeitsmarktreport 2013, Stuttgart 2013 (www.dekra-media.de/katalog/arbeitsmarktreport2013/arbeitsmarktreport_2013.html)

Integration bzw. Teilhabe von Menschen mit Behinderungen ein wesentliches sozial- und arbeitsmarktpolitisches Ziel.“ [16]

1.3 Eichstätt kann bald (fast) überall sein

Ein Blick in die Zukunft

Ein Blick in die Zukunft wird immer mit Risiken verbunden sein. Er ist aber trotz der damit verbundenen Unwägbarkeiten immer wieder sinnvoll und notwendig. Aber gerade die, die es eigentlichen wissen müssten, ermahnen dazu, sich nicht ausschließlich an Zukunftsvisionen auszurichten, nämlich Zukunftsforscher wie John Naisbitt in seinem Buch *Mind Set!*: „Wer seinen Blick nur in die Zukunft richtet, kann leicht über die Gegenwart stolpern.“ [17] Naisbitt plädiert dafür, dass man zukünftige Entwicklungen am verlässlichsten vorhersagen kann, indem man genau auf das achtet, was heute bereits geschieht. Wir wagen an dieser Stelle nur deshalb einen mehr oder minder verwegenen kurzen Blick auf den Arbeitsmarkt in zehn Jahren, da wir uns dabei voll und ganz von den Erkenntnissen aus den Entwicklungen in der heutigen Gegenwart leiten lassen.

Vollbeschäftigung in Ingolstadt und Eichstätt?

Im November 2011 meldete die Region Ingolstadt fast Unglaubliches – Unglaubliches, wenn wir die Diskussionen um die Entwicklung des Arbeitsmarktes zumindest seit der Zeit der Wiedervereinigung noch einmal vor unserem geistigen Auge vorbeiziehen lassen. Da musste sich manch einer schon verwundert die Augen reiben, als der Leiter der Ingolstädter Arbeitsagentur der Presse im November 2011 Vollbeschäftigung vermeldete. Voller Erstaunen erfuhr die Presse, dass in der gesamten Region gerade einmal noch 4.864 Menschen auf der Suche nach Arbeit waren und dass dies ein Fünftel weniger war als noch im November des Jahres 2010.

Ließ diese Mitteilung die Öffentlichkeit schon aufhorchen, wurde einem weiteren Hinweis von Rolf Zöllner, dem Leiter der Arbeitsagentur Ingol-

16 DEKRA Akademie GmbH (Hrsg.): DEKRA Arbeitsmarktreport 2011, Stuttgart 2011 (www.dekra-akademie.de/akademie/startseite/news/,navigation_id,19,content_id,348.html), S. 1

17 Naisbitt, J.: Mind Set! Wie wir die Zukunft entschlüsseln, München 2007, S. 27

stadt, dann ganz besondere Aufmerksamkeit zuteil: Für den Bereich der Agentur-Geschäftsstelle Eichstätt konnte Zöllner stolz vermelden, dass dort im November 2011 lediglich noch 389 Frauen und Männer arbeitslos gemeldet waren, was zu diesem Zeitpunkt einer Arbeitslosenquote von 0,9 % für Eichstätt entsprach. Waren im entsprechenden Vorjahresmonat bereits mit 1,3 % aufsehenerregend wenige Menschen offiziell Arbeit suchend gemeldet, so erreichte die Novemberquote 2011 in Eichstätt im positiven Sinne ihren bis dahin absoluten Negativrekord.

Vollbeschäftigung und Fachkräftemangel

Fachkräftemangel – ein Trend?

Es wird schwer werden, Arbeitslosenquoten, die unter einem Wert liegen, der in der Regel als Marke für das Erreichen von Vollbeschäftigung[18] angesehen wird, immer wieder aufs Neue zu untertreffen. Dennoch hat das Phänomen des sich aus der Vollbeschäftigung heraus entwickelnden Fachkräftemangels das Zeug zu einem Trend, der bezogen auf Deutschland zumindest einige Merkmale eines Megatrends im horxschen Sinne aufweist:

- Nach allen derzeit verfügbaren Informationen[19] zu urteilen, handelt es sich zumindest um einen längerfristigen Trend: So nimmt die Bevölkerung in Deutschland seit dem Jahr 2003 immer weiter ab und wird bis zum Jahr 2030 auf ca. 79 Millionen Menschen zurückgegangen sein. Nach Berechnungen des IAB sinkt das Potenzial an Erwerbspersonen von derzeit (im Jahr 2010) 44,6 Millionen Menschen auf 43,1 Millionen im Jahr 2015 sowie auf 41,0 Millionen Menschen im Jahr 2020. In zehn Jahren läge dieser Wert dann nur noch knapp über der 40-Millionen-Grenze, bis die Zahl der potenziell Erwerbstätigen im Jahr 2025 schließlich mit 38,1 Millionen deutlich unter diese Grenze gefallen sein wird. Gleichzeitig steigt entsprechend der Statistik der Bundesagentur für Arbeit die Zahl der Stellenangebote seit einiger Zeit fast kontinuierlich an.
- Der Rückgang der Zahl derer, die dem Arbeitsmarkt zur Verfügung stehen, und damit auch das wachsende Defizit an Fach- und Führungs-

18 Vollbeschäftigung gilt in Deutschland dann als erreicht, wenn die Arbeitslosenquote unter 2 % liegt.

19 Bundesministerium für Arbeit und Soziales (Hrsg.): Fachkräftesicherung – Ziele und Maßnahmen der Bundesregierung, Berlin 2011, S. 10 f. (www.bmas.de/SharedDocs/Downloads/DE/fachkraeftesicherung-ziele-massnahmen.pdf?__blob=publicationFile)

kräften wird sich nach und nach auf alle Lebensbereiche und Branchen auswirken.

- Trotz möglicher negativer Auswirkungen wirtschaftlicher Krisen unterschiedlicher Intensität wird es sich über die nächsten 20 bis über 30 Jahre um einen äußerst robusten Trend handeln, auch wenn wir wegen zahlreicher Einflussfaktoren keine durchgehend lineare Entwicklung beobachten werden.
- Letztlich könnte ein dauerhafter und ausgeprägter Mangel an Fach- und Führungskräften aber auch dazu führen, dass Unternehmen Betriebsteile ins Ausland verlagern bzw. weniger im Inland investieren und dass sie die Automatisierung vorantreiben – mit allen negativen Auswirkungen insbesondere auf die Chancen von Geringqualifizierten. Auch könnte ein Mangel an Fach- und Führungskräften bewirken, dass in den Unternehmen die Arbeitszeit wieder verdichtet wird, was sich u. a. auf die Vereinbarkeit von Familie und Beruf auswirken kann und bereits erzielte Fortschritte höchstwahrscheinlich wieder infrage stellen könnte[20] – alles Faktoren also, die geeignet sind, die zunächst so angenehme Vorstellung von einer dauerhaften Vollbeschäftigung schnell ins Wanken zu bringen.

Die negativen Aspekte von Vollbeschäftigung für die Unternehmen

Vielleicht werden positive Nachrichten zur Lage am Arbeitsmarkt, wie sie im November 2011 verkündet wurden, demnach zukünftig immer häufiger auch außerhalb Eichstätts zu vernehmen sein – oder aber auch außerhalb Bayerns, außerhalb Baden-Württembergs, außerhalb von Rheinland-Pfalz[21] etc. Das wirft die Frage auf, ob es sich dabei tatsächlich um gute Nachrichten, d. h. um positive Indikatoren für die wirtschaftliche Entwicklung in Deutschland handelt.

20 Vgl. von der Leyen, U.: „Demografischer Wandel in der Arbeitswelt", Rede der Bundesministerin für Arbeit und Soziales auf dem 5. INQA-Know-how-Kongress am 07.12.2010 in Berlin, www.bmas.de/DE/Service/Presse/Reden/rede-von-der-leyen-inqa-kongress.html

21 Bayern (3,3 %), Baden-Württemberg (3,6 %) und Rheinland-Pfalz (4,8 %) waren im November 2011 diejenigen Bundesländer mit den niedrigsten Arbeitslosenquoten (Quelle: Bundesagentur für Arbeit, www.arbeitsagentur.de).

Mögliche Nachteile für KMUs

Wie wettbewerbsfähig können z. B. in zehn Jahren viele kleine und mittelständische Unternehmen noch sein, wenn es immer weniger Fach- und Führungskräfte am Arbeitsmarkt gibt und sich der Wettbewerb um die Nachwuchskräfte immer weiter verschärfen wird? Beim Kampf um die zukünftigen Talente könnten die kleinen und mittelständischen Unternehmen (KMUs) in der Tat die Verlierer sein, weil sie beim Wettbewerb um die talentierten Nachwuchskräfte den großen Unternehmen schon immer unterlegen waren. Sei es aufgrund der vielfältigen Karrieremöglichkeiten, die Großunternehmen bieten, sei es aufgrund des meist noch nicht so ausgeprägten Images kleinerer Unternehmen, sei es wegen fehlender Work-Life-Balance-Konzepte oder aber natürlich auch wegen der finanziellen Rahmenbedingungen und vielleicht auch wegen der in großen Unternehmen oft selbstverständlichen Erfolgsbeteiligung und betrieblichen Altersversorgung.

Natürlich lassen sich gerade unter den jungen Nachwuchskräften immer wieder Talente entdecken, die es reizt, sich in einem Start-up-Unternehmen zu engagieren und zu beweisen. Das sind aber die Ausnahmen, und das dürfte vorerst auch so bleiben. Obwohl es wahrscheinlich kaum eine bessere Möglichkeit für junge Menschen geben mag, die eigene Persönlichkeit und Kreativität bei möglichst großer Handlungsfreiheit zu entfalten, sehen sich die kleineren und auch die mittleren Unternehmen also einem eindeutigen Wettbewerbsvorteil der großen Unternehmen gegenüber. Dieses Problem wird sich in dem Maße, in dem wir uns während der kommenden zehn Jahre der flächendeckenden Vollbeschäftigung nähern könnten, immer stärker in den Vordergrund drängen.

1.4 Nachhaltige Lösungen – gibt es die wirklich?

Doch nun wieder zurück zur Gegenwart bzw. zu den Entwicklungen in der jüngeren Vergangenheit.

Was bedeutet ‚Nachhaltigkeit'?

Leider wurde das Wort Nachhaltigkeit, das eigentlich aus der Forstwirtschaft und gar nicht aus der Demografieforschung stammt, in der jüngeren Vergangenheit durch seinen fast inflationären Gebrauch nach und nach entwertet und damit immer nichtssagender und unschärfer. Deshalb will ich an dieser Stelle den Begriff der Nachhaltigkeit in der gebotenen Zurückhaltung verwenden. ‚Nachhaltigkeit' steht seiner ursprünglichen Bedeutung nach für die „Nutzung eines regenerierbaren Systems in einer Weise, dass dieses System in seinen wesentlichen Eigenschaften erhalten bleibt und sein Bestand auf natürliche Weise regeneriert werden kann"[22], wie sich aus einer Drucksache des Deutschen Bundestags zitieren lässt.

Um eine erste Antwort auf die Frage vorwegzunehmen, ob es wirklich nachhaltige Lösungen für das Problem des sich abzeichnenden Mangels an Fach- und Führungskräften gibt: Persönlich bin ich der Meinung, dass es den allentscheidenden Ansatz zur grundlegenden Lösung des Problems nicht geben wird, der den oben genannten Kriterien von Nachhaltigkeit tatsächlich gerecht wird. Statt von der grundlegenden Überwindung eines Megatrends zu träumen, sollten wir uns besser der Realität stellen. Das bedeutet in erster Linie, diese anzuerkennen. Es heißt natürlich nicht, sich widerstandslos seinem Schicksal zu fügen, sondern sich mit der Thematik auseinanderzusetzen und sich mit den Fakten vertraut zu machen. Und jeder – von seiner Position in der Gesellschaft und im Beruf aus – sollte sich an der Entwicklung und Umsetzung von Strategien und Aktivitäten beteiligen, die helfen können, dem Fachkräftemangel und dessen Auswirkungen so zu begegnen, dass mögliche schädliche Auswirkungen minimiert werden können.

Allmählicher Bewusstseinswandel in den Unternehmen

Immer mehr Unternehmen als eine wichtige Gruppe der Akteure am Arbeitsmarkt haben erkannt, dass sie bereits jetzt keine Zeit mehr verlieren dürfen: Sie müssen sich mit dem Problem der mittel- bis langfristigen Fachkräftesicherung auseinandersetzen. Dies unterstreicht beispielsweise die rege Beteiligung an einschlägigen Konferenzen und Kongressen.

Beispiel Demographie Netzwerk

Der allmähliche Bewusstseinswandel in den Unternehmen lässt sich aber auch an der wachsenden Zahl an Unternehmen festmachen, die sich an dem gemeinnützigen Demographie Netzwerk beteiligen. Gegründet wurde es im

22 Deutscher Bundestag, 14. Wahlperiode: Schlussbericht der Enquete-Kommission Globalisierung der Weltwirtschaft – Herausforderungen und Antworten, Drucksache 14/9200, 12.06.2002 (http://dipbt.bundestag.de/dip21/btd/14/092/1409200.pdf)

Jahr 2006 auf Initiative des Bundesministeriums für Arbeit und Soziales (BMAS). Die Unternehmen tauschen sich darüber aus, wie andere Firmen mit dem demografischen Wandel umgehen, und wollen herausfinden, wo das eigene Unternehmen im Vergleich dazu steht.[23]

Beispiel INQA

Ein weiteres Beispiel für die demografische Bewusstseinsbildung bei den Unternehmen ist die ‚Initiative für eine Neue Qualität in der Arbeit', die unter ihrem Akronym INQA bekannt wurde. Bei INQA handelt es sich um eine bereits im Jahr 2002 gegründete Initiative, die den Unternehmen ein Forum dafür bietet, sich mit Fragen wie diesen auseinanderzusetzen:

- Wie können Unternehmen und Beschäftigte auch in Zukunft die für unseren Wohlstand notwendige Wertschöpfung erbringen?
- Wie lässt sich das Interesse der Betriebe an wirtschaftlich erfolgreicher und innovativer Produktion und Dienstleistung mit dem Interesse der Beschäftigten an positiven, gesundheits- und persönlichkeitsförderlichen Arbeitsbedingungen verbinden?[24]

Selbstverständlich gibt es immer eine gewisse natürliche Konkurrenzsituation zwischen den Unternehmen. Trotzdem besteht die Gewissheit, dass die Herausforderungen des demografischen Wandels durch den Austausch von guten Ideen und Erfahrungen, d. h. von sogenannten ‚Best Practice'-Beispielen, besser zu bewältigen sind, was letztlich dafür spricht, die Zusammenarbeit zwischen Wettbewerbern im Rahmen von Coopetition-Projekten[25] voranzutreiben.

23 Vgl. Das Demographie Netzwerk e. V., www.demographie-netzwerk.de

24 Vgl. INQA (Initiative für eine Neue Qualität in der Arbeit), www.inqa.de

25 Coopetition: Kunstwort, das für die Zusammenarbeit (Cooperation) mit Wettbewerbern (Competitors) steht

Managementempfehlung

Als Personalverantwortlicher oder als Mitarbeiter des HR Managements kann es für Sie sehr sinnvoll sein, sich mit Ihren Kollegen aus anderen Unternehmen zu Fragen und Erfahrungen rund um das Thema Demografiemanagement auszutauschen.

Denn wer das Demografiemanagement seines Unternehmens mitgestalten will, sollte aktiv und gezielt den bi- und/oder multilateralen Austausch von Ideen und ‚Best Practices' suchen. Hierzu bieten die zahlreichen bereits entstandenen regionalen und überregionalen Demografienetzwerke wie INQA und andere gute Gelegenheiten.

Digging for Diamonds – lohnt sich das?

Wird das Erschließen von Mitarbeiterpotenzialen zur Sicherung von Fachkräften tatsächlich von Unternehmen als strategische Aufgabe verstanden? Diese Frage stand bereits im Mittelpunkt der 2008 veröffentlichten Studie *Digging for Diamonds* der Atoss Software AG und der DEKRA Akademie. Der Untertitel ‚Verborgene Potenziale im Unternehmen heben – Status quo und Ausblick' verdeutlicht das Interesse der Studie an der Beantwortung dieser Frage.

Zentrale Ergebnisse der Studie *Digging for Diamonds*

Zu den zentralen Ergebnissen der Studie zählt beispielsweise Folgendes:[26]

- Fast drei Viertel der befragten Manager schätzen, dass in ihrem Unternehmen vorhandene Potenziale nur „teilweise" oder „eher nicht" genutzt werden.
- Die Mehrheit der befragten Unternehmen verfügt über definierte Prozesse, mit deren Hilfe bislang ungenutzte Potenziale entdeckt werden können.
- Erheblich mehr große als kleinere Unternehmen haben bereits Prozesse zur Potenzialerschließung bei sich installiert.

26 Atoss Software AG u. DEKRA Akademie GmbH (Hrsg.): Digging for Diamonds, S. 14 ff.

- Immerhin denkt aber ein Großteil der Unternehmen, die noch kein definiertes Verfahren zur Potenzialermittlung einsetzen, darüber nach, ein solches Verfahren für ihr Unternehmen zu entwickeln.
- Es ist auffällig, dass die Dringlichkeit für die Einführung geeigneter Verfahren zur Potenzialerkennung bei Linienmanagern erheblich höher bewertet wird als von HR Managern.
- Als ‚Werkzeuge' zur Potenzialermittlung stehen insbesondere kommunikative Elemente wie Personalgespräche oder das Feedback der Führungskräfte im Vordergrund, während Profilingverfahren und Assessments eher in Großunternehmen als in kleineren Betrieben eine Rolle spielen.
- In den Unternehmen, in denen Potenzialermittlungsprozesse installiert sind, werden diese überwiegend vom HR Management gesteuert – allerdings meist unter Einbeziehung des Linienmanagements und zunehmend auch der Geschäftsführung.
- Bei der Frage, wer die so entdeckten Potenziale letztlich weckt, wer also letztlich die Verantwortung für die als Potenzialträger ermittelten Menschen übernimmt, werden wiederum die Personalabteilung, das Linienmanagement und auch die Geschäftsführung genannt, wobei diese Verantwortung seltener auf spezielle Projektleiter, auf externe Berater oder das Controlling übertragen wird.[27]

Mögliche Instrumente zur Sicherung und Steigerung des Mitarbeiterpotenzials

Was können Unternehmen grundsätzlich tun, um in Zeiten der immer knapper werdenden Ressourcen an Fach- und Führungskräften das Mitarbeiterpotenzial zu sichern bzw. sogar zu steigern? Bei dieser Frage betonten die befragten Manager insbesondere die Bedeutung von Elementen wie Mitarbeiterqualifizierung, Arbeitszeitmodellen, geeigneten Führungsinstrumenten und auch die Nutzung Erfolg versprechender IT-Instrumente als geeignete strategische Ansätze:[28]

27 Vgl. ebd., S. 14 ff.
28 Vgl. ebd., S. 80 f.

- Linien- und HR Manager sehen die Qualifizierung der Mitarbeiter als diejenige Strategie zur Potenzialsteigerung an, die sich am stärksten auf den Erfolg des Unternehmens auswirkt.
- Dicht auf liegt das Bemühen um das ‚Vorleben von Unternehmenswerten', um Potenziale bei den Mitarbeitern zu aktivieren.
- Potenzialsteigerungen sind nach Meinung der befragten HR und Linienmanager aber auch von Arbeitszeitmodellen zu erwarten, die sowohl dem Auftragsaufkommen der Unternehmen als auch den familiären Bedürfnissen der einzelnen Mitarbeiter (berufstätige Eltern, häusliche Pflege von Angehörigen etc.) gerecht werden.
- Die Weiterentwicklung und Ergänzung vorhandener Führungsinstrumente wie Kommunikation, langfristige Personalplanung und Personalentwicklung, das bewusste Verlassen traditioneller Pfade und die Entwicklung alternativer Ansätze zur Personalgewinnung spielen eine zunehmend wichtige Rolle bei dem Bemühen um Potenzialsteigerung im Unternehmen.
- Innovative IT-Lösungen zur Unterstützung beispielsweise bei der Personaleinsatzplanung können gute Dienste zur Potenzialsteigerung im Unternehmen leisten.[29]

Gezielter Einsatz von Arbeitszeitmodellen

Der gezielte Einsatz von Arbeitszeitmodellen zur Potenzialsteigerung wird in den Unternehmen immer stärker genutzt. Dies unterstreicht auch – unter dem Hinweis auf einen noch recht neuen Forschungsbericht[30] – eine Mitteilung des Instituts für Arbeitsmarkt- und Berufsforschung (IAB), die am 22.02.2012 veröffentlicht wurde: „Definitive bezahlte und unbezahlte sowie transitorische Überstunden sind in Deutschland weitverbreitet und werden als Instrument zur Flexibilisierung der Arbeitszeit genutzt. Dabei haben insbesondere transitorische Überstunden im Zuge der Verbreitung von Arbeitszeitkonten bei Betrieben und Beschäftigten an Bedeutung ge-

29 Vgl. ebd., S. 80 f.

30 Zapf, I.: Flexibilität am Arbeitsmarkt durch Überstunden und Arbeitszeitkonten – Messkonzepte, Datenquellen und Ergebnisse im Kontext der IAB-Arbeitszeitrechnung (IAB-Forschungsbericht, 03 / 2012), Nürnberg 2012

wonnen, während es bei bezahlten Überstunden zu einem Bedeutungsverlust kam." [31]

Zusammenfassend zeigt die auf einer Befragung im Jahr 2008 basierende Studie *Digging for Diamonds*, dass ihre Ergebnisse zwischenzeitlich noch ein ganzes Stück aktueller geworden sind. Denn die Studie führt eine Reihe guter Gründe auf, die dafür sprechen, dass es sich in der Tat lohnt, das Aufspüren von Potenzialen im eigenen Unternehmen weiter zu professionalisieren. Auch liefert die Studie ein weiteres Indiz dafür, dass die Diskussion um die Auswirkungen des demografischen Wandels und speziell des daraus folgenden Handlungsbedarfs zur Sicherung eines ausreichenden Potenzials an Fach- und Führungskräfte in immer mehr Unternehmen angekommen ist bzw. ankommt. Die jahrelang im Vordergrund stehende Diskussion um den Menschen als Kostenfaktor scheint allmählich dem Bewusstsein zu weichen, dass auch im 21. Jahrhundert der Faktor Mensch der entscheidende Erfolgsfaktor für die wirtschaftliche Entwicklung eines Unternehmens sein wird. Die Demografie lässt grüßen, und zwar immer öfter!

31 © Institut für Arbeitsmarkt- und Berufsforschung (IAB): Pressemitteilung vom 12.02.2012, Nürnberg 2012 (www.iab.de/de/informationsservice/presse/presseinformationen/os1104.aspx)

2

Der deutsche Arbeitsmarkt – ein Bewerbermarkt?

Fach- und Führungskräfte: Nicht auf bestimmte Regionen oder Branchen beschränkt

Es mag richtig sein, dass der Mangel an sogenannten High Potentials nicht flächendeckend, d. h. in jeder Region Deutschlands und in jeder Branche zu spüren ist. Bei dem immer sichtbarer werdenden Mangel an qualifizierten Fach- und Führungskräften handelt es sich aber um keine regionale Problematik oder um ein Problem von zwei bis drei Branchen bzw. Berufsfeldern (in diesem Zusammenhang werden immer wieder das Ingenieurwesen, die IT-Branche oder auch das Gesundheitswesen genannt). Darauf deuten einige politische Aktionen zweifelsfrei hin, wie die Einführung einer EU-Blue-Card für ausländische Fachkräfte sowie die Mobilisierung inländischer Reserven oder gar die Verabschiedung des seit 1. April 2012 geltenden Gesetzes, das die Feststellung und Anerkennung im Ausland erworbener Berufsqualifikationen verbessern soll (Anerkennungsgesetz).

Diese Entwicklung lässt sich u. a. auch aus der Begründung zum Anerkennungsgesetz ableiten, wie sie in der entsprechenden Bundestagsdrucksache vom 22. Juni 2011 nachzulesen ist: „Angesichts der demographischen Entwicklung und des sich abzeichnenden Fachkräftemangels in Deutschland müssen alle im Inland vorhandenen Qualifikationspotenziale künftig besser genutzt und im Ausland erworbene berufliche Qualifikationen gezielter für den deutschen Arbeitsmarkt aktiviert werden. Viele Deutsche und nach Deutschland Zugewanderte haben in anderen Ländern berufliche Qualifikationen und Abschlüsse erworben. Diese können sie auf dem deutschen Arbeitsmarkt oft nicht angemessen nutzen, weil Bewertungsverfahren und Bewertungsmaßstäbe fehlen.“ [32]

Arbeitsmarkt im Wandel: Vom Arbeitgebermarkt zum Arbeitnehmermarkt

Spätestens dann, wenn sich der Betrachter vor Augen führt, dass die Politik – gleich welcher Couleur – meist eher reaktiv und weniger proaktiv handelt, muss ihm bewusst werden: Das Problem, dem da begegnet werden soll, ist eigentlich schon längst Realität. Letztlich ist zu befürchten, dass die Anzeichen eines Mangels an Fach- und Führungskräften nach und nach in immer mehr Regionen und in immer mehr Berufsfeldern in Erscheinung treten und letztlich Vorboten einer immensen Herausforderung für Gesellschaft, Politik und Wirtschaft während der kommenden Jahre sind. Wenn wir die

32 Deutscher Bundestag, 17. Wahlperiode: Gesetzesentwurf der Bundesregierung, Drucksache 17/6260, 22.06.2011, S. 1 (http://dipbt.bundestag.de/dip21/btd/17/062/1706260.pdf)

wichtigsten Eckwerte zur Entwicklung des Arbeitsmarktes in Deutschland zusammenfassend gegenüberstellen, wird dabei offensichtlich, dass sich der Arbeitsmarkt zurzeit schrittweise von einem Arbeitgebermarkt zu einem Arbeitnehmermarkt entwickelt:

- Während die Zahl der Stellenangebote im 1. Quartal 2009 noch bei 684.200 lag, verbesserte sich dieser Wert mit einigen Schwankungen bis zum 1. Quartal 2013 auf 949.000.[33]
- Was die Zahl der offiziell arbeitslos gemeldeten Menschen betrifft, sank diese Zahl von einem Wert von durchschnittlich über 3,4 Millionen im Jahr 2009 auf zwischenzeitlich 2,86 Millionen im Juni 2013.
- In der Zeit seit 2009 bis Mitte 2013 sank die Zahl der Arbeitslosen sowohl im Westen als auch im Osten Deutschlands zumindest prozentual in einer ganz ähnlichen Größenordnung. Im Vergleich zwischen den Juniwerten der Jahre 2012 und 2013 kann im Gegensatz zum Westen im Osten immer noch von weiter sinkenden Arbeitslosenzahlen gesprochen werden kann.

Herausforderungen des Wandels

Der allmähliche Wandel des Arbeitsmarkts von einem Arbeitgebermarkt zu einem Arbeitnehmermarkt stellt beide Seiten, Arbeitgeber wie Arbeitnehmer, vor neue Herausforderungen. Diesen müssen sie sich offensiv stellen, wenn sie erfolgreich auf dem sich verändernden Arbeitsmarkt agieren wollen. Vor der wohl größeren Herausforderung stehen dabei allerdings die Arbeitgeber. Bisher konnten die Personalchefs die Spielregeln bestimmen und sie waren diejenigen, die zwischen verschiedenen Bewerbern anhand mehr oder minder objektiver Auswahlkriterien wählen konnten. Sie waren es gewohnt, für ihr Unternehmen – von wenigen Ausnahmen abgesehen – mit übersichtlichem Personalmarketingaufwand (meist genügte eine einfache Stellenanzeige) am Arbeitsmarkt nach talentierten zukünftigen Fach- und Führungskräften Ausschau zu halten und diese auch zu gewinnen. Jetzt sehen sich die Personalmanager mit einem grundlegenden Wandel der an sie selbst zu stellenden Anforderungen konfrontiert.

33 Vgl. Institut für Arbeitsmarkt- und Berufsforschung (IAB): Gesamtwirtschaftliches Stellenangebot im ersten Quartal 2013

Managementempfehlung

Es empfiehlt sich, die Zeichen der Zeit zu erkennen und tradierte Einstellungen und Vorgehensweisen kritisch zu hinterfragen sowie neue Wege der Personalgewinnung zu initiieren oder auch zu erarbeiten.

Wer sich als Personalverantwortlicher aktiv mit Fragen des Demografiemanagements auseinandersetzt, muss zur Kenntnis nehmen, dass sich der Arbeits- und Stellenmarkt angesichts der demografischen Entwicklung – anders als lange gewohnt – zu einem Bewerbermarkt verändert, wobei sich die bisher gewohnte Rolle des Unternehmens von der des Umworbenen in die des Werbenden wandelt.

Veränderungen im Ausbildungsmarkt

Der demografiebedingte Wandel des Arbeitsmarktes wird bei der jüngeren Generation zuerst spürbar und weitet sich von dort nach und nach aus. Das vermittelt ein Blick auf die bereits am Ausbildungsmarkt erkennbaren deutlichen Signale für die heraufziehende grundlegende Veränderung des Arbeits- und Stellenmarktes: Noch vor wenigen Jahren war der Ausbildungsmarkt dadurch geprägt, dass es kaum möglich war, allen Schulabgängern eine Ausbildungsstelle in einem Betrieb anzubieten. Aber bereits im Oktober 2010 klagte die Berliner Zeitung in einem Artikel mit dem Titel *Es gibt einen Bewerbermarkt* über die Schwierigkeiten, Jugendliche für vakante Ausbildungsplätze zu gewinnen: „Die Arbeitsagentur, die Industrie- und Handelskammer und die Handwerkskammer griffen in diesem Ausbildungsjahr zu modernsten Methoden, um Auszubildende anzusprechen. Zum beruflichen ‚Speed-Dating' lud man Anfang des Monats Schulabgänger auf eine Jugendmesse ein, um ihnen schnellen und unkomplizierten Kontakt zu potenziellen Arbeitgebern zu verschaffen, obwohl das Ausbildungsjahr schon längst begonnen hat. Genutzt hat es nicht viel." [34] Besonders enttäuscht brachte der Vertreter der Industrie- und Handelskammer zu Berlin die Problematik auf den Punkt: Bei dieser Aktion wurden 900 noch nicht

34 Zitiert nach: Berliner Zeitung: Es gibt einen Bewerbermarkt, Ausgabe vom 16.10.2010, Berlin 2010

besetzte Ausbildungsplätze beworben, aber von 1.900 eingeladenen Jugendlichen sind lediglich 500 gekommen.[35]

Dass es sich hierbei nicht um ein Problem spezieller Unternehmen in einigen wenigen Branchen handelt, darauf weisen sowohl die IHK als auch die Handwerkskammer hin: In Berlin verlassen zurzeit jährlich 6.000 Schüler weniger die Schulen als noch zehn Jahre zuvor (30.000 Schulabgänger statt 36.000 Schulabgänger p. a.). Dies stelle jedoch nur den Anfang eines Prozesses dar, der zum Ergebnis haben könnte, dass bis zum Jahr 2030 allein in Berlin und Brandenburg über 450.000 Fachkräfte fehlen.[36]

Ein ungebrochener Trend

Die Diskussion um schwindendes zukünftiges Fachkräftepersonal hat demnach zwischenzeitlich sogar Bundesländer wie Berlin und Brandenburg erreicht, die bisher sicher nicht mit niedrigen Arbeitslosenquoten prahlen konnten. Das bestätigt einmal mehr, dass der Trend hin zu einem flächendeckenden Mangel an qualifizierten Fach- und Führungskräften im Laufe der nächsten zehn bis zwanzig Jahre ungebrochen ist. Der bisher eher als Arbeitnehmermarkt in Erscheinung getretene Arbeitsmarkt wandelt sich eben immer stärker zu einem Bewerbermarkt.

Vieles spricht aus heutiger Sicht dafür, dass sich der Arbeitsmarkt während der kommenden Jahre höchstwahrscheinlich zu einem Markt entwickeln wird, in dem sich auch für bisher als ungelernt geltende Menschen mehr neue berufliche Perspektiven eröffnen können. Das setzt natürlich voraus, dass sie bereit und in der Lage sind, sich durch eine nachgeholte Ausbildung oder eine berufliche Weiterbildung ausreichendes berufliches Wissen und Fähigkeiten anzueignen.

Umstellen müssen sich also insbesondere die Unternehmen und deren HR Manager, die sich plötzlich mit den Aspekten und Möglichkeiten eines modernen und offensiven Personalmarketings auseinanderzusetzen haben.

35 Vgl. ebd.

36 Vgl. ebd.

Managementempfehlung

Für Sie als Personalverantwortlichen oder als Mitarbeiter des HR Managements zählen moderne Strategien und Instrumente des Personalmarketings wie Employer-Branding-Strategien, Social-Media-Präsenz, virtuelle Jobmessen u. v. a. m. zum selbstverständlichen Repertoire. Damit leisten Sie einen konstruktiven Beitrag zur Wettbewerbsfähigkeit Ihres Unternehmens am Arbeitsmarkt und damit zu dessen Überlebensfähigkeit in Zeiten des demografischen Wandels.

Die neuen Vorteile für Arbeitnehmer

Veränderungen für Arbeitnehmer

Oberflächlich betrachtet bringt der Wandel des Arbeits- und Stellenmarktes für Mitarbeiter bzw. für Bewerber zunächst fast nur Vorteile mit sich, die es richtig zu nutzen gilt. Vor allen Dingen aber liefert die demografische Entwicklung gute Gründe für eine Art neues Selbstbewusstsein für angehende Fach- und Führungskräfte. Allerdings sei hier vor einer gefährlichen Fehleinschätzung der Situation gewarnt: Sich auf eine neue Stelle zu bewerben wird auch zukünftig eine besondere Herausforderung an die Bewerber darstellen, denn:

- Natürlich werden die Unternehmen auch zukünftig nicht jeden Bewerber nehmen.
- Natürlich wird auch zukünftig der Bewerber zum Unternehmen bzw. zum Team passen müssen, in dem er später arbeiten soll.
- Natürlich müssen die geforderten Fachqualifikationen bzw. die beruflichen Handlungskompetenzen nachgewiesen werden und auch sonstige wichtige Rahmenbedingungen erfüllt sein.

Aber es dürfte sich auch vieles ändern: Einige bisher scheinbar unüberwindliche Hürden werden vielleicht gar nicht mehr so unüberwindlich sein. Während beispielsweise in vielen Unternehmen bisher Noten auf Schul-, Ausbildungs- und Hochschulzeugnissen als eine Art Knock-out-Kriterium galten, werden sich hier in einem zunehmend härter werdenden Wettbewerb um diese Talente die Prioritäten bei den Auswahlkriterien verlagern.

So werden wohl immer mehr Unternehmen zukünftig bereit sein, Bewerber nicht nur nach deren ‚Papierform' zu beurteilen, sondern mehr Interesse zeigen, den Menschen hinter der Bewerbung kennenzulernen.

Das heißt im Umkehrschluss, dass die Bewerber immer öfter die Chance bekommen dürften, sich persönlich vorzustellen und im direkten Dialog mit dem HR Manager, dem möglichen späteren Vorgesetzten bzw. Teamleiter oder auch den Mitgliedern des infrage kommenden Arbeitsteams ihre Persönlichkeit und ihre beruflichen Handlungskompetenzen unter Beweis zu stellen.

2.1 Arbeitsmarkt, Bildungssystem und Schweinezyklus

Ach ja, der Schweinezyklus!

Begriffserklärung: Schweinezyklus

Wie der Begriff ‚Schweinezyklus' schon vermuten lässt, stammt er aus der Agrarwirtschaft und steht für ein einfaches Erklärungsmodell zu Nachfrage- und Preisschwankungen bei Schweinefleisch: Wenn die Marktpreise für Schweinefleisch hoch sind, werden die Schweinebauern dadurch animiert, in die Schweinezucht zu investieren, um letztlich verstärkt an den hohen Marktpreisen partizipieren zu können. Nun sollen Schweine allerdings (nach alter Schule) mindestens einmal Geburtstag und mindestens einmal Weihnachten gefeiert haben, bis sie geschlachtet werden (in der professionellen Schweinezucht geht man allerdings nur von mindestens einem halben Jahr bis zur Schlachtreife aus). Daher wird sich die verstärkte Investition erst mit erheblicher Verzögerung auf das Angebot am Schweinefleischmarkt auswirken. Da aber sicher eine Vielzahl an Schweinebauern ein zusätzliches Geschäft gewittert und die zusätzliche Investition in die Schweinezucht riskiert hat, kommt es, wenn das zusätzlich produzierte Schweinefleisch auf den Markt gebracht wird, höchstwahrscheinlich zu einem Überangebot. Der Preis für Schweinefleisch verfällt. Dies hat dann wieder zur Folge, dass die Produktion zurückgefahren wird, was – nach dem entsprechenden zeitlichen Verzug – wieder zu einer Reduktion des Angebots und den entsprechenden Preissteigerungen führt. Hier beginnt dann der Schweinezyklus von vorn.

Arbeitsmarkt und Schweinezyklus

Mögliche Parallelen zwischen Arbeitsmarkt und Schweinezyklus

Nun will ich sicher nicht den Arbeitsmarkt mit dem Schweinefleischmarkt gleichsetzen. Aber dennoch: Ein paar Parallelitäten zwischen dem Schweinefleischmarkt und dem Arbeitsmarkt können (zumindest bisher) nicht ganz geleugnet werden: Wie viele Menschen haben sich bei ihrer Entscheidung darüber, welchen Beruf sie erlernen wollen oder auch welches Studium sie absolvieren wollen, daran orientiert, in welchem Berufsfeld mit welcher Qualifikation am Arbeitsmarkt die größten Chancen dafür bestehen, auch dauerhaft ein gutes Einkommen zu erzielen? Sicher nicht alle, denn es ließe sich sonst kaum erklären, dass Studiengänge absolviert werden, die schon seit Jahren erheblich mehr Absolventen an den Arbeitsmarkt bringen, als dieser verkraften kann. Trotzdem gibt es eine ganze Reihe von Menschen, die Chancen am Arbeitsmarkt zumindest als ein entscheidendes Kriterium bei der Wahl ihrer Berufsausbildung oder ihres Studiums heranziehen.

Betrachten wir diese Menschen, die sich zu einem Zeitpunkt vor Beginn der Ausbildung oder vor Aufnahme des Studiums für eine bestimmte Berufsausbildung oder ein Studium entschieden haben und die sich dabei an der damals gegebenen Nachfrage am Arbeitsmarkt nach Fach- und Führungskräften mit spezifischen Anforderungen an Qualifikationen und Kompetenzen orientiert haben. Im Hinblick auf ihre späteren tatsächlichen Chancen, eine adäquate Anstellung zu finden, könnte das – wir erinnern uns an den Effekt des Schweinezyklus – in Wirklichkeit ein Fehler gewesen sein, der nur schwer zu reparieren ist. Denn diese Orientierung am jeweils aktuellen Arbeitsmarkt kann durchaus fatale Folgen für die späteren Absolventen nach sich ziehen. Das hat sich immer mal wieder gerade in Branchen bzw. Berufsfeldern gezeigt, für die während bestimmter Phasen eine besonders hohe Nachfrage festgestellt oder auch prognostiziert wurde.

Beispiel für den Schweinezyklus: IT-Branche

Mangel an IT-Fachkräften und die Folgen

Ein Beispiel hierfür liefert meines Erachtens die IT-Branche und die Entwicklung des IT-Arbeitsmarktes in den ersten Jahren dieses Jahrhunderts: Die IT-Branche wurde über Jahre hinweg als absolute Boombranche gefeiert, spätestens seit Einführung des PCs in den Achtzigerjahren und erst recht seit der Entdeckung der Möglichkeiten, die das Internet bietet. Mit ihrer Entwicklung einher gingen immer neue ‚Schreckensmeldungen' der IT-Wirtschaft und ihrer Verbände. Darin wurde zum Ausdruck gebracht und darüber geklagt, wie viele IT-Fachkräfte fehlen und welches Risiko für die Volkswirtschaft denn damit verbunden sei, wenn nicht dafür gesorgt würde, dass dem Markt die erforderlichen Fachkräfte zur Verfügung stünden. Die Appelle der IT-Wirtschaft blieben nicht allzu lange ungehört, und an vielen Stellen wurden Arbeit, Zeit und Geld investiert, um dafür zu sorgen, dass – mit der entsprechenden zeitlichen Verzögerung – so schnell wie irgend möglich erheblich mehr IT-Spezialisten zur Verfügung stehen sollten:

- Das Marketing seitens der Verbände und der Politik wurde verstärkt, mit dem Ziel, mehr Studieninteressenten davon zu überzeugen, dass sie ein Informatikstudium oder zumindest informatiknahes Studium aufnehmen sollten. Probleme waren dabei nur, dass einige Hochschulen Kapazitätsprobleme bekamen, was zur Einführung eines Numerus clausus führte, und dass einige Professoren sich bemüßigt sahen, die so zusätzlich für ein Informatikstudium geworbenen Studierenden wieder ‚herausprüfen' zu müssen, statt diese zu fördern.
- Die Bundesagentur für Arbeit (damals noch Bundesanstalt für Arbeit) forcierte und finanzierte im Rahmen der öffentlich geförderten Weiterbildung berufliche Umschulungen (meist zum/zur Datenverarbeitungskaufmann/-frau) sowie eine Vielzahl der unterschiedlichsten IT-Weiterbildungen. Diese ließen eine hohe Integration bis dato arbeitsloser Menschen in den ersten Arbeitsmarkt erwarten und waren im Idealfall noch mit dem Erwerb eines der beliebten Produktzertifikate großer IT-Hersteller oder Softwarehäuser verbunden. Da dieser Ansatz meist zu recht guten Erfolgen führte, wurde die Strategie über mehrere Jahre beibehalten.
- Im Jahr 1997 schloss sich die IT-Branche mit den Sozialpartnern und der (Berufsbildungs-)Politik zusammen. Gemeinsam entwickelten sie in rekordverdächtiger Zeit vier neue Berufsbilder, die zukünftig die Basis für die duale Berufsausbildung in der IT-Branche bilden sollten. Als die ersten Absolventen ihre Berufsausbildung schließlich erfolgreich beenden konnten, nämlich zu Beginn des neuen Jahrtausends, fiel dies zum Leidwesen aller ziemlich genau in die Zeit, in der wir alle die Auswirkungen des Platzens der sogenannten Internetblase zu spüren bekamen.

- Noch im Jahr 1999 – also noch kurz vor dem vorläufigen Ende des damaligen IT- und Internetbooms – starteten wiederum die Sozialpartner in Zusammenarbeit mit der IT-Wirtschaft und der Bundesregierung ein Ordnungsverfahren. Es sollte die IT-Weiterbildung auf transparente und karrierefördernde Pfade lenken und dem in der Boomzeit entstandenen Wildwuchs an Weiterbildungsabschlüssen und -zertifikaten Einhalt gebieten. Dabei entstand ein IT-Weiterbildungssystem, das auf den dualen Ausbildungsberufen aufbaute und 29 zertifizierungsfähige IT-Spezialistenprofile und 6 IT-Professionalprofile aufwies[37]. Mithilfe dieses Systems sollten die zahlreichen Mitarbeiter in der IT-Branche, die meist als Quereinsteiger, als Autodidakten, als Angelernte etc. und ohne einen IT-nahen Berufs- oder Studienabschluss arbeiteten, die Möglichkeit erhalten, auf Basis ihrer vorhandenen einschlägigen IT-Berufserfahrung ein anerkanntes IT-Berufszertifikat zu erhalten. Auch das Ordnungsverfahren konnte wiederum in verhältnismäßig kurzer Zeit zum Abschluss gebracht werden. Die Veröffentlichung der Ergebnisse fiel schließlich in das Jahr 2002, d. h. auch wieder in das Zeitfenster, das durch das Platzen der Internetblase geprägt ist.
- In der zweiten Hälfte der Neunzigerjahre kam unter dem Druck der IT-Branche die Diskussion um die Einführung einer sogenannten Green Card auf, die dann schließlich am 01.08.2000 als Kürzel für das ‚Sofortprogramm zur Deckung des IT-Fachkräftebedarfs' zur Realität wurde. Mithilfe der Green Card sollten unter bestimmten Rahmenbedingungen IT-Experten aus Ländern außerhalb der Europäischen Union (und auch nicht aus der Schweiz) eine Aufenthalts- und Arbeitserlaubnis erhalten. Die Nachfrage aus dem Ausland war allerdings geringer als erwartet (es kamen in den Jahren 2000 bis 2004 weniger als 18.000 IT-Experten nach Deutschland).

Es mangelte also keineswegs an Aktivitäten, die dazu geeignet waren, dem Hilferuf der IT-Branche nach zusätzlichen qualifizierten Arbeitskräften nachzukommen. Und es gibt zahlreiche Parallelitäten zu dem bereits beschriebenen Schweinezyklus: Nachdem ein Mangel an qualifizierten Fach-

37 Zwischenzeitlich wurde das IT-Weiterbildungssystem überarbeitet und die Zahl der Spezialistenprofile auf 15 reduziert.

kräften festgestellt und propagiert worden war, wurden – ob der damit verbundenen guten Chancen am Arbeitsmarkt – alle verfügbaren Hebel in Bewegung gesetzt, um möglichst vielen Menschen die Chancen auf einen zukunftssicheren Arbeitsplatz und gute Einkommensperspektiven zu eröffnen. Als dann endlich mehr Hochschulabsolventen auf den Arbeitsmarkt kamen, beendeten auch die ersten Absolventen der dualen IT-Berufe ihre Ausbildung. Während auch die von der Bundesagentur für Arbeit geförderte berufliche Weiterbildung immer mehr Berufseinsteiger und -umsteiger in den ersten Arbeitsmarkt entließ, entstand so ein recht schnell heranwachsendes Überangebot an gut qualifizierten IT-Fach- und auch -Führungskräften. Alle trafen sie auf einen IT-Arbeitsmarkt, der zunächst das Platzen der Internetblase zu verkraften hatte. Darüber hinaus wanderten – wie bereits erwähnt – zusätzlich noch IT-Fachkräfte aus Staaten außerhalb der EU nach Deutschland ein.

Die Frage, ob sich zu Beginn des 21. Jahrhunderts tatsächlich ein Überangebot an IT-Fach- und Führungskräften hätte entwickeln können, wenn es nicht zum Platzen der Internetblase gekommen wäre, lässt sich an dieser Stelle nicht beantworten und führt ins Reich der Spekulation. Jedenfalls führte das zwischenzeitlich erreichte Überangebot an IT-Fachkräften dazu, dass alle Arbeitsmarktakteure zurückruderten: Die IT-Branche sei nun zu einem Berufsbereich mit normalen Schwankungsbreiten geworden, ein Grund für eine Sonderrolle sei nun nicht mehr gegeben, so hieß es.

Dies sagte man fast zeitgleich zu dem Zeitpunkt, als man bei der europäischen Kommission in Brüssel begann, sich Sorgen um das IT-Fachkräftepotenzial in Europa zu machen. Sie mündeten in eine umfängliche e-Skills-Initiative der Generaldirektion Enterprises der Europäischen Kommission, die noch heute andauert und zwischenzeitlich Produkte wie den europäischen e-Competence-Framework[38] hervorgebracht hat. Dieser soll dabei helfen, die Mobilität der IT-Fachkräfte auf europäischer Ebene zu fördern – ein Instrumentarium, durch das eine wechselseitige und grenzüberschreitende Nutzung eventuell vorhandener Potenzialreserven an IT-Experten erleichtert wird.

38 Siehe auch: www.ecompetences.eu

Aber mittlerweile werden angesichts der aktuellen Situation am Arbeitsmarkt auch in Deutschland die Rufe nach IT-Fachkräften wieder lauter und die Zahlen, die der Branchenverband BITKOM als Bedarfszahlen regelmäßig verlauten lässt, immer größer. Ist das bereits wieder der Beginn eines neuen Schweinezyklus oder ist es angesichts der demografischen Entwicklung dieses Mal irgendwie anders?

Ausblick: Drohender Schweinezyklus bei den Ingenieuren?

Während die IT-Branche zumindest einen Schweinezyklus durchlaufen hat und eventuell am Anfang einer neuen Runde steht, scheint eine Expertendiskussion um einen möglichen Schweinezyklus im Berufsfeld des Ingenieurwesens langsam Fahrt aufzunehmen. Dabei geht es insbesondere um die Frage, ob sich das Ingenieurwesen in Deutschland schon in einem solchen Schweinezyklus befindet. Dadurch könnten diejenigen, die zurzeit Ingenieurwesen studieren, in eine Falle gelockt werden, wie der Spiegel Online sorgenvoll berichtet.[39] Vieles von dem, was die beiden Autoren des Artikels *Mit Karacho in den Schweinezyklus* zusammengetragen haben, stärkt sicherlich die Befürchtungen, dass auch der Ingenieurarbeitsmarkt in Deutschland tatsächlich in einen Schweinezyklus im Zusammenhang mit der Fachkräftediskussion geraten sein könnte:

Entwicklungen im Berufsfeld Ingenieurwesen

- Analog dem geschilderten Beispiel der IT-Branche klagt in diesem Fall der Berufsverband der deutschen Ingenieure (VDI) über einen gewaltigen Bedarf an Ingenieuren. So konnten mit Stand Juni 2011 laut VDI 76.400 Ingenieursstellen nicht besetzt werden.
- Möglicherweise aufgrund des immer wieder beklagten Mangels an Ingenieuren und Technikern stieg die Zahl der Studierenden der Ingenieurwissenschaften in den vergangen zehn Jahren um knapp 100.000 auf mehr als 380.000.
- Gleichzeitig waren zu dem Zeitpunkt, zu dem der VDI die zahlreichen unbesetzten Ingenieurstellen beklagte, über 20.000 Ingenieure bei der Bundesagentur für Arbeit arbeitslos gemeldet, was darauf hindeutet,

39 Nach: Ilg, P., Kaufmann, M.: Mit Karacho in den Schweinezyklus, in: Spiegel Online vom 06.09.2011, Hamburg 2011, www.spiegel.de/karriere/berufsstart/ingenieurmangel-mit-karacho-in-den-schweinezyklus-a-784325.html

dass vorhandene Potenziale am Arbeitsmarkt nicht genügend ausgeschöpft werden. Immer noch sinken mit zunehmendem Alter auch die Chancen eines Ingenieurs, einen neuen Arbeitsplatz zu finden.

- Zwischenzeitlich liegen Forschungsergebnisse wie die des Deutschen Instituts für Wirtschaftsforschung (DIW) vor, in denen festgestellt wird, „dass es in einzelnen Regionen und bestimmten Branchen zu Engpässen komme. Doch gerade im Maschinenbau – beliebtes Studienfach und zugleich Klassiker der deutschen Exportwirtschaft – gebe es keinen Grund zur Sorge. Pro Jahr würden in der Wirtschaft nur 9.000 Stellen für Maschinenbauer frei, während die Universitäten 22.000 Absolventen ausspuckten.“[40]

Kein Schweinezyklus, sondern ein strukturelles Problem

Arbeitsmarktexperten warnen also durchaus begründet vor einem Schweinezyklus, dem die jetzigen Studierenden der Ingenieurwissenschaften während der nächsten drei bis vier Jahre zum Opfer fallen könnten. Doch wie wird die langfristige Entwicklung aussehen? Hierzu stellt der VDI fest, dass „in den nächsten zehn Jahren 450.000 Ingenieure in den Ruhestand gingen und der technische Fortschritt selbst dann einen Personalzuwachs erfordern würde, wenn es gar kein Wachstum gäbe. Also nicht der berüchtigte Schweinezyklus, sondern ein handfestes strukturelles Problem.“[41]

2.2 Bildungssystem und Arbeitsmarkt

Die bedeutendste Quelle, aus der Unternehmen nachrückende Fach- und Führungskräfte schöpfen, stellt zweifelsfrei unser Bildungssystem in seiner ganzen Vielfalt dar. Über die wichtigsten Schnittstellen zum Arbeitsmarkt für Fach- und Führungskräfte verfügen dabei die Berufsbildung und die Hochschulbildung.

Berufsbildung vs. Hochschulbildung

Auf der einen Seite entlässt die Berufsbildung überwiegend Absolventen in den Arbeitsmarkt, die eine sogenannte duale Berufsausbildung erfolgreich

40 Ebd.

41 Ebd.

abgeschlossen haben, ergänzt um einen kleineren Teil, der in den Gesundheits-, Pflege- und Sozialberufen wie Krankenpfleger/-in, Altenpfleger/-in, Hebammen und Erzieher/-in eine rein schulische Ausbildung durchlaufen hat. Auf der anderen Seite steht der Begriff Hochschulbildung für eine Vielzahl von Hochschularten, an denen ein Studium absolviert und ein akademischer Abschluss erreicht werden kann: Universität, University of Applied Sciences (Fachhochschule), Duale Hochschule, Pädagogische Hochschule, Musisch-Künstlerische Hochschule etc.

Wie die Diskussion um die Gefahren eines Schweinezyklus am Arbeitsmarkt zeigt, können Alarmmeldungen aus dem Arbeits- und Stellenmarkt, die auf einen Mangel an Arbeitskräften in einer spezifischen Branche oder einem spezifischen Berufsfeld hinweisen, zumindest mittelfristig Gegenreaktionen im Bildungswesen auslösen: „Die Signale, die von sehr guten Beschäftigungschancen und sich verbessernden Arbeitsbedingungen ausgehen, könnten die Studien- und Ausbildungsentscheidungen im Idealfall so weit lenken, dass sich die Anspannung am Arbeitsmarkt löst – frühestens jedoch nach Ablauf der Dauer des Bildungsgangs“[42], so das Bundesministerium für Arbeit und Soziales in dem im November 2011 erschienenen Arbeitskräftereport.

Die Plausibilität dieser Tendenz lässt sich grundsätzlich überprüfen: zunächst durch einen Blick auf die Entwicklung der Bedarfslage am Arbeitsmarkt in den Jahren 2006 bis 2010 und anschließend auf die Entwicklung der Zahl der Neuzugänge aus der beruflichen Bildung sowie der Hochschulbildung in den Arbeitsmarkt in den Jahren 2010 bis 2014. So vergleicht Tabelle 1 auf Seite 51–53 die Relation zwischen in Deutschland arbeitslos gemeldeten Männern und Frauen auf der einen Seite und sofort zu besetzenden offenen Stellen auf der anderen Seite, und zwar sowohl für die Zeit zwischen 2006 und 2007 als auch für die Zeit zwischen 2009 und 2010.

42 Bundesministerium für Arbeit und Soziales (Hrsg.): Arbeitskräftereport, Berlin 2011, S. 52 (www.bmas.de/SharedDocs/Downloads/DE/PDF-Publikationen/a859_arbeitskraeftereport.pdf?__blob=publicationFile)

Kriterien für die Entscheidung für ein Studium oder eine Berufsausbildung

Ergänzend weist das Ministerium allerdings darauf hin, dass Entscheidungen für ein Studium oder eine Berufsausbildung häufig auch ganz anderen Kriterien unterliegen als denen, die sich ausschließlich am Bedarf und an den potenziellen Chancen am Arbeitsmarkt orientieren: „Faktoren wie die Prägung im Elternhaus, soziale Netzwerke und persönliche Präferenzen spielen eine sehr bedeutsame Rolle. Dabei kann es vorkommen, dass die Struktur der Neuzugänge aus dem Bildungssystem Engpasslagen verschärft oder gar erst entstehen lässt. Fallende Zahlen an Absolventen erhöhen, sofern nicht gleichzeitig auch der Arbeitskräftebedarf entsprechend fällt, die Wahrscheinlichkeit von Engpasslagen."[43]

Eine Übersicht, wie sie aus der folgenden Tabelle hervorgeht, liefert recht gute erste Hinweise darauf, für welche Berufs- und Tätigkeitsfelder Arbeitskräfteengpässe bestehen, in welchen Bereichen die Engpässe wachsen oder sich reduzieren oder auch in welchen Berufs- und Tätigkeitsfeldern mögliche neue Arbeitskräfteengpässe entstehen könnten.

Tabelle 1: Entwicklung der Relation von Arbeitslosen und sofort zu besetzenden Stellen

	2006 bis 2007	2009 bis 2010	Veränderung
Insgesamt	3,43	3,95	0,52
Ärzte/Ärztinnen	0,83	0,26	-0,57
Versicherungsfachleute (nicht gesetzlich)	0,82	0,41	-0,41
Krankenschwestern, -pfleger, Hebammen	1,49	0,43	-1,05
Techniker/-innen	0,3	0,49	0,19
Ingenieure/Ingenieurinnen ohne nähere Fachrichtungsangabe	0,11	0,51	0,40

43 Ebd.

Elektroingenieure/-ingenieurinnen	0,52	0,55	0,02
Bauingenieure/-ingenieurinnen	0,22	0,65	0,42
Bankfachleute	1,31	0,85	-0,46
Vertreter/-innen, Handlungsreisende	0,82	0,90	0,08
Datenverarbeitungsfachleute, Informatiker/-innen	1,34	0,95	-0,39
Elektromechaniker/-innen, Industrieelektroniker/-innen, Kommunikations-, Bürokommunikationselektroniker/-innen	1,65	0,99	-0,66
Konstruktionsmechaniker/-innen	0,98	1,03	0,05
Elektriker/-innen, Elektroinstallateure /-installateurinnen, Energieelektroniker/-innen	0,89	1,44	0,56
Ingenieure/Ingenieurinnen des Maschinen- und Apparatebaus	0,57	1,45	0,88
Verwaltungsfachleute (mittlerer Dienst)	1,48	1,46	-0,02
Marketing-, Absatzfachleute	1,12	1,53	0,41
Erzieher/-innen	3,95	1,67	-2,28
Techniker/-innen des Maschinen-, Apparate- und Fahrzeugbaus, Elektrotechniker/-innen	0,67	1,70	1,03
Altenpfleger/-innen	4,14	1,77	-2,37
Buchhalter/-innen	0,99	2,01	1,02
Unternehmer/-innen	1,09	2,11	1,02
Restaurantfachleute, Stewards/Stewardessen	2,14	2,69	0,55
Lagerverwalter/-innen, Magaziner/-innen, Lager-, Transportarbeiter/-innen	6,98	3,17	-3,81

Berufskraftfahrer/-innen, Kutscher/-innen	2,33	3,19	0,86
Wirtschaftswissenschaftler/-innen	2,90	3,70	0,80
Verkaufs-, Vertriebssach-bearbeiter/-innen	2,55	4,16	1,61
Bürofachkräfte	8,78	5,95	-2,83
Köche/Köchinnen	5,86	7,93	2,08

Nach Daten von: IAB-EGS, Statistik der Bundesagentur für Arbeit, Berechnungen des ZEW, Tabelle aus: Bundesministerium für Arbeit und Soziales (Hrsg.): Arbeitskräftereport, Berlin 2011, S. 36 (www.bmas.de/SharedDocs/Downloads/DE/PDF-Publikationen/a859_arbeitskraeftereport.pdf?__blob=publicationFile)

Berufsfelder mit Arbeitskräfteengpässen

Wenn wir einige Beispiele herausgreifen, so erkennen wir u. a., dass es bereits in den Jahren 2006 und 2007 mehr offene Arztstellen als Arbeit suchende Ärzte gab und dass sich die Engpasssituation bei den Ärzten in den Folgejahren dramatisch verschärfte: 2009 und 2010 kamen bereits vier offene Arztstellen auf einen Bewerber.

Ähnlich dramatische Veränderungen lassen sich aus der Übersicht auch für die Berufsfelder der Krankenschwestern/-pfleger und Hebammen, für die Versicherungsfachleute, die Bankfachleute sowie DV-Fachleute/Informatiker ablesen.

Erzieher oder auch Altenpfleger scheinen sich als weitere Sorgenkinder zu etablieren. Zählte man zwar in den Jahren 2009 und 2010 noch mehr Bewerber als offene Stellen, so lässt der Grad der Veränderung erwarten, dass in diesen Berufsfeldern ein Arbeitskräfteengpass heranwachsen wird.

Zu beobachtende Berufsfelder

Weiter beobachtet werden sollten die Entwicklungen in den Berufen rund um das Tätigkeitsfeld der Lagerverwaltung und Lagerhaltung oder auch bei den Bürofachkräften. Bei beiden zeichnet sich zumindest eine spürbare Verbesserung der Arbeitsmarktchancen ab: Das Verhältnis zwischen der Zahl der Arbeitsuchenden und der Zahl der offenen Stellen verändert sich deutlich. Allerdings wäre es bei dem (immer noch) hohen Übergewicht der Zahl der Bewerber in diesen Berufs- und Tätigkeitsfeldern aktuell noch zu früh, um von einem drohenden Arbeitskräfteengpass zu sprechen.

Um sich der Frage zu nähern, inwieweit nun am Arbeitsmarkt zu beobachtende Entwicklungen, wie sie der vorangehenden Tabelle entnommen werden können, unmittelbare oder auch nur mittelbare Gegenreaktionen in den ‚zuliefernden' Bildungssystemen (Berufsbildung und Hochschulbildung) auslösen, wenden wir uns im nächsten Schritt der Entwicklung der Neuzugänge aus beiden Bildungssystemen zu. Grundlage bildet eine Projektion des Bundesministeriums für Arbeit und Soziales, in der die Absolventenzahlen der Berufsbildung und der Hochschulbildung für die Jahre 2010 bis 2014 hochgerechnet wurden.

2.3 Neuzugänge aus der Berufsbildung

Aus der nachfolgenden Tabelle können auf Basis einer Vorausberechnung Informationen über die Entwicklung der Zahl der Absolventen (in 1.000 Personen) des Berufsausbildungssystems nach Berufen für die Zeit von 2010 bis 2014 sowie über die zu erwartenden Veränderungen gegenüber 2010 in Prozent entnommen werden.

Tabelle 2: Absolventinnen und Absolventen der beruflichen Bildung in den Jahren 2010 bis 2014

	2010	2011	2012	2013	2014	Veränderung ggü. 2010
Insgesamt	468,9	471,5	431,7	428,5	431,3	-8,0
Erzieher/-innen	14,1	13,5	15,3	16,9	18,8	32,0
Berufe des Landverkehrs	2,7	3,1	3,2	3,2	3,3	21,0
Altenpfleger/-innen, Altenpflegehelfer/-innen	17,7	17,3	20,8	19,6	20,4	15,8

Bank-, Bausparkassen-, Versicherungsfachleute	17,0	18,0	18,5	19,1	19,6	15,1
Krankenschwestern/ -pfleger, Hebammen	23,1	22,8	24,1	23,8	24,0	4,1
Unternehmensleitung, Beratung, Prüfung	6,0	6,1	6,0	6,0	6,0	-0,1
Gesundheitsdienst- berufe	22,5	21,9	21,0	20,2	19,4	-13,8
Warenkaufleute, Vertreter/-innen	3,0	3,1	2,8	2,6	2,4	-19,8
Elektroberufe	27,5	28,9	26,1	23,5	21,2	-22,9
Techniker/-innen	0,86	0,81	0,76	0,71	0,67	-23,2
Büroberufe, Kaufmännische Angestellte	62,8	61,0	56,3	51,9	47,9	-23,6
Groß- und Einzelhandel, Ein- und Verkauf	54,5	52,1	48,3	44,8	41,6	-23,7
Lagerverwaltung, Lager, Transport	8,2	8,6	7,7	6,9	6,2	-24,6
Köche/Köchinnen	16,6	14,9	13,8	12,8	11,9	-28,1
Hotel- und Gast- stättenberufe	28.5	26,9	24,5	22,3	20,4	-28,4
Rechnungskaufleute, Informatiker/-innen	11,8	12,4	10,9	9,5	8,4	-28,8
Metall- und Anlagen- bauberufe	14,4	13,4	10,8	8,8	7,1	-50,7

Nach Daten von: Bundesinstitut für Berufsbildung, Statistisches Bundesamt, Berechnungen des ZEW, Tabelle aus: Bundesministerium für Arbeit und Soziales (Hrsg.): Arbeitskräftereport, Berlin 2011, S. 54 (www.bmas.de/SharedDocs/Downloads/DE/PDF-Publikationen/a859_arbeitskraeftereport.pdf?__blob=publicationFile)

Auswertung der Tabelle

Eine erste Auswertung der Daten aus dieser Tabelle führt u. a. zu nachfolgenden Feststellungen bzw. Thesen:[44]

- In der Zeit von 2010 bis 2014 wird die Zahl der Absolventen der dualen Berufsbildung von 469.000 um 8 % auf 431.000 sinken, was durchaus dem demografischen Trend entspricht.[45]
- Dies lässt vermuten, dass Fachkräfteengpässe, die auf der Entwicklung der Absolventenzahlen bei dualen Ausbildungsberufen beruhen, eher zu- als abnehmen werden.
- Die Beispiele der Berufsfelder der Erzieher sowie der Altenpfleger zeigen, dass vorhergesagte Arbeitskräfteengpässe in diesen Berufsfeldern bereits zu einer Gegenreaktion geführt haben: So stieg in den Jahren 2008 bis 2009 die Anzahl der Auszubildenden an den Schulen des Gesundheitswesens mit dem Berufsziel Altenpflege um 20 %.
- Bei den Elektro-, IT- und technischen Berufen sinken die Zahlen der Absolventen deutlich stärker als der Durchschnitt.
- Besonders auffällig ist, dass bei den Elektroberufen und den Technikern die Zahl der Neuzugänge um rund 23 % sinkt, während Rechnungskaufleute und Informatiker sogar einen Rückgang um 30 % vermelden müssen.
- Die Vermutung, dass der Mangel an Nachwuchskräften und der vorhergesagte Engpass in technischen Berufs- und Tätigkeitsfeldern auf Präferenzen oder auch auf mangelnde Fähigkeiten der Absolventen der allgemeinbildenden Schulen zurückzuführen sind und nicht auf eine fehlende Ausbildungsbereitschaft der Betriebe, scheint legitim zu sein.
- Als problematisch erscheinen Berufe wie die der Lagerverwalter, der Lageristen, der Transporteure, der Köche sowie Berufe im Hotel- und Gaststättengewerbe. Berufe und Tätigkeiten, bei denen es einerseits eine große Zahl an offenen Stellen und andererseits dennoch eine hohe Arbeitslosenquote gibt, scheinen nicht besonders attraktiv für die nach-

44 Vgl. ebd., S. 53

45 Ergänzend hierzu meldet die Bundesagentur für Arbeit in ihrem Monatsbericht Januar 2012, dass die Gesamtzahl der Bewerber für das Ausbildungsjahr 2011 / 2012 im Vergleich zum Vorjahr um 5,1 % zurückgegangen ist. (Vgl. Bundesagentur für Arbeit (Hrsg.): Monatsbericht Januar 2012, S. 87)

wachsende Generation zu sein, während Betriebe aufgrund der relativ hohen Arbeitslosenzahlen in diesen Berufen tendenziell eher weniger Ausbildungsplätze einrichten. Allerdings befürchtet auch das Bundesministerium für Arbeit und Soziales für diese Berufe mittelfristig keine Arbeitskräfteengpässe.[46]

2.4 Neuzugänge aus der Hochschulbildung

Sehen wir uns im nächsten Schritt die Entwicklung der Zahl der Neuzugänge aus den Hochschulen in Berufsfeldern an, die heute von Fachkräfteengpässen gekennzeichnet sind. Hier zeigt sich das folgende Bild: Im Jahr 2010 lag der Anteil der Zahl der Hochschulabsolventen in Studienfächern, die auf Berufe und Tätigkeiten zielen, bei denen eine überdurchschnittliche Anspannung am Arbeitsmarkt festgestellt wurde (vgl. Tabelle 1 auf Seite 51–53), noch etwas unter 30 %. Entsprechend der Projektion des Bundesministeriums für Arbeit und Soziales wird dieser Anteil bis über 33 % im Jahr 2014 ansteigen. Bei den Absolventen der beruflichen Bildung wird eine Gegenreaktion auf die Veränderung der Bedarfe am Arbeits- und Stellenmarkt eher nur punktuell (Erzieher und Altenpfleger) sichtbar. Im Gegensatz dazu zeigt sich eine solche Gegenreaktion auf den ersten Blick scheinbar spürbar deutlicher in der in der folgenden Tabelle 3 (Seite 58) ausgewerteten Gruppe von Studienfächern.

Diese Aussage kann allerdings bei einer genaueren Analyse der Entwicklung in den einzelnen Studienfächern nicht durchgängig verallgemeinert werden: So ergibt sich beispielsweise bei einer differenzierteren Betrachtung der Neuzugänge aus ingenieurwissenschaftlichen Studiengängen kein offensichtlicher Zusammenhang zwischen den Absolventen der einzelnen Studienrichtungen und der Entwicklung der Bedarfslage wie in Tabelle 1 auf Seite 51–53 dokumentiert: „Unterteilt man die Fächergruppe in einzelne Studienbereiche, fällt auf, dass sich die Neuzugänge bei den Bauingenieurinnen und Bauingenieuren knapp durchschnittlich und in der Elektrotechnik knapp unterdurchschnittlich entwickeln. Dagegen ist das zu erwartende

46 Vgl. Bundesministerium für Arbeit und Soziales (Hrsg.): Arbeitskräftereport, S. 53

Wachstum bei den Maschinenbauingenieurinnen und Maschinenbauingenieuren sowie den sonstigen Ingenieuren weit überdurchschnittlich.“[47]

Tabelle 3: Absolventinnen und Absolventen der Hochschulen in ausgewählten Studienfachrichtungen in den Jahren 2010 bis 2014

	2010	2011	2012	2013	2014	Veränderung ggü. 2010
Hochschulabsolventinnen und -absolventen	349,6	364	375,1	389,9	408	16,7
Informatik	19,8	20,8	21,7	22,7	23,8	20,0
Humanmedizin, Gesundheitswissenschaften	25,5	27,2	29,0	30,9	33,0	29,7
Ingenieurwissenschaften insgesamt	57,6	62,5	67,9	73,8	80,2	39,4
davon						
Elektrotechnik	10,6	11,0	11,3	11,7	12,1	13,6
Bauingenieurwesen	5,6	6,0	6,4	6,9	7,5	34,5
Maschinenbau, Verfahrenstechnik	23,5	25,7	28,1	30,7	33,6	43,3
Übrige Ingenieurwissenschaften	17,9	19,9	22,1	24,5	27,1	50,1

Nach Daten von: Bildungsvorausberechnung – Vorausberechnung der Bildungsteilnehmerinnen und Bildungsteilnehmer, des Personal- und Finanzbedarfs bis 2025, Methodenbeschreibung und Ergebnisse, Ausgabe 2010, Statistische Ämter des Bundes und der Länder, Wiesbaden, Tabelle aus: Bundesministerium für Arbeit und Soziales (Hrsg.): Arbeitskräftereport, Berlin 2011, S. 56 (www.bmas.de/SharedDocs/Downloads/DE/PDF-Publikationen/a859_arbeitskraeftereport.pdf?__blob=publicationFile)

47 Ebd., S. 57

3

Die Demografie lässt grüßen

3.1 Ignorieren ist keine Lösung – Alarmismus auch nicht

Aktuelle Entwicklungen in Gesellschaft sowie Arbeits- und Stellenmarkt

Die ab Seite 54 diskutierte Projektion der Neuzugänge aus dem Berufsbildungssystem und der Hochschulbildung in den ersten Arbeitsmarkt bis zum Jahr 2014 dürfte noch nicht für größere Aufregung sorgen. Trotzdem sei an dieser Stelle davor gewarnt, die weitere Entwicklung lediglich zu beobachten und ansonsten weitgehend zu ignorieren. Das heißt aber auch nicht, in einen übertriebenen Alarmismus zu verfallen, zumal uns die Demografieforscher zurzeit noch „eine Atempause im Verlauf des demografischen Wandels“[48] zugestehen. Dennoch lohnt es sich, sich vor Augen zu halten, was wir heute über unsere Bevölkerungsstruktur, über unsere Gesellschaft, über den Arbeits- und Stellenmarkt etc. und über die aus heutiger Sicht zu erwartenden demografisch bedingten Veränderungen, verbunden mit einem perspektivischen Blick über das Jahr 2014 hinaus, sagen können:

- In den kommenden Jahren gehen immer mehr sogenannte Babyboomer, d.h. Mitglieder geburtenstarker Jahrgänge der Nachkriegsjahre, insbesondere der Fünfziger- und Sechzigerjahre, in den Ruhestand und werden zu Rentenbeziehern. Die durch den demografischen Wandel bedingten Veränderungen beschleunigt das noch weiter.
- Bis zum Jahr 2025 werden wir bei gleichbleibender Entwicklung in Deutschland ca. 6 Millionen Arbeitskräfte verlieren.
- Gleichzeitig entnehmen wir der aktuellen Bevölkerungsstatistik, dass in dieser Zeit 20 % weniger Schüler die allgemeinbildenden Schulen verlassen werden, um eine Berufsausbildung oder ein Hochschulstudium zu absolvieren.
- Während die Zahl der arbeitslos gemeldeten Menschen auf zwischenzeitlich knapp unter 2,9 Millionen (Stand: Juli 2013) gefallen ist, wuchs die Zahl der Beschäftigten in den vergangenen Jahren auf ein hohes Niveau von über 41 Millionen Frauen und Männern an. Das können wir den Statistiken der Bundesagentur für Arbeit entnehmen.

48 Bundesministerium für Arbeit und Soziales (Hrsg.): Arbeitskräftereport, S. 11

- Wir vernehmen immer häufiger Erfolgsmeldungen aus einzelnen Regionen, die stolz verkünden, dass sie den Status der Vollbeschäftigung erreicht haben oder bald erreichen werden.
- Auch heute schon mehren sich Stimmen aus einzelnen Unternehmen, aus spezifischen Branchen und Regionen, die beklagen, dass es trotz intensiver Bemühungen nicht gelingt, Stellen so anforderungsgerecht zu besetzen, dass die Geschäftstätigkeit des Unternehmens nicht beeinträchtigt wird.
- Wir wissen, dass es heute verfrüht wäre, über einen sogenannten flächendeckenden Fachkräftemangel zu sprechen. Genauso wissen wir, dass es falsch ist, die Problematik eines heraufziehenden Fachkräftemangels zu verharmlosen oder gar in das Reich der Märchen zu verlagern, wie man hin und wieder lesen mag.
- Engpässe werden zweifellos nicht nur bei akademischen Berufen auftreten. Vieles deutet mittlerweile darauf hin, dass gerade die sogenannten dualen Berufe wohl noch viel stärker von der Fachkräfteproblematik betroffen sein werden.
- Der Arbeits- und Stellenmarkt befindet sich auf dem besten Weg, zu einem Bewerbermarkt zu werden. Bewerber begegnen den Unternehmen, die Bedarf an Fach- und Führungskräften haben, mit größerem Selbstbewusstsein, als es die HR Manager bisher gewohnt waren. Unternehmen und speziell die HR Manager werden den damit verbundenen Wandel vom Umworbenen zum Werbenden meistern müssen.
- Darüber hinaus wissen wir, dass es am Arbeitsmarkt stille Reserven gibt, die dringend besser genutzt werden sollten und könnten:

  Stille Reserven am Arbeitsmarkt

  - Dazu zählen leider immer noch viele Frauen (Stichworte hierzu sind: Chancengleichheit, Vereinbarkeit von Beruf und Familie, ausreichend Krippenplätze, Ganztagsschulen, Elterngeld, sogenannte Wiedereinstiegsprogramme etc.).

    Frauen

  - Aber auch zahlreiche Frauen und Männer mit Migrationshintergrund sind Teil der „stillen Reserven“. Sie sind zum Teil hoch qualifiziert und konnten bisher aufgrund fehlender Anerkennungsmöglichkeiten nicht in ihrem Beruf arbeiten. Entsprechend der Bedeutung dieser

    Menschen mit Migrationshintergrund

Gruppe für den Arbeitsmarkt hat der Gesetzgeber zwischenzeitlich ein ‚Gesetz zur Verbesserung und Anerkennung im Ausland erworbener Berufsqualifikationen' erlassen (siehe Seite 38 und 184).

Ältere

- Trotz Abschaffung der finanziellen Förderung der Altersteilzeit zählen auch immer noch die Älteren (50+ oder auch 60+) zu den Reserven am Arbeitsmarkt. Ihre Potenziale sollten noch besser erschlossen werden.

Junge Menschen ohne Schulabschluss

- Leider müssen auch die vielen jungen Menschen zu den stillen Reserven gezählt werden, die vom allgemeinbildenden Schulwesen ohne qualifizierten Abschluss entlassen werden. Sie treffen auf einen Ausbildungs- und Arbeitsmarkt, der nicht so recht weiß, was er mit ihnen anfangen soll. Dadurch drohen diese Jugendlichen dem Arbeitsmarkt immer stärker zu entgleiten.

Menschen mit Behinderung

- Zu den stillen Reserven zählen natürlich auch die Menschen, die aufgrund einer körperlichen Behinderung als Wettbewerber am Arbeits- und Stellenmarkt benachteiligt sind. Für sie kann der Grad der Teilhabe am Berufsleben noch erheblich gesteigert werden. Die vollständige Inklusion der Menschen mit Behinderungen blieb bisher leider eine politische Wunschvorstellung.

Arbeitsuchende

- Keinesfalls zu vergessen: das riesige Potenzial der immer noch fast 3 Millionen arbeitslos gemeldeten Menschen (Stand: Juli 2013). Beispielsweise mithilfe arbeitsmarktpolitischer Instrumente [49] können sie wieder an den ersten Arbeitsmarkt herangeführt bzw. in ihn integriert werden.

Menschen mit sonstigen Mobilitätshemmnissen

- Darüber hinaus sollte dringend darüber nachgedacht werden, wie Menschen mit sonstigen sogenannten Mobilitätshemmnissen seitens der Politik, aber insbesondere seitens der Unternehmen geholfen werden kann. Gemeint sind Frauen und Männern, die aufgrund ihrer familiären Situation (Kinderbetreuung, familiärer Pflegefall, alleinerziehend) oder aufgrund ihres Wohnorts bzw. der Verkehrsanbindung

49 Zu den arbeitsmarktpolitischen Instrumenten zählt z. B. die berufliche Weiterbildung, mit deren Hilfe es schon in vielen Fällen gelungen ist, Arbeit suchenden Frauen und Männern wieder neue berufliche Chancen zu eröffnen.

etc. in ihrer Mobilität stark beeinträchtigt sind. Auch ihre Kompetenz soll zur erforderlichen Erweiterung des Potenzials an Fach- und Führungskräften herangezogen werden. Dabei ist schlicht mehr Kreativität gefragt.

- Last but not least darf an dieser Stelle eine Selbstverständlichkeit nicht übersehen werden: Die Unternehmen selbst sitzen an einer Quelle für zukünftige Fach- und Führungskräfte, die es (besser) zu nutzen gilt. Wie auch bereits die Studie *Digging for Diamonds* im Jahr 2008[50] gezeigt hat und wie es durch Gespräche mit Unternehmen auch heute immer wieder bestätigt wird, ‚schlummern' in den Unternehmen bzw. in deren Mitarbeiterschaft meist noch ungeahnte Reserven an ‚Rohdiamanten'. Diese müssen erst noch entdeckt und anschließend umworben sowie weiterentwickelt und für weitergehende Aufgaben in ihrem Unternehmen begeistert werden. Aus Sicht der Unternehmen hat bei einer Strategie zur Fach- und Führungskräftesicherung an erster Stelle zu stehen, dass die Unternehmen diese Chancen auch erkennen und aktiv nutzen wollen und können. Sie werden damit in einem zunehmend angespannten Markt für Fach- und Führungskräfte zweifellos einen wichtigen Vorteil haben und so einen wichtigen Schritt zur Stärkung ihrer demografischen Wettbewerbsfähigkeit gehen.

Qualifizierte Mitarbeiter in den Unternehmen selbst

- Wir wissen aufgrund von Schätzungen der Bundesregierung: Der Bedarf an Fach- und Führungskräften kann durch Ausschöpfung der oben genannten stillen Reserven vielleicht maximal zu 80–85 % geschlossen werden. Das heißt, dass wir den Bedarf an Fach- und Führungskräften nicht ausschließlich ‚intern' decken können. Wenn wir die noch fehlenden 15–20 % der Bedarfslücke tatsächlich schließen wollen, haben wir nur dann eine Chance, wenn die qualifizierte Zuwanderung nach Deutschland entsprechend forciert wird.

Qualifizierte Zuwanderung als Chance

50 Vgl. DEKRA Akademie GmbH (Hrsg.): DEKRA Arbeitsmarktreport 2011

3.2 Verantwortliche Akteure und Handlungsfelder

Bei sich abzeichnenden Problemen oder, wie man heute besser sagt, Herausforderungen gibt es in unserer Gesellschaft natürliche menschliche Reflexe: Entweder man verdrängt die Probleme mehr oder minder stark, d. h., man verbannt sie ins Reich der Märchen, oder aber man schiebt sie zumindest ein wenig auf die berühmte lange Bank. Oder – wenn das Verdrängen und Verschieben doch zu ungemütlich wird – man sucht nach Verantwortlichen, die vielleicht doch etwas zur Lösung des Problems beitragen könnten.

Wer ist verantwortlich?

Was nun den demografischen Wandel und dessen Folgen für die verfügbaren Potenziale an Fach- und Führungskräften betrifft, so bietet es sich auf den ersten Blick natürlich an, auf den Staat als Verantwortlichen zu deuten. Er habe sich dieses Problems anzunehmen. Letztlich wäre er auch derjenige, dem man die Hauptschuld zuschieben könnte, falls die Herausforderung nicht gemeistert werden sollte.

Managementempfehlung

Auch wenn Sie in Ihrem Unternehmen bisher nur wenige oder vielleicht gar keine Auswirkungen des demografischen Wandels auf Ihr Personalrecruiting verspüren: Die demografischen Risiken, denen ihr Unternehmen mittel- bis langfristig ausgesetzt ist, darf man nicht verharmlosen oder gar verdrängen und die Verantwortung für diese Risiken anderen Instanzen wie Wissenschaft, Politik, Verbänden etc. übertragen.

Stattdessen ist es sinnvoll, schon jetzt die Anzeichen der demografischen Risiken lesen zu lernen. Denn ein zweiter Blick macht deutlich, dass wir das Problem durch ein Auf- oder Verschieben eher vergrößern werden.

Die verschiedenen Arbeitsmarktakteure

Natürlich sind die Unternehmen nicht auf sich allein gestellt. Und das Management der Folgen des demografischen Wandels liegt nicht ausschließlich bei den Unternehmen. Wenn wir den Herausforderungen, denen wir uns im Hinblick auf die Fachkräftesicherung zu stellen haben, mit einer gewissen Erfolgsaussicht wirksam begegnen wollen, kann dies nur im Zusammenspiel einer Vielzahl von Akteuren geschehen. Diese müssen einen starken mittelbaren und auch unmittelbaren Einfluss auf die Entwicklungen am Arbeitsmarkt haben.

Zu den wichtigsten Akteuren zählt einmal der Bund. Er muss das gesamtgesellschaftliche Wohlergehen vor Augen haben. Damit kommt ihm eine grundsätzlich treibende Rolle zu. Daneben stehen die Länder, die Kommunen, die Bundesagentur für Arbeit, die Tarifpartner, die Kammern, die Hochschulen, die Rentenversicherungsträger, die Medien und – mit ganz besonderer Verantwortung und existenziellem Interesse – die Unternehmen. Welchen Hebeln kommt dabei eine ganz entscheidende Bedeutung zu?

In ihrer im Januar 2011 erschienenen Broschüre ‚Perspektive 2025: Fachkräfte für Deutschland' hat die Bundesagentur für Arbeit einen wichtigen Beitrag zu dieser Diskussion geleistet. So findet sich in dieser Broschüre ein Überblick über die wichtigsten zehn Handlungsfelder zur Fachkräftesicherung wie auch eine tabellarische Übersicht darüber, wer mit welcher Intensität in den jeweiligen Handlungsfeldern seinen Beitrag zu leisten hat.[51] Diese zehn Handlungsfelder und die daraus entwickelte Zuständigkeitstabelle bilden deshalb auch die Grundlage für die weiter unten aufgeführte ‚Demografische Handlungsmatrix zur Fachkräftesicherung' (Tabelle 4 auf Seite 69).

In Abweichung bzw. Ergänzung der Zuständigkeitstabelle der Bundesagentur für Arbeit wurde allerdings die Zahl der Arbeitsmarktakteure etwas erweitert sowie das eine oder andere Handlungsfeld ergänzt und andere herausgenommen, letztlich auch um zwischen Handlungen zu unterscheiden, die auf eine tatsächlich nachhaltige Wirkung zur Fachkräftesicherung zielen, und solchen, die man mehr oder minder der Kategorie ‚Ausweichstrategie' zuordnen kann.

Handlungsfeld ‚Arbeitszeit von Beschäftigten in Vollzeit steigern'

So lässt sich beispielsweise das von der Bundesagentur für Arbeit angeführte siebte Handlungsfeld ‚Arbeitszeit von Beschäftigten in Vollzeit steigern' eher dieser Strategie zuordnen. Das bringt auch die Bundesministerin für Arbeit und Soziales in einer Rede zum Ausdruck, wenn sie von Arbeitsverdichtung

51 Vgl. Bundesagentur für Arbeit (Hrsg.): Perspektive 2025: Fachkräfte für Deutschland, www.arbeitsagentur.de/zentraler-Content/Veroeffentlichungen/Sonstiges/Perspektive-2025.pdf, Nürnberg 2011, S. 14 f. und S. 50 f.

als Folge des Fachkräftemangels und von der negativen Wirkung auf Fortschritte bei der Vereinbarkeit von Beruf und Familie spricht: „Fachkräftemangel führt zu Automatisierungsprozessen. Das ist eine Ausweichstrategie, die insbesondere die Chancen von Geringqualifizierten am Arbeitsmarkt verschlechtert. Und Fachkräftemangel führt zur Arbeitsverdichtung, also zu höheren Arbeitszeiten. Das wiederum konterkariert alle Fortschritte bei der Vereinbarkeit von Beruf und Familie oder Beruf und Pflege. Diese Entwicklung drängt also genau die aus dem Arbeitsmarkt, die wir dort dringend brauchen: Frauen und Männer, die Kinder erziehen oder Ältere pflegen. Die Vorstellung, dass sich die gleiche Arbeit mit weniger Menschen erledigen lässt oder die Arbeitslosigkeit bei Fachkräftemangel automatisch sinkt, ist eine irrige Vorstellung. Das Gegenteil ist der Fall. Nur wenn wir genügend Fachkräfte haben, können wir Arbeitslosigkeit abbauen. Das wiederum schafft Prosperität, Wirtschaftswachstum und mehr Arbeit.“ [52]

Die zentralen Handlungsfelder

Zu den Handlungsfeldern, die meines Erachtens nicht vergessen werden dürfen, zählen andererseits Felder wie die Förderung des Demografiebewusstseins in der Gesellschaft, die Teilhabe von Menschen mit Behinderungen am Arbeitsleben und die Bereitstellung und Umsetzung arbeitsmarktpolitischer Konzepte, die auf die Reintegration von Arbeitsuchenden in den ersten Arbeitsmarkt zielen. Zu den zentralen Handlungsfeldern zählen aber auch das Entdecken, Entwickeln und Sichern von Potenzialen in den Unternehmen sowie die Steigerung der demografischen Wettbewerbsfähigkeit der Unternehmen.

Wenn wir nun noch bedenken, dass die Medien eine immer wichtigere Rolle in allen Bereichen unserer Gesellschaft spielen, so macht es durchaus Sinn, diese als Akteure mit Einfluss auf die Entwicklungen am Arbeitsmarkt in eine demografische Handlungsmatrix einzubeziehen.

So finden sich in der Handlungsmatrix (Tabelle 4 auf Seite 69) die folgenden Handlungsfelder, die Arbeitsmarktakteuren zugeordnet sind, die eine

52 von der Leyen, U.: „Demografischer Wandel in der Arbeitswelt“

besondere Verantwortung für den Beitrag der jeweiligen Handlungsfelder zur Fachkräftesicherung tragen:[53]

- **Demografiebewusstsein:** Die Öffentlichkeit und alle Arbeitsmarktakteure sollten für den demografischen Wandel und dessen Folgen durch geeignete Informationspolitik sensibilisiert werden.
- **Arbeitsmarkttransparenz:** Eine Steigerung der Arbeitsmarkttransparenz kann zur Schärfung des Bewusstseins für die Erfordernisse zur Fachkräftesicherung beitragen und somit proaktives Handeln fördern.
- **Schulabbrecher:** Auch die Bundesagentur für Arbeit unterstreicht: Eine Senkung der Quote der Schüler, die ohne Abschluss die Schule verlassen, um 10–15 % würde zu einem zusätzlichen Fachkräftepotenzial von 50.000 bis 300.000 Menschen führen.
- **Ausbildungsabbrecher:** Nach Aussage der Bundesagentur für Arbeit liegt die Quote der Ausbildungsabbrecher bei 21,5 %. Besonders erschreckend dabei ist, dass die Hälfte der Abbrecher keine neue Ausbildung mehr beginnt. Eine spürbare Verringerung der Zahl der Abbrecher könnte zu bis zu 300.000 zusätzlichen Fachkräften bis zum Jahr 2025 führen.
- **Studienabbrecher:** Einen wertvollen Beitrag zur Fachkräftesicherung könnte auch eine Senkung der Quote der Studienabbrecher leisten, zumal dadurch bis zu 600.000 potenzielle Fach- und Führungskräfte zur Verfügung stünden.
- **Generation 50+ und 60+:** Es muss gelingen, im Arbeitsmarkt der dramatischen Veränderung der Altersstruktur der Bevölkerung Rechnung zu tragen und dafür zu sorgen, dass Erwerbstätige bis zu einem Lebensalter von 67 Jahren erwerbstätig bleiben können und wollen. Allein aus dieser Gruppe heraus könnte das Potenzial an Erwerbstätigen bis zum Jahr 2025 um über 900.000 Menschen erhöht werden.
- **Frauen:** Frauen gelten als die wichtigste sogenannte stille Reserve des Arbeitsmarktes. Durch eine stärkere Partizipation der Frauen am Arbeitsmarkt könnten dem Arbeitsmarkt über 1 Million mehr Fach- und Führungskräfte zur Verfügung stehen.

53 Vgl. Bundesagentur für Arbeit (Hrsg.): Perspektive 2025, S. 14 f. und S. 50 f.

- **Inklusion:** Hinter der Steigerung der Teilhabe von Menschen mit Behinderungen verbirgt sich ein wichtiges zusätzliches Potenzial für den Arbeitsmarkt, das heute noch viel zu wenig beachtet wird. Von den wachsenden Chancen am Arbeitsmarkt haben diese Menschen bisher zu wenig bzw. kaum profitiert.

- **Zuwanderung:** Durch sogenannte gesteuerte Zuwanderung von Fachkräften scheint der Bundesagentur für Arbeit nach ihrer eigenen Aussage eine Potenzialsteigerung von bis zu 800.000 Menschen möglich.

- **Arbeitsmarktpolitische Konzepte:** Hierunter sind Aktivitäten der öffentlich finanzierten Arbeitsmarktpolitik zu verstehen, die von den Agenturen für Arbeit und den Kommunen gesteuert werden und die meist unmittelbar darauf zielen, arbeitslose Frauen und Männer wieder in den ersten Arbeitsmarkt zu integrieren. Zu den arbeitsmarktpolitischen Instrumenten zählt als eines der wichtigsten die berufliche Weiterbildung, durch die in der Vergangenheit ein Teil der Arbeitsuchenden so qualifiziert wurde, dass sie als Fachkräfte in einem für sie neuen Arbeitsgebiet tätig werden konnten.

- **Ausbildung und Qualifizierung:** Insgesamt trägt Ausbildung und Qualifizierung – unabhängig von deren Finanzierung – ganz wesentlich dazu bei, dass der Anteil der Geringqualifizierten verringert wird. Das könnte eine Steigerung des Fachkräftepotenzials um bis zu 700.000 Menschen zur Folge haben.

- **Potenziale im Unternehmen:** In den Unternehmen verbergen sich noch viele sogenannte ‚unentdeckte Talente', die zukünftig als Fach- und Führungskräfte tätig werden könnten. Es gilt also, sie aufzuspüren und zu fördern.

- **Demografische Wettbewerbsfähigkeit:** Inwieweit Unternehmen zukünftig attraktiv genug sein werden, um Fach- und Führungskräfte länger an das Unternehmen zu binden oder auch Nachwuchskräfte von einer Tätigkeit im jeweiligen Unternehmen zu überzeugen, wird ganz wesentlich über die generelle Wettbewerbsfähigkeit des einzelnen Unternehmens entscheiden.[54]

54 Vgl. ebd., S. 14 f.

Tabelle 4: Demografische Handlungsmatrix zur Fachkräftesicherung

	Bund	Länder	Kommunen	Bundes-agentur für Arbeit	Tarifpartner	Unter-nehmen	Andere
Handlungsfeld							
Demografie-bewusstsein	FR	WR	MR	WR	MR		Mdn.
Arbeitsmarkt-transparenz	MR			FR		MR	Mdn.
Schulabbrecher		FR	MR	MR			
Ausbildungs-abbrecher		WR		MR		FR	KAM.
Studienabbrecher	MR	WR		MR		MR	Hoch.
Generation 50+ und 60+	FR			MR	WR	FR	DRV.
Frauen	MR		MR	MR	WR	FR	KVS.
Inklusion, Teilhabe von Menschen mit Behinderung	FR	MR	WR	WR	WR	FR	DRV.
Zuwanderung von Fachkräften	FR		MR	WR	WR	WR	
Arbeitsmarktpoli-tische Konzepte	MR		FR	FR		MR	KAM.
Ausbildung und Qualifizierung	MR		FR	FR	MR	FR	KAM.
Potenziale im Unternehmen					MR	FR	KAM.
Demografische Wettbewerbs-fähigkeit					MR	FR	KAM.

Legende:

FR = Führende Rolle; **WR** = Wichtige Rolle; **MR** = Mitwirkende Rolle; **DRV.** = Deutsche Rentenversicherung Bund; **KAM.** = Kammern; **Mdn.** = Medien; **Hoch.** = Hochschulen; **KVS.** = Krankenversicherungen

Nach Daten von: Bundesagentur für Arbeit (Hrsg.): Perspektive 2025: Fachkräfte für Deutschland, www.arbeitsagentur.de/zentraler-Content/Veroeffentlichungen/Sonstiges/Perspektive-2025.pdf, Nürnberg 2011, S. 50 f.

Wer trägt wofür besondere Verantwortung?

Wer trägt wofür besondere Verantwortung? Wie aus der Handlungsmatrix zur Fachkräftesicherung hervorgeht, trägt keiner der dort angeführten Arbeitsmarktakteure ausschließlich nur in einem Handlungsfeld eine besondere Verantwortung dafür, dass aus diesem Handlungsfeld ein konstruktiver Beitrag zur Sicherung des erforderlichen Potenzials an Fach- und Führungskräften erwächst. Genau genommen steht außer Zweifel, dass jeder der Akteure in jedem Handlungsfeld positive Wirkung entfalten kann. Wenn es allerdings darum geht, für jeden der Akteure Handlungsprioritäten zu definieren, dann bietet die obige Handlungsmatrix den erforderlichen Orientierungsrahmen:

Bund

Aufgaben des Bundes

Es liegt auf der Hand, dass dem Bund eine besondere Verantwortung dafür zukommt, in der Bevölkerung, d. h. in allen gesellschaftlichen Gruppen, durch geeignete Informationspolitik den demografischen Wandel und dessen Folgen bewusster zu machen und für die kommenden Herausforderungen zu sensibilisieren. Darüber hinaus spielt der Bund u. a. als Moderator und Gesetzesinitiator eine zentrale Rolle, wenn z. B. eine verbesserte Teilhabe von Frauen und Männern der Generationen 50+ und 60+ am Arbeitsleben oder auch die Inklusion der Menschen mit Behinderungen in alle Lebensbereiche erreicht oder qualifizierten Kräften aus anderen Ländern, d. h. auch aus Ländern außerhalb der Europäischen Union, der Einsatz als Fach- und Führungskräfte in deutschen Unternehmen ermöglicht werden soll. Als Beispiel für die Rolle des Bundes sei an dieser Stelle die Einführung der EU-Blue-Card für ausländische Fachkräfte sowie das seit 1. April 2012 geltende Gesetz zur Verbesserung der Feststellung und Anerkennung im Ausland erworbener Berufsqualifikationen (Anerkennungsgesetz) genannt. Natürlich trägt der Bund auch in anderen Handlungsfeldern eine große mittelbare oder auch unmittelbare Verantwortung, wie bei der Verbesserung der Arbeitsmarkttransparenz, der Reduktion der Studienabbrecher (nur mittelbar), der Partizipation von Frauen am Arbeitsmarkt, in Fragen der Aus- und Weiterbildung und als Aufsichtsbehörde der Bundesagentur für Arbeit bei der Entwicklung und Finanzierung arbeitsmarktpolitischer Konzepte bzw. Instrumente.

Länder

Durch die Kulturhoheit der Länder liegt bei ihnen eine ganz besondere Verantwortung dafür, die Zahl der Schulabbrecher so zu reduzieren, dass bis zum Jahr 2025 die Gruppe der potenziellen Fach- und Führungskräfte um bis zu 100.00 Menschen bereichert werden könnte. Einer ganz ähnlichen Verantwortung sehen sich die Länder gegenüber, wenn es gilt, zusammen mit den Hochschulen die Zahl der Studienabbrecher oder zusammen mit den Unternehmen die Zahl der Ausbildungsabbrecher spürbar zu reduzieren.

Aufgaben der Länder

Kommunen

Seit der seit 2011 wirksamen Neuregelung der Zuständigkeiten für die Betreuung von Menschen, die länger als ein Jahr arbeitslos gemeldet sind, haben zahlreiche weitere Kommunen zusätzliche Verantwortung auch für den Einsatz arbeitsmarktpolitischer Instrumente zur Reintegration dieser Frauen und Männer in den ersten Arbeitsmarkt übernommen. Hierzu zählt beispielsweise auch die gezielte Ausgabe von Bildungsgutscheinen, durch die den Arbeitsuchenden die Teilnahme an einer beruflichen Weiterbildung ermöglicht wird.

Aufgaben der Kommunen

Bundesagentur für Arbeit

Der Bundesagentur für Arbeit obliegt eine große Vielzahl an Aufgaben im Hinblick auf Fragen rund um die Thematik Demografie und Fachkräftesicherung. Als Schwerpunkte seien die arbeitsmarktpolitischen Maßnahmen (inklusive der geförderten beruflichen Umschulung und Weiterbildung), die Bereitstellung und Kommunikation von Informationen zur Vergrößerung der Arbeitsmarkttransparenz und zur Förderung des Bewusstseins für die Auswirkungen des demografischen Wandels genannt. Darüber hinaus spielen die Agenturen für Arbeit eine wichtige Rolle, wenn es darum geht, die Teilhabe von Menschen mit Behinderung oder auch die Arbeitsmarktfähigkeit von zugewanderten Fachkräften durch geeignete Programme sicherzustellen. Dabei sollte nicht vergessen werden, dass die Bundesagentur für Arbeit auch Möglichkeiten anbietet, mit deren Hilfe die (Re-)Integration beispielsweise von Frauen sowie Mitgliedern der Generationen 50+ und 60+ in den ersten Arbeitsmarkt bzw. deren Verbleib im Arbeitsleben erleichtert bzw. unterstützt werden können. Darüber hinaus beraten und helfen die Agenturen für Arbeit Schul-, Ausbildungs- und Studienabbrecher, wenn

Aufgaben der Bundesagentur für Arbeit

diese beabsichtigen, einen Schul- oder Ausbildungsabschluss nachzuholen bzw. eine Erfolg versprechende berufliche Perspektive zu entwickeln.

Magdeburg: neuer Job, neue Heimat

Frau Hölzel (Name wurde geändert) wurde in Magdeburg geboren, ging dort zur Schule und verbrachte ihr ganzes bisheriges Berufsleben in Sachsen-Anhalt. Als Industriekauffrau und spätere Ingenieur-Ökonomin für Bauwesen arbeitete sie 31 Jahre im Bereich Finanz- und Rechnungswesen. Zum Juni 2009 wurde Frau Hölzel betriebsbedingt gekündigt. Zu diesem Zeitpunkt war sie 54 Jahre alt. Ohne eine weitere Qualifizierung standen ihre Chancen, in dieser Region und in ihrem Alter eine Stelle zu finden, denkbar schlecht.

Frau Hölzel atmet tief durch und verdaut den Schreck. Arbeitslos nach so vielen Jahren in Lohn und Brot – und das mitten in der Wirtschaftskrise. Aber Jammern würde ihr nicht weiterhelfen, also packt sie es an und kommt zur DEKRA Akademie. Auf der Suche nach einem geeigneten Tätigkeitsfeld stellt sich heraus, dass Frau Hölzel grundlegende SAP® Anwenderkenntnisse besitzt.

Das kommt nicht von ungefähr: Bei ihrem ehemaligen Arbeitgeber hat sie die Umstellung auf SAP-Software von Anfang an mit begleitet und über die Jahre immer wieder mit dieser Software gearbeitet, sich auf dem Laufenden gehalten und weitergebildet. Dieses Engagement soll sich jetzt auszahlen und Interesse an der Arbeit mit SAP-Software ist vorhanden. Also beschließt Frau Hölzel, eine Weiterbildung zur „SAP-Beraterin Financial Accounting" zu beginnen.

Nach ausführlicher gemeinsamer Diskussion mit ihrem Arbeitsberater von der Arbeitsagentur und den DEKRA Verantwortlichen sind sich alle Beteiligten einig, dass Frau Hölzel diesen Weg tatsächlich einschlagen sollte. Die Qualifizierung wird zügig bewilligt.

Frau Hölzel erhält noch während ihrer Qualifizierung das Angebot einer Firma aus dem Westerwald, sie als SAP-Beraterin einzustellen. Sie packt die Gelegenheit beim Schopf und zieht um. Seit Juli 2010 ist Frau Hölzel Senior Financial Controller im Corporate Controlling. Sie fühlt sich wohl und betrachtet den Westerwald bereits als neue Heimat.[55]

55 DEKRA Akademie GmbH (Hrsg.): 27 Wege zurück, www.dekra-trainer.de/katalog/Wege_zurueck/blaetterkatalog/blaetterkatalog/pdf/complete.pdf, Stuttgart 2011, S. 8

Das vorangehende Beispiel einer Frau, die mithilfe einer durch die Bundesagentur finanzierten beruflichen Weiterbildung wieder in den ersten Arbeitsmarkt zurückgefunden hat, mag gut illustrieren, welchen unverzichtbaren Beitrag die Arbeitsagenturen und Jobcenter zu leisten in der Lage sind, um Menschen als Fachkräfte in den Arbeitsmarkt zu reintegrieren.

Kammern

Aufgaben der Kammern

Die Kammern wie die Industrie- und Handelskammern oder auch die Handwerkskammern tragen u. a. in ihrer Rolle als Prüfungsinstanz eine besondere Verantwortung für Ausbildungsqualität in den Unternehmen, aber auch für die Qualität von beruflichen Umschulungen etc. Deshalb wäre es im Sinne der Steigerung des Fachkräfteangebots in Deutschland sehr zu begrüßen, wenn die Kammern sicherstellen würden, dass eine von einer Kammer in Deutschland anerkannte berufliche Teilqualifikation zukünftig auch von allen anderen Kammern anerkannt würde und somit Menschen unabhängig von ihrem aktuellen Wohnort die Möglichkeit hätten, ihre einmal erreichte Teilqualifikation nach und nach zu einem vollwertigen Berufsabschluss aufzustocken.

Hochschulen

Aufgaben der Hochschulen

Das zentrale Thema, mit dem sich die Hochschulen in der Diskussion um die Fachkräftesicherung zu beschäftigen hat, ist die Frage, wie die noch erheblich zu hohe Zahl an Studienabbrechern spürbar gesenkt werden kann. Vor dem Hintergrund des demografischen Wandels werden mehr erfolgreiche Hochschulabsolventen benötigt, um die Nachfrage nach nachrückenden Fach- und Führungskräften befriedigen zu können. Gerade vor diesem Hintergrund sollte es der Vergangenheit angehören, dass immer noch zu viele hoffnungsvolle Erstsemester als frustrierte Studienabbrecher enden. Vielleicht sind sie vor Beginn des Studiums falsch beraten worden und haben deshalb oder auch aus anderen Gründen ein Studium aufgenommen, das für sie nicht optimal oder nicht geeignet ist. Vielleicht wären sie aber auch mit der entsprechenden Betreuung und Förderung insbesondere während der ersten Semester zu erfolgreichen Studierenden geworden. Hier scheint es noch erhebliche Handlungsspielräume bei zahlreichen Hochschulen zu geben, damit aus motivierten Erstsemesterstudierenden erfolgreiche Bachelor- oder schließlich Masterabsolventen werden.

Renten- und Krankenversicherungsträger

Aufgaben der Renten- und Krankenversicherungsträger

Die Renten- und Krankenversicherungsträger sind im Zuge der Diskussion um die Fachkräftesicherung u. a. in folgenden Konstellationen gefordert: Versicherungsnehmer wie z. B. Frauen, die in eine Teilzeittätigkeit oder auch aus einer Teilzeittätigkeit zurück wechseln, sollten hinsichtlich eines Wechsels zwischen einer privaten und einer gesetzlichen Krankenversicherung unbürokratisch beraten werden. Sie sind aber auch dann gefordert, wenn sie dazu beitragen können, das Arbeiten bis 67 möglich zu machen bzw. die Zahl der Frühverrentungen zu senken. Das kann beispielsweise mithilfe von Gesundheitsvorsorgeprogrammen passieren oder dadurch, dass entsprechende Anträge zur beruflichen Rehabilitation bewilligt werden.

Medien

Aufgaben der Medien

Die Medien und ihre Bedeutung für eine erfolgreiche Strategie zur Fachkräftesicherung sollten keineswegs unterschätzt werden. Es ist offensichtlich, dass einer fachlich fundierten und unaufgeregt sachlichen Berichterstattung besondere Bedeutung bei der Sensibilisierung der Bevölkerung bzw. der einzelnen gesellschaftlichen Gruppen für den demografischen Wandel und dessen Auswirkungen auf den Arbeits- und Stellenmarkt beizumessen ist. In diesem Zusammenhang kann eine objektive Medienberichterstattung natürlich die Bemühung der unterschiedlichen Akteure um größere Arbeitsmarkttransparenz aktiv unterstützen. Darüber hinaus kann eine kritische Begleitung aller Aktivitäten zur Fachkräftesicherung durch die Medien u. a. ein wertvolles Korrektiv auf dem Weg zu einem erfolgreichen koordinierten Demografiemanagement sein.

3.3 Wo können die Unternehmen die Hebel ansetzen?

Die Schlüsselrolle der Unternehmen

Den Unternehmen kommt bei der Fachkräftesicherung in Zeiten des demografischen Wandels eine Schlüsselrolle zu. Wie auch Frank-Jürgen Weise, Vorstandsvorsitzender der Bundesagentur für Arbeit, in einem Interview mit der Zeitschrift BWP des Bundesinstituts für Berufsbildung unterstreicht, ist es in erster Linie die Aufgabe der Unternehmen, den Bedarf an Arbeitskräften sicherzustellen. Dabei sollte, wie Frank-Jürgen Weise betont,

„die Bundesagentur für Arbeit nur dort ins Spiel kommen, wo der Markt nicht ohne ihr Zutun funktioniert.“ [56]

Aufgaben und Handlungsfelder der Unternehmen

Wenn wir uns nun die Frage stellen, was die Unternehmen konkret tun können, um mittel- bis langfristig den Bedarf an Fach- und Führungskräften zu sichern, so können sie meiner Meinung nach in einer Vielzahl der vorab diskutierten demografischen Handlungsfelder ihren Beitrag zur Fachkräftesicherung leisten. Zu den wichtigsten Handlungsfeldern der Unternehmen zähle ich in diesem Zusammenhang:

- aktives Mitwirken an einer verbesserten Arbeitsmarkttransparenz
- Verstärkung der Anstrengungen um Auszubildende, insbesondere auch zur Reduktion der Zahl der Ausbildungsabbrecher
- Auffangen von Studienabbrechern z. B. als Auszubildende
- intensivierte Bemühungen um Mitarbeiter aus den Generationen 50 + und 60 +, um diese länger im aktiven Arbeitsleben zu halten
- Verbesserung der beruflichen Chancen und der Arbeitsbedingungen von Frauen
- Inklusion von Menschen mit Behinderung ins Arbeitsleben
- erhöhte Bereitschaft, aus anderen Ländern zugewanderte Fachkräfte qualifikationsadäquat einzusetzen
- Mitwirkung bei der Entwicklung auch unternehmensübergreifender Arbeitsmarktkonzepte
- Verstärkung der Bemühungen um Weiterbildung bzw. lebenslanges Lernen der Mitarbeiter des eigenen Unternehmens
- Installation von Prozessen, mit denen unentdeckte Potenziale im Unternehmen entdeckt und entwickelt werden können
- Steigerung der demografischen Wettbewerbsfähigkeit des Unternehmens als grundlegende Voraussetzung, bewährte Fach- und Führungskräfte im Unternehmen halten zu können bzw. als Unternehmen bei Nachwuchskräften Interesse zu wecken

56 Weise, F.-J., in: ‚Alle Chancen nutzen, um dem Fachkräftemangel entgegen zu wirken‘, Interview in: Bundesinstitut für Berufsbildung (Hrsg.): BWP (Zeitschrift für Berufsbildung in Wissenschaft und Praxis), Nr. 3, 2011, Bonn 2011, S. 11

Aktuelle Situation in den Unternehmen

Welchen Weg haben die Unternehmen bisher eingeschlagen und inwieweit sind sie bereits heute im Sinne der oben genannten Handlungsfelder unterwegs? Eine erste Antwort auf diese Frage lässt meines Erachtens ein Blick auf eine Untersuchung des Zentrums für Sozialforschung an der Martin-Luther-Universität Halle-Wittenberg zumindest erahnen, die auf einer Betriebsbefragung in Sachsen-Anhalt und Niedersachsen basiert. Sie wurde gegen Ende des Jahres 2010 durchgeführt und stand damit noch ganz unter dem Eindruck der seit 2008 präsenten Wirtschafts- und Finanzkrise. Ihr Hauptinteresse konzentrierte sich ganz wesentlich auf die Frage, „in welcher Weise Betriebe in Niedersachsen und Sachsen-Anhalt mit Rekrutierungsproblemen auf dem Ausbildungs- und Arbeitsmarkt konfrontiert sind und wie sie darauf reagieren“ [57]. Die Ergebnisse wurden mit den Antworten einer früheren Befragung aus dem Jahr 2006 verglichen. Zusammenfassend führte die Untersuchung zu einigen aus meiner Sicht bemerkenswerten Ergebnissen: [58]

Bei den befragten Unternehmen scheint das Bewusstsein für den demografischen Wandel schon sehr ausgeprägt zu sein. Die Befragung im Jahr 2010 ergab, dass eine Mehrheit der Betriebe sowohl aus Niedersachsen als auch aus Sachsen-Anhalt bekundete, dass die Wirtschafts- und Finanzkrise keine weitreichenden Konsequenzen für die Personalpolitik in ihrem Unternehmen nach sich ziehe. Vielmehr versuche man in erster Linie, die Mitarbeiter zu halten. Möglicherweise gibt es auch einen Grund für diese Einstellung: Zum Zeitpunkt der Befragung in Sachsen-Anhalt hatten bereits mehr als die Hälfte und in Niedersachsen mehr als ein Drittel der Ausbildungsbetriebe Erfahrungen mit rückläufigen Bewerberzahlen gemacht.

Natürlich wird in vielen Unternehmen vor dem Hintergrund der Krise versucht, den Bedarf an Neueinstellungen durch Umstrukturierungen und Rationalisierungen so weit wie irgend möglich zu reduzieren. Bisher schon ausbildende Betriebe betrachten die Intensivierung der Ausbildung und

57 Grünert, H., Wiekert, I.: Nachwuchsrekrutierung in Zeiten demografischer Umbrüche, Reaktionen von Betrieben in Sachsen-Anhalt und Niedersachsen, in: Bundesinstitut für Berufsbildung (Hrsg.): BWP (Zeitschrift für Berufsbildung in Wissenschaft und Praxis), Nr. 6, 2010, Bonn 2010, S. 20 ff.

58 Vgl. ebd., S. 21 ff.

die verstärkte Übernahme von Ausbildungsabsolventen als das probateste Mittel zur Fachkräftesicherung noch vor der Weiterbildung der Mitarbeiter. Nicht ausbildende Betriebe hingegen bevorzugen mehrheitlich die Weiterbildung der vorhandenen Mitarbeiter zur Sicherung ihres Fachkräftebedarfs.

Im Vergleich zu 2006 sind die Unternehmen jetzt verstärkt bereit, Ausbildungsabsolventen zu übernehmen. Das hat dazu geführt, dass unbefristete wie befristete Übernahmen nach Abschluss des Ausbildungsverhältnisses deutlich zugenommen haben. Die Nichtübernahmen sind zurückgegangen.

Im Hinblick auf Neueinstellungen scheint für eine große Mehrheit aller Betriebe die Bundesagentur für Arbeit der wichtigste Partner zu sein. Die Zusammenarbeit mit den Hochschulen bei der Rekrutierung von Nachwuchskräften kommt eher weniger zum Tragen. Von einer großen Mehrheit der Betriebe wird es abgelehnt, bei Neueinstellungen Ansprüche an die Berufserfahrung oder gar an die formale Qualifikation zu reduzieren. Ob diese strikte Haltung bei einer weiteren Verschärfung des Fachkräftemangels aufweichen wird, bleibt zunächst einmal abzuwarten. Dass sich Prioritäten und Maßstäbe bei der Bewerberauswahl sukzessiv ändern werden, liegt aber auf der Hand.

Zwei Fünftel der ausbildenden Betriebe sowohl in Niedersachsen als auch in Sachsen-Anhalt glaubten auch zum Befragungszeitraum im Jahr 2010 noch, auf Nachwuchskräfte spekulieren zu können, die in anderen Unternehmen ausgebildet wurden. Sogar gut 7 % der ausbildenden Betriebe und mehr als 10 % der nicht ausbildenden Betriebe sahen in der Möglichkeit des gezielten Abwerbens von anderen Unternehmen eine realistische Möglichkeit, ihren Bedarf an Fachkräften zu decken.

Bewusstseinswandel in den Unternehmen

Die große Mehrheit der Unternehmen ist mittlerweile also zu folgender Erkenntnis gelangt: Der vielversprechendste Weg, ihren Bedarf an zukünftigen Fach- und Führungskräften zu decken, kann nicht darin bestehen, sich darauf zu verlassen, Nachwuchskräfte auf dem offenen Arbeitsmarkt im direkten Wettbewerb mit anderen Unternehmen zu rekrutieren. Ein Großteil der Unternehmen scheint mittlerweile vielmehr erkannt zu haben, dass fertig ausgebildete Fach- und Führungskräfte, zunehmend schwerer und nur zu immer höheren Preisen vom freien Markt zu holen sein werden.

Diese Erkenntnis, nämlich dass die benötigten ‚fertig geschliffenen Diamanten' nur bedingt und oft nur zu einem sehr hohen Preis zu haben sind bzw. auch in Zukunft sein werden, muss demnach einen anderen Strategieansatz nahelegen. Dieser sollte darauf setzen, sich zuerst verstärkt um die sogenannten Rohdiamanten im eigenen Haus zu kümmern – um Mitarbeiter also, deren Talente zum Teil erst noch entdeckt und gefördert werden wollen.

4

Vom Rohdiamanten zum High Potential

Wenn also die Empfehlung an die Unternehmen lautet, das Aufspüren und Entwickeln sogenannter Rohdiamanten zu wertvollen Fach- und Führungskräften zu einer Kernaufgabe des Personalmanagements in Zeiten des demografischen Umbruchs zu machen, was sind dann die Kernaufgaben moderner HR Manager?

Bleiben wir deshalb noch einen Augenblick im Bild und versuchen wir einen Vergleich mit den Kernprozessen der Diamantenindustrie.

4.1 Prospektieren – schleifen – pflegen

Hauptstationen auf dem Weg vom Rohdiamanten zum wertvollen Diamanten

Laienhaft ausgedrückt stellen das Prospektieren, das Abbauen, das Aufbereiten, das Schleifen und zu guter Letzt das Pflegen die Hauptstationen auf dem Weg vom bisher noch unentdeckten Rohdiamanten zum wertvollen Schmuckdiamanten dar.

Prospektieren (lat. prospectare: sich umsehen) ist ein Fachbegriff aus der Geologie, der für das Ausschauhalten steht. Genauer ist mit dem Fachbegriff des Prospektierens die geologische Erkundung gemeint, mit der das Ziel verfolgt wird, auf Vorkommen zu stoßen, die es lohnenswert erscheinen lassen, Geld und Zeit zu investieren, um dort vorhandene Rohdiamanten abzubauen.

Da Rohdiamanten, wie jedermann weiß, nicht leicht zu entdecken bzw. nur recht schwer zugänglich sind, bedarf es situationsbedingt unterschiedlicher technischer bzw. geologischer Methodiken des Prospektierens, auf die ich hier allerdings nicht näher eingehen werde.

Jedenfalls sollen durch den Prozess des Prospektierens die Rohdiamanten bzw. Erzvorkommen, die Rohdiamanten enthalten, aufgespürt werden, um dann das entdeckte Vorkommen „auszubeuten“, wie es in der Fachsprache der Geologen heißt.

Dabei werden mithilfe aufwendiger Verfahren die Rohdiamanten abgebaut und aufbereitet sowie anschließend entsprechend ihrer Form und Reinheit weiterverarbeitet.

Die besonders wertvollen unter ihnen werden letztlich durch einen besonderen Schliff sowie durch die geeignete Politur zu teuren Schmuckdiamanten, denen ihre späteren Besitzer gerne die erforderliche Pflege angedeihen lassen, um den Wert der Diamanten zu erhalten oder gar noch zu mehren.

4.2 Die Gewinnung von High Potentials

Was hat die Diamantengewinnung mit der Personalentwicklung zu tun?

Zugegeben: Es mag auf den ersten Blick etwas gewagt erscheinen, den Weg von der Erkundung von Vorkommen an diamanthaltigen Erzen bis hin zu wertvollen Schmuckstücken mit einem der Kernprozesse der Personalentwicklung in Zeiten des demografischen Wandels zu vergleichen. Aber eine gewisse Verlockung stellt dieser Vergleich schon dar und tatsächliche Analogien zwischen beiden Prozessen sind auch nicht abzustreiten. Trotz des scheinbar gewagten Vergleichs bin ich sicher, dass der zuvor kurz beschriebene Kernprozess zur Diamantengewinnung zumindest eine gute erste Diskussionsgrundlage liefert, die eine Chance dafür bieten kann, die Kernaufgaben moderner Personalmanager im Zusammenhang mit der Rekrutierung von Fach- und Führungskräften von morgen aus dem Kreis der Mitarbeiter des eigenen Unternehmens weiter zu konkretisieren.

Prospektieren – abbauen – aufbereiten – schleifen – pflegen: Diese Kurzfassung des Kernprozesses zur Diamantengewinnung stellt natürlich lediglich eine sehr abstrakte und vereinfachende Beschreibung des tatsächlichen Gewinnungsprozesses von Schmuckdiamanten dar. Man muss kein Experte für die Förderung und Bearbeitung von Diamanten sein, um zu erahnen, dass sich hinter jedem der genannten fünf Teilschritte hoch komplexe Zusammenhänge verbergen und dass die Komplexität des Gesamtprozesses mit jedem Teilschritt fast exponenziell ansteigt. Dabei wird ein Grad an Komplexität erreicht, der im Rahmen von Personalgewinnungsprozessen noch durch ein Vielfaches übertroffen werden dürfte.

Schauen wir zunächst auf die wichtigsten Einwände, die einem direkten Vergleich zwischen dem Gewinnungsprozess von Schmuckdiamanten und dem Prozess der Gewinnung von Nachwuchskräften für spätere Tätigkeiten als Fach- und Führungskräfte im Wege stehen mögen:

- Diamanten sind keine Menschen. Menschen haben ihren eigenen Willen. Menschen wollen umworben werden und nicht gegen ihren Willen aufbereitet oder gar geschliffen werden!
- Es muss wohl auch nicht näher erläutert werden, dass es sich bei Begriffen wie Prospektieren, Abbauen, Aufbereiten, Schleifen und Pflegen überwiegend nicht um ein Vokabular handelt, das geeignet ist, im Zusammenhang mit Personalentwicklungsprozessen zum Einsatz zu kommen.
- Personalentwicklungsprozesse verlaufen – bezogen auf den einzelnen Mitarbeiter – meist nicht linear, sondern hängen in hohem Maße von den Neigungen und Meinungen der beteiligten Menschen sowie von sich immer wieder verändernden organisatorischen und kulturellen Rahmenbedingungen im jeweiligen Unternehmen ab.

Selbstverständlich halte ich die genannten Einwände nur für allzu berechtigt. Allerdings sollten wir sie konstruktiv nutzen, um einen ersten Versuch zu wagen, mithilfe dieser Einwände – soweit es zulässig sein mag – den Prozess der Diamantengewinnung in der Bereich der Personalentwicklung zu übersetzen:

Prospektieren

Prospektieren: Das dürfte noch der Teilprozess sein, dessen Überschrift im Zusammenhang mit der Verwendung in der Personalentwicklung den geringsten Widerstand hervorruft. Allerdings wird prospektieren fast ausschließlich in der Fachsprache der Geologen verwendet. Das, wofür er steht, nämlich das Erkunden, stellt zweifellos auch eine wesentliche Teilaufgabe modernen Personalmanagements dar. Erkunden meint hier sowohl das Erkunden vorzugsweise des eigenen Unternehmens als auch des externen Arbeits- und Stellenmarktes bis dahin, in Erfahrung zu bringen, warum Unternehmen bei der internen wie externen Rekrutierung von Fach- und Führungskräften erfolgreicher oder auch weniger erfolgreich als andere sind. Erkunden als Teilaufgabe ließe sich somit fast problemlos als Kernelement in eine auf die Gewinnung und Entwicklung von ‚Rohdiamanten' zielende Prozessbeschreibung übernehmen.

Abbauen und aufbereiten: Sobald einer der unterschiedlichen Erkundungsprozesse Hinweise darauf gibt, wo sich für das Unternehmen geeignete Rohdiamanten auffinden lassen, die als zukünftige High Potentials geeignet erscheinen, setzt ein höchst komplexer Auswahlprozess ein: ein Prozess des Werbens und Motivierens, des Analysierens, des Profilings, des Matchings und wiederum des Werbens und Motivierens und letztlich auch des Verhandelns, mit dem Ziel, möglichst viele der entdeckten Rohdiamanten für die ihnen zugedachten neuen Aufgaben zu begeistern und sie so eng wie möglich in irgendeiner Form an das Unternehmen zu binden.

Abbauen und aufbereiten

Schleifen: Zwar kann das Verb schleifen auch als Synonym für Verben wie drillen, erziehen, exerzieren, hart ausbilden, quälen, schikanieren, bimsen, eintrichtern, triezen oder auch trimmen verwendet werden. Wenn es auch bedauerlicherweise immer noch Zeitgenossen geben mag, die ihre eigene Erziehung oder auch ihre Ausbildung, ihre militärische Grundausbildung oder vielleicht ihre Einarbeitung in einen Job noch als leidvolles Schleifen, Drillen, Exerzieren und Schikanieren erfahren haben: Hier trägt der direkte Vergleich heutiger Personalentwicklung mit der Diamantengewinnung nun wirklich nicht. Es wäre ein unverzeihlicher und fataler Fehler jeder Personalentwicklung, die vorher mit erheblichem Aufwand entdeckten und hoffentlich sich auf neue Herausforderungen freuenden Menschen nicht mithilfe modernster und auf den einzelnen Menschen individuell zugeschnittener Methoden der Personalentwicklung bei der Vorbereitung auf ihre neuen Aufgaben zu unterstützen und sie auch darüber hinaus beratend zu begleiten.

Schleifen

Pflegen: Mitarbeiterpflege bezieht sich in diesem Zusammenhang auf die Pflege derjenigen Mitarbeiter, die möglicherweise bereits einen aufwendigen und kostenintensiven Prozess vom Rohdiamanten zum für das Unternehmen wertvollen ‚Schmuckstück' durchlaufen haben. Der hierbei meines Erachtens entscheidende Faktor ist das gerne im Betriebsalltag vernachlässigte Instrument der Wertschätzung der Mitarbeiter. Auch wenn Wertschätzung sicherlich subjektiv recht unterschiedlich empfunden werden mag, so lassen sich doch weitgehend objektive Kriterien der Mitarbeiterwertschätzung in einem Unternehmen ausmachen. Diese mögen erkennen lassen, wie stark die Elemente der allgemeinen Wertschätzung der Mitarbeiter sind und wie die individuelle Wertschätzung im Rahmen der Unternehmenskultur

Pflegen

tatsächlich gelebt wird. Der Grad der Wertschätzung setzt sich aus einer Vielfalt von materiellen Faktoren wie Gehalt, Boni und Sozialleistungen zusammen, lässt sich aber insbesondere aus immateriellen Faktoren wie Vereinbarkeit von Familie und Beruf, individuellen Perspektiven, Weiterbildung und Möglichkeiten der eigenen Weiterentwicklung, Akzeptanz, Arbeits- und Betriebsklima, Vorgesetzten als Berater etc. ableiten – um nur einige Stichworte zu nennen. Auf diesen Aspekt wird später noch näher einzugehen sein.

5

Demografisches HR Management im 21. Jahrhundert

Die zentralen Meilensteine demografischen HR Managements im 21. Jahrhundert

Erkunden – Werben – Motivieren – Analysieren – Überzeugen – Wertschätzen: Das sind, so will ich behaupten, die zentralen Meilensteine demografischen HR Managements im 21. Jahrhundert. Es wird u. a. dadurch gekennzeichnet sein, dass die Unternehmen, die bisher an die Rolle des Umworbenen gewöhnt waren, lernen müssen, in die Rolle des erfolgreich um Fach- und Führungskräfte Werbenden zu schlüpfen.

Managementempfehlung

Wenn Sie heute als HR Manager vor der Aufgabe stehen, Rohdiamanten, d. h. Nachwuchskräfte zu rekrutieren, die als spätere Fach- und Führungskräfte, d. h. als sogenannte High Potentials für ihr Unternehmen tätig werden sollen, gilt es, in den unterschiedlichen demografischen Handlungsfeldern aktiv zu werden, in denen die Unternehmen ihren Beitrag zur Fachkräftesicherung leisten können, und zwar immer orientiert an damit verknüpften zentralen Meilensteinen der Rohdiamantengewinnung:

- Erkunden
- Werben
- Motivieren
- Analysieren
- Überzeugen
- Wertschätzen

Dabei darf man nicht auf halber Strecke stehen bleiben. Potenzialerkundung ist lediglich der erste große Meilenstein der Potenzialerschließung und viele weitere Schritte wie Werben, Motivieren, Analysieren, Überzeugen und Wertschätzen müssen sich anschließen. Das ist ausschlaggebend für den Erfolg.

Es stellt eine immer stärker an Bedeutung gewinnende Kernaufgabe modernen demografischen HR Managements dar, sogenannte Rohdiamanten als Nachwuchs für Tätigkeiten als Fach- und Führungskräfte zu entdecken, zu gewinnen, zu entwickeln und zu pflegen. Daher will ich mich im nachfolgenden Kapitel auf diese Kernaufgabe des HR Managements und insbesondere darauf konzentrieren, welche spezifischen Anforderungen an moderne

Personalverantwortliche und HR Manager bzw. Unternehmen sich daraus ableiten lassen.

Entsprechend dem jeweiligen demografischen Handlungsfeld, in dem der HR Manager seinen Beitrag zur Entdeckung, zur Bindung oder zur Gewinnung und Entwicklung talentierter Fach- und Führungskräfte leisten will, wird – ganz im Sinne von Fredmund Malik[59] – zu diskutieren sein, ...

- welchen spezifischen Aufgaben sich der HR Manager im jeweiligen Handlungsfeld zu stellen hat,
- welche adäquaten Werkzeuge ihm zur Erfüllung dieser Aufgaben zur Verfügung stehen,
- welche Grundsätze die HR Manager bei der Bewältigung ihrer Aufgaben innerhalb eines demografischen Handlungsfeldes zu beachten haben
- und schließlich welche Verantwortung ein HR Manager dadurch übernimmt, dass er sich den Aufgaben des demografischen Managements stellt.

Zunächst werde ich im Sinne einer weiteren Konkretisierung in einer kurzen Erörterung versuchen zu umreißen, durch welche Eigenschaften sich solche Fach- und Führungskräfte auszeichnen, nach denen HR Manager Ausschau halten, um die sie werben und die sie für ihr Unternehmen gewinnen und schließlich auch dort halten wollen.

Dies führt dann zu einer Diskussion der Tätigkeit der HR Manager in den unternehmensrelevanten demografischen Handlungsfeldern, d. h. zu einer Diskussion handlungsfeldbezogener spezifischer Aufgaben, der verfügbaren Werkzeuge, der geltenden Handlungsgrundsätze und schließlich der Verantwortung, die der HR Manager dabei zu übernehmen hat.

59 Vgl. Malik, F.: Führen, Leisten, Leben. Wirksames Management für eine neue Zeit, Stuttgart und München 2002

5.1 Fach- und Führungskraft

5.1.1 Die Realität in den Unternehmen

Anhand zweier Beispiele soll einleitend die Frage beantwortet werden, ob man Fachkraft sein kann, ohne gleichzeitig Führungsaufgaben zu übernehmen – geht das denn? Entspricht das der heutigen Realität in den Unternehmen? Oder Führungskraft zu sein ohne Fachexpertise? Ist das insbesondere für KMUs realistisch?

Ein Versuch

Wie die Realität in den Unternehmen tatsächlich aussieht, zeigt u. a. ein Blick auf aktuelle Stellenausschreibungen für Fach- und Führungskräfte:

Als Partner aller bedeutenden Automobilhersteller sowie zahlreicher Kunden im Industriebereich bieten wir Ihnen viel Raum für Ihre persönliche Entfaltung.

Die Basis dafür bildet eine kollegiale Arbeitsatmosphäre – ganz nach unserem Motto: Gemeinsam bewegen wir die Welt.

Wir suchen Sie zur Verstärkung unseres Teams als:

Experte / in SAP R / 3 MM

Die Stelle ist im Bereich Zentraleinkauf Systeme und Prozesse angesiedelt.

Ihre Aufgaben

- Weltweite Unterstützung des Rollouts von SAP R / 3 MM im Bereich Einkauf
- Planung und Durchführung von Schulungen sowie kompetente Beratung aller Einkaufsbereiche zur Anwendung von SAP R / 3 MM
- Systematische Optimierung der globalen Einkaufsprozesse
- Weltweite Durchführung von Prozessanalysen

↓

Ihr Profil

- Abgeschlossenes Studium der Fachrichtung Wirtschaftsingenieurwesen, Betriebswirtschaft oder Informatik
- Mehrjährige, einschlägige Berufserfahrung
- Sehr gute Kenntnisse im Umgang mit SAP R/3 MM und MS Office
- Gute Englischkenntnisse in Wort und Schrift
- Belastbarkeit, schnelle Auffassungsgabe
- Kommunikationsfähigkeit und analytisches Denken
- Internationale Reisebereitschaft

Spannende Aufgaben und hervorragende Entwicklungsperspektiven warten auf Sie, denn wir gestalten die Zukunft mit Innovationen. Sie wollen mit uns die Welt bewegen? Wir freuen uns, Sie kennenzulernen.

Quelle: www.xing.org, anonymisierte Stellenanzeige, Mai 2012

Auf den ersten Blick wird mit dieser Stellenausschreibung eine Fachkraft, d. h. ein Spezialist für die betriebswirtschaftliche Software SAP R/3 gesucht, mit der in diesem Falle die materialwirtschaftlichen Prozesse im Unternehmen gestaltet bzw. unterstützt werden sollen. Kompetente Beratung, die Durchführung von Prozessanalysen etc. können sicher auch als spezifische Fachaufgaben eingestuft werden. Aber was ist mit Aufgaben wie Planung und Durchführung von Schulungen oder gar der systematischen Optimierung der globalen Einkaufsprozesse – sind das wirklich reine Fachaufgaben, bei denen die Anforderung an Fach- und Methodenkompetenz der zu findenden Mitarbeiter überwiegen? Oder ist es nicht eher so, dass hier Menschen gesucht werden, die auf Basis einer umfassenden Fach- und Methodenkompetenz in Kombination mit einem großen Anteil an Sozial- und Persönlichkeitskompetenz in der Lage sind, andere Menschen auf sich verändernde Arbeitsbedingungen vorzubereiten bzw. deren Arbeitsprozesse aus Sicht der Unternehmensleitung zu optimieren? Wird hier also in Wirklichkeit eine Führungskraft, oder besser: eine Fachkraft mit ausgeprägter Managementkompetenz gesucht, die naturgemäß auch Führungsaufgaben zu übernehmen hat?

Die Analyse der vorangehenden Stellenanzeige, die zweifellos keinen Einzelfall darstellt, stützt meines Erachtens eindrucksvoll die These Fredmund Maliks, der in seinem Buch *Führen, Leisten, Leben* konstatiert, dass es keine unfaire Verkürzung ist, „wenn man sagt, dass durch die Anforderungskataloge im wesentlichen das Bild eines Universalgenies gezeichnet wird“[60]. Die Analyse stützt möglicherweise aber auch die These, dass wir gut daran tun, zunächst nicht zwischen Fach- und Führungskräften zu unterscheiden. Zumal – ganz im Sinne Maliks – die Universalgenies bzw. die Managementgenies in Wirklichkeit äußerst selten anzutreffen sind[61]. Zu finden sind eher Menschen, die sich aus ihrer individuellen Fachlichkeit heraus zu wirksamen Führungskräften entwickeln können.

Anforderungsstruktur des deutschen Qualifikationsrahmens (DQR)

Die Unternehmen versuchen also Menschen zu entdecken, die in Analogie zur Terminologie des deutschen Qualifikationsrahmens (DQR) entweder schon ausgeprägtes und adäquates fachliches Wissen und entsprechende Fertigkeiten besitzen oder die bereit und talentiert genug sind, die erforderliche Fachkompetenz zu entwickeln. Darüber hinaus sollen sie – mit der entsprechenden Unterstützung – ein für die individuelle Aufgabe ausreichendes Maß an personaler Kompetenz wie Team- und Führungsfähigkeit, Kommunikation, Eigenständigkeit und Verantwortung etc. einbringen.

Tabelle 5: Anforderungsstruktur des deutschen Qualifikationsrahmens (DQR)

Fachkompetenz		Personale Kompetenz	
Wissen	Fertigkeiten	Sozialkompetenz	Selbstständigkeit
Tiefe und Breite	Instrumentale und systemische Fertigkeiten, Beurteilungsfähigkeit	Team-/ Führungsfähigkeit, Mitgestaltung und Kommunikation	Eigenständigkeit/ Verantwortung, Reflexivität und Lernkompetenz

Nach Daten von: BBJ Consult AG (Hrsg.): www.deutscherqualifikationsrahmen.de, Berlin 2012

60 Malik, F.: Führen, Leisten, Leben, S. 17

61 Vgl. ebd., S. 17 ff.

Zweiter Versuch

Operativ sattelfest, professionell, businessorientiert
Leiter Controlling / Finanzen (m / w)

Unser Mandant ist ein international erfolgreiches Unternehmen im Bereich Konsumgüter für den Haushalt und ist einer der weltweit führenden Hersteller von Pflegeprodukten im Bekleidungssektor. Das wirtschaftlich gesunde Unternehmen ist mit wachsenden Umsätzen bei Kunden in über 50 Ländern präsent. Am Produktionsstandort in … sowie in den Tochtergesellschaften im Ausland arbeiten mehrere Hundert Mitarbeiter.

Wesentliche Aufgaben / Ziele

- Fachliche und disziplinarische Verantwortung für den eigenen Fachbereich und die Abwicklung der operativen Aufgaben
- Führung und Weiterentwicklung des Mitarbeiter-Teams, fachliche Führung der Controller der Auslandstöchter
- Verantwortung für Budget- und Forecast-Erstellung, Soll-Ist-Abweichungsanalysen, Investitionsplanung, monatliches Berichtswesen
- Beteiligungscontrolling für die ausländischen Tochtergesellschaften
- Sicherstellen eines jeweils hohen Qualitätsniveaus des Reporting und Controllings der Tochterunternehmen
- Erkennen und Definieren von Handlungsfeldern durch Analyse von Kennzahlen, Reportings etc., Aufzeigen und Begleiten von Veränderungen und Projekten
- Durchführung eines effizienten Kosten-Controllings, einer zeitnahen, aussagefähigen Managementinformationsplattform, regelmäßige Berichterstattung an den kaufmännischen Geschäftsführer zur Verfolgung der Geschäftsentwicklung
- Aktives, initiatives Begleiten des laufenden Geschäfts, Fokussieren auf kritische Parameter und relevante Kennzahlen

Qualifikationsprofil

- Bildungsabschluss: Betriebswirtschaftliches Studium, mit fachlicher Vertiefung (Rechnungswesen / Controlling) und / oder Weiterbildung in relevanten Bereichen
- Berufserfahrung: 6–8 Jahre
- Branchenerfahrung: Produzierendes Gewerbe mit internationalen Niederlassungen, Tochtergesellschaften / Beteiligungen
- Facherfahrung: 4–5 Jahre
- Führungserfahrung: Erste Erfahrung ggf. in vergleichbaren, mittelständischen Strukturen, Leitung kleiner Teams, ggf. Projektleitungserfahrung
- Spezialkenntnisse: SAP Fi / Co, MS Office, Datenbankauswertungen / -aufbereitung, Finanzplanungstools, HGB, Riskmanagement
- Grundkenntnisse in Konsolidierung, Bilanzierung, modernen Controllingtools (z. B. Balanced Scorecard)
- Fremdsprachen: Englisch
- Kontaktfreudig, Verhandlungsgeschick, auch im internationalen Kontext
- Wirtschaftlich denkend, strategisch / konzeptionell begabt
- Kommunikativ, überzeugend und mit Durchsetzungsvermögen

Wenn Sie Interesse haben, …

Quelle: www.xing.org, anonymisierte Stellenanzeige, Mai 2012

Diese Stellenausschreibung scheint – im Gegensatz zu unserem ersten Beispiel – von der Überschrift her auf den ersten Blick ganz offensichtlich auf die Besetzung einer ausgewiesenen Führungsposition (Leiter/-in Controlling/Finanzen) zu zielen. Damit ist der Vorrat an wesentlichen Unterschieden zwischen beiden Stellenausschreibungen auch schon wieder aufgebraucht, wenn man von den rein fachspezifischen Merkmalen absieht:

Trotz der eindeutigen Hinweise auf geforderte individuelle Erfahrungen und Kompetenzen (kommunikativ, Durchsetzungsvermögen, Verhandlungsgeschick, Führungserfahrung etc.) bilden die fachlichen Anforderungen (spezielle IT-Kenntnisse, Risikomanagement, Finanzplanungstools, Controllingtools etc.) ganz eindeutig den Mittelpunkt dieser Stellenausschreibung. Dadurch spiegelt sich auch hier die Tatsache wider, dass die Entwicklung von Führungskräften, zumindest bis zum mittleren Management, in den allermeisten Fällen ohne spezifisches und nachgewiesenes einschlägiges Fachwissen und entsprechende Fertigkeiten kaum sinnvoll erscheint.

Die große Mehrheit der Führungskräfte im unteren und mittleren Management benötigt zur Ausübung ihrer Führungs- bzw. Managementaufgabe ein solides Maß an Fachkompetenz. Ohne diese Kompetenz sähen sie sich gerade in kleinen und mittelständischen Unternehmen (KMU) großen Akzeptanzproblemen bei den unmittelbaren Mitarbeitern bzw. bei ihren Teammitgliedern gegenüber.

Die Vorstellung vom Manager, der zu dem, was in seinem Unternehmen auf der fachlichen Ebene geschieht, keinen direkten Bezug mehr hat, mag aufgrund der vielfältigen Verantwortung für sogenannte Top-Manager in großen Unternehmen gelten. Bei ihnen kommt es letztlich ganz entscheidend auf die personale Kompetenz an und sie sollten – frei nach dem Philosophen Odo Marquard – aufgrund ihres Defizits an Fachkompetenz über ein gehöriges Maß an fachlicher Inkompetenzkompensationskompetenz verfügen ...[62]

Managementempfehlung

Wenn Sie als HR Manager auf der Suche nach Rohdiamanten in Ihrem Unternehmen sind, ist es wichtig zu wissen: Talente, die Sie dabei entdecken, sind meist Nachwuchskräfte, die vielleicht durch spezifische fachliche oder auch methodische Begabungen auffallen mögen, die aber nur in den seltensten Fällen geborene Führungskräfte sind. Man sollte vorsichtig damit sein, gegen die Erfahrungen in der Realität Nachwuchskräfte zu früh als potenzielle Fachkräfte einerseits und potenzielle Führungskräfte andererseits zu etikettieren.

Jeder Leser mag selbst einen Blick auf den Stellenmarkt in der Zeitung oder in eine der zahlreichen Internetjobbörsen werfen, um zu erkennen, dass die genannten Beispiele in ihrer tendenziellen Aussage keine Einzelfälle bzw. Ausnahmen darstellen. Sie untermauern stattdessen die These, dass sich das Gros der Führungskräfte der deutschen Wirtschaft insbesondere bei den KMUs aus dem Kreis der Fachkräfte heraus entwickelt hat.

Beispiel: IT-Branche

Eines der besten Beispiele für die konsequente Umsetzung dieses Gedankens liefert die IT-Branche. Sie hat sich in den vergangenen Jahren aus einem Zustand des kreativen Chaos heraus – wie ich es einmal nennen mag – zu einem hinsichtlich systematischer Personalentwicklung eher strukturgebenden Berufsfeld entwickelt. Dort entstand – ausgehend von der wenig geordneten Situation während des IT-Hypes Ende der Neunzigerjahre – zwischenzeitlich auf Basis eines breiten Konsenses zwischen den Sozialpartnern das ‚IT-

62 Der Philosoph Odo Marquard prägte den Begriff ‚Inkompetenzkompensationskompetenz' in den Siebzigerjahren anlässlich eines Festvortrags zur Lage der Philosophie der Gegenwart. (Vgl. Marquard, O.: Inkompetenzkompensationskompetenz? Über Kompetenz und Inkompetenz der Philosophie, in: Baumgartner, H.-M., Höffe, O., Wild, C. (Hrsg.): Philosophie – Gesellschaft – Planung. Kolloquium, Hermann Krings zum 60. Geburtstag. Bayerisches Staatsinstitut für Hochschulforschung und Hochschulplanung, München 1974, S. 114 – 125)

Weiterbildungssystem'[63]. Dieses beschreibt einerseits die Anforderungen an IT-Fachkräfte auf unterschiedlichen berufsfachlichen Ebenen und zeigt andererseits auch auf, wie Karrierepfade einer IT-Fachkraft nach der dualen Berufsausbildung bzw. nach einem möglichen Quereinstieg aussehen können: So können Fachinformatiker zu Spezialisten für Softwareentwicklung werden, um sich dann im Lauf ihrer Karriere zu operativen oder gar strategischen Professionals zu entwickeln, die über die notwendigen fachlichen wie personalen Kompetenzen verfügen, wobei sich ihnen gute Perspektiven für eine spätere Managementtätigkeit eröffnen.

5.1.2 Globalisierung – die etwas andere Herausforderung

Wenn wir das diskutieren, was die Spezies ‚Fach- und Führungskraft' heute ausmacht, so darf ein immer bedeutsamer werdender Aspekt nicht fehlen, nämlich die Globalisierung und die damit verbundenen Veränderungen der Arbeitswelt im Allgemeinen und der Anforderungen an Fach- und Führungskräfte im Besonderen.

Globalisiertes Arbeiten

Dank der technologischen Fortschritte, die uns die IT-Wirtschaft bereits beschert hat, stellt es heute gerade für viele IT-Unternehmen fast eine Selbstverständlichkeit dar, dass sogenannte Kopfarbeit in Teams geleistet wird. Die Teammitglieder haben an den unterschiedlichsten Plätzen der Welt ihren Arbeitsplatz und bringen mithilfe moderner Technologie ihre Kompetenzen in das Team ein, ohne ihren Arbeitsplatz zu verlassen: Für Fach- und Führungskräfte gleichermaßen wird globalisiertes Arbeiten in nicht allzu ferner Zukunft zum Normalfall und die Befähigung zu globalisiertem Arbeiten zur Selbstverständlichkeit werden.

Near- und Offshoring-Mechanismen

„Auf Basis des Internets entsteht ein globaler Informationsraum, der neue Möglichkeiten des Wirtschaftens und Arbeitens schafft. Hier steigt die Internationalisierungsfähigkeit von Dienstleistungen in dem Maße, in dem das Uno-acto-Prinzip an Bedeutung verliert, Erstellung und Konsum der Dienstleistung also nicht mehr in einem einzigen Akt zusammenfallen: So

63 Weiterführende Informationen zum IT-Weiterbildungssystem finden sich u. a. auf der Homepage des Bundesinstituts für Berufsbildung (BIBB), www.bibb.de, unter dem Stichwort IT-Weiterbildung.

wird die Arbeit eines Friseurs zwar auch in Zukunft nur direkt beim Kunden ‚vor Ort' geleistet werden können, für die Bearbeitung der Steuererklärung des Friseursalons gilt dies jedoch schon nicht mehr."[64]

Wenn nun jemand das Gefühl bzw. die Befürchtung haben sollte, dass die zunehmende Globalisierung der Arbeit einerseits und die demografische Bedrohung andererseits die Unternehmen verleiten könnten, in alte ‚Near- und Offshoring-Zeiten' zurückzufallen, so kann ich diese Befürchtung durchaus nachvollziehen: Hatten viele sogenannte ‚Kopfarbeiter' wie beispielsweise Softwareentwickler bis dato nicht im Traum daran gedacht, dass ihre Arbeit durch Verlagerung ins Ausland bedroht sein könnte, so setzte etwa um das Jahr 2002 ein deutlicher Veränderungsprozess ein. Basierend auf einer harten Kostensenkungsstrategie verlagerten IT-Unternehmen ungefähr seit dieser Zeit zunehmend auch Arbeiten wie die Entwicklung und Pflege von Software ins Ausland an dort lebende kostengünstigere Mitarbeiter oder auch an dort ansässige externe Dienstleister. Die Verlagerung der Arbeit an ausländische Standorte wurde somit ziemlich unvermittelt zum realen Bedrohungsszenario für sogenannte High Potentials. Die IT-Branche, die die Technologie für diese Entwicklung bereitstellt, wurde dabei gleichzeitig zum Vorreiter einer Entwicklung, die später mehr und mehr auch in anderen Branchen Einzug hielt.

Wie gesagt: Die Gefahr, dass die demografische Entwicklung und die Möglichkeiten, die sich aus einer globalisierten hoch technologisierten Arbeitswelt ergeben, die Unternehmen reflexartig wieder zu den bekannten Near- und Offshoring-Mechanismen zurückgreifen lassen könnten, ist sicher nicht auszuschließen oder zu ignorieren. Dennoch: Im Gegensatz zu der Diskussion vor ca. 10 Jahren scheinen viele – insbesondere große Unternehmen – hinzugelernt zu haben und den Versuch zu unternehmen, die bisher ausschließlich auf einer puristischen Kostensenkungsstrategie beruhende Vorgehensweise durch eine zu ersetzen, die auf einer Globalisierungsstrategie basiert, die die Mitarbeiter ‚mitnehmen' und nicht ausgrenzen soll.

64 Boes, A., Bukrowitz, A., Kämpf, T., Marrs, K. (Hrsg.): Qualifizieren für eine global vernetzte Ökonomie. Vorreiter IT-Branche: Analysen, Erfolgsfaktoren, Best Practices, Wiesbaden 2012, S. 11

Forschungsprojekt GlobePro

Dahinter verbirgt sich die Hoffnung, dass immer mehr Unternehmen erkennen, dass eine im obigen Sinne nachhaltige Globalisierungsstrategie mittel- bis langfristig erfolgreicher sein wird als eine, die von den Mitarbeitern ausschließlich als reine Kostensenkungsstrategie mit ihren eher kurzfristigen Effekten verstanden wird. Das zeigt beispielsweise die hohe Bereitschaft großer Unternehmen, sich aktiv in die Diskussion um zukunftsweisende Konzepte zur Gestaltung einer nachhaltigen Globalisierungsstrategie einzubringen. So haben sich z. B. namhafte Unternehmen wie Airbus Operations GmbH, Allianz Managed Operations & Services SE, Atos IT GmbH, Daimler AG, DB Systel GmbH, Deutsche Telekom AG, Fujitsu Technology Solutions GmbH, Hewlett-Packard CDS GmbH, Infineon Technologies AG, Lufthansa Systems AG, SAP AG, Software AG, T-Systems GmbH und andere zusammen mit Wissenschaftlern, Beratern, Bildungsdienstleistern und Sozialpartnern im Rahmen eines Forschungsprojekts wie GlobePro[65] zusammengefunden, um u. a. darüber zu diskutieren, wie eine Globalisierungsstrategie, die die Menschen bewusst einbindet, nachhaltig gestaltet werden kann.

Ein solch strategischer Ansatz setzt offensiv auf die aktive Beteiligung der Menschen. Er muss meines Erachtens insbesondere dafür Sorge tragen, dass die Menschen dazu befähigt werden, an einer zunehmend internationalisierten und komplexeren Arbeitswelt partizipieren zu können: So muss angesichts der fortschreitenden Globalisierung beispielsweise IT-Weiterbildung weit mehr sein als die Vermittlung von Wissensbausteinen mit geringer Halbwertszeit, dessen Wertigkeit überdies noch von der Lebensdauer eines spezifischen IT-Produkts abhängt. IT-Weiterbildung und in Zukunft auch die berufliche Weiterbildung in anderen Wirtschaftssektoren „muss viel-

65 Das Projekt GlobePro entstand vor dem Hintergrund der Tatsache, dass immer mehr Unternehmen im weltweiten Wettbewerb miteinander stehen und immer mehr Menschen in einer weltweiten, modernen Dienstleistungswirtschaft arbeiten, die Unternehmen und Menschen vor vollkommen neue Herausforderungen stellt. Dabei entscheidet ihre Kompetenz und Qualifikation, nämlich die Fähigkeit, in weltweiten Wertschöpfungsketten agieren zu können, über ihren Erfolg. Unter der Federführung des Instituts für Sozialwissenschaftliche Forschung e. V. (www.isf-muenchen.de) arbeiten in dem vom Bundesministerium für Bildung und Forschung (BMBF) geförderten Forschungsprojekt GlobePro Unternehmen, Institutionen der Aus- und Weiterbildung, Verbände, Sozialpartner und Experten zusammen (vgl. www.globe-pro.de).

mehr immer stärker die sich als Folge des Einsatzes von Informationstechnologie verändernden beruflichen Anforderungen in den Blick nehmen“ [66].

Im Mai 2012 fand in München eine Konferenz der Projekts GlobePro unter dem Titel *Eine global vernetzte Ökonomie braucht die Menschen* statt. Aus den zahlreichen Gesprächen und Diskussionen lassen sich zahlreiche Hinweise und auch konkrete Beispiele dafür finden, dass es die bessere, weil nachhaltigere Strategie ist, die menschlichen Rohdiamanten – zunächst im näheren, ansonsten in einem etwas weiteren Umfeld – aufzuspüren und so zu befähigen, dass sie den Herausforderungen einer zunehmend globalisierten Arbeitswelt nicht nur gewachsen sind bzw. gewachsen sein werden, sondern sich letztlich auch dafür begeistern lassen, diese immer komplexer werdende Arbeitswelt aktiv mitzugestalten.

5.2 HR Management in demografischen Handlungsfeldern

5.2.1 Aufgabe und Verantwortung

Kurz gefasst: Die Unternehmen im Allgemeinen und ihre HR Manager im Besonderen stehen vor einer Herkulesaufgabe! Der demografische Wandel, dem wir nicht mehr aus dem Weg gehen können, dringt immer stärker ins Bewusstsein aller vor. Dieser Wandel wird noch weit mehr als ein technologischer Wandel nahezu alle Bereiche unserer Gesellschaft permanent verändern und sich in Zukunft noch weiter beschleunigen. Damit einher gehen Veränderungen des gesellschaftlichen Zusammenlebens und des Zusammenarbeitens in den Unternehmen, zumal sich immer mehr Unternehmen immer schneller dem Fluch und den Segnungen der Globalisierung zugleich ausgesetzt sehen.

66 Littig, P.: Perspektiven für die IT-Weiterbildung auf dem Weg zum European e-Competence Framework (e-CF), in: Boes, A., Baukrowitz, A., Kämpf, T., Marrs, K. (Hrsg.): Qualifizieren für eine global vernetzte Ökonomie. Vorreiter IT-Branche: Analysen, Erfolgsfaktoren, Best Practices, Wiesbaden 2012, S. 205 ff.

Was ist demografisches HR Management?

Mit dem Stichwort ‚demografisches HR Management' wird eine Aufgabe umschrieben, die insbesondere darin besteht, einen ganz entscheidenden Beitrag dafür zu leisten, dass dem jeweiligen Unternehmen zu jedem nur erdenklichen Zeitpunkt trotz einer bedrohlicher werdenden Verknappung des verfügbaren Potenzials an Fach- und Führungskräften und trotz zahlreicher nur schwer kalkulierbarer Entwicklungen und Einflussfaktoren (Technologie, Gesellschaft, Globalisierung etc.) in erforderlicher Anzahl hoch kompetente Arbeitskräfte zur Verfügung stehen. Diese werden benötigt, um erfolgreich am Markt agieren und sich wirtschaftlich weiterentwickeln zu können.

HR Manager der heutigen Generation müssen bereit und in der Lage sein, ihren Beitrag zur Bewältigung dieser Aufgabe zu leisten. Insbesondere müssen sie aber die Verantwortung dafür übernehmen, dass die sich täglich immer höher auftürmende Herkulesaufgabe des demografischen HR Managements mit der gebotenen Nachhaltigkeitsstrategie so angegangen wird, dass sie nicht zur Sisyphusarbeit wird, bei der immer mehr Ressourcen verbraucht werden, ohne dass die Aufgabe selbst letztlich bewältigt wird.

5.2.2 Handlungsgrundsätze

Von welchen Grundsätzen sollten sich HR Manager im Rahmen ihrer Verantwortung für das demografische HR Management leiten lassen?

HR Manager übernehmen entscheidende Verantwortung für das Gelingen des demografischen HR Managements in ihrem Unternehmen und somit wesentliche Mitverantwortung für die weitere Entwicklung des Unternehmens. Sie haben somit eine zentrale Führungsaufgabe inne, die sich an den generellen Grundsätzen wirksamer Führung[67] zu orientieren hat (Resultatorientierung, Hinterfragen des eigenen Handelns als Beitrag zum Ganzen, Konzentration auf Weniges, Stärken nutzen, Vertrauen schaffen, positiv denken).

67 Vgl. Malik, F.: Führen, Leisten, Leben, S. 65 ff.

Bei dem Arbeitsgebiet des demografischen HR Managements handelt es sich um ein durch ein sehr hohes Maß an Komplexität geprägtes Handlungsfeld. Es kann beispielsweise durch die bereits erläuterte demografische Handlungsmatrix (siehe Tabelle 4 auf Seite 69) nur recht vereinfachend dargestellt werden kann. Dies ist aufgrund der bereits geschilderten Zusammenhänge, in denen demografisches HR Management stattfindet, nicht zu bezweifeln. Um nun gerade der zentralen Verantwortung des demografischen HR Managers gerecht zu werden, nämlich der Verantwortung, dass demografisches HR Management mit dem gebotenen Anspruch der Nachhaltigkeit erfolgt und nicht zur Ressourcen verbrauchenden und dennoch wirkungslosen Sisyphusarbeit mutiert, bedarf es dringend Orientierung gebender Prinzipien bzw. Grundsätze [68], an denen sich das Handeln einer Führungskraft wie eines HR Managers auszurichten hat.

Grundlegend: Prinzipien bzw. Grundsätze

Was das für den Fall des demografischen HR Managements heißen mag, will ich nachfolgend in Anlehnung an Maliks Grundsätze wirksamer Führung [69] versuchen zu skizzieren:

Grundsatz: Resultatorientierung

- **Resultatorientierung**: Wie bei jedem Manager – ob das dem Betrachter nun gefällt oder nicht – wird auch die Arbeit eines HR Managers, der sich des Demografiemanagements in einem Unternehmen angenommen hat, an den Resultaten seines Wirkens gemessen. Die Ergebnisse sollten möglichst quantitativ und eindeutig messbar sein und zweifelsfreie Rückschlüsse darauf erlauben, wie gut der finanzielle Aufwand, der bis zu einem bestimmten Zeitpunkt für das Demografiemanagement geleistet wurde, gerechtfertigt werden kann. Da auch HR Manager sich dieser Logik in den allermeisten Unternehmen kaum entziehen können, macht es schon im eigenen Interesse Sinn, auch für die Aufgabe des Demografiemanagements mit der Unternehmensleitung konkrete (anspruchsvolle, aber erreichbare!) Ziele bzw. Zwischenziele zu vereinbaren, an denen er oder sie bzw. die Ergebnisse ihrer / seiner Arbeit zu fest verabredeten Zeitpunkten gemessen werden können.

68 Vgl. ebd., S. 67

69 Vgl. ebd., S. 65 ff.

Zielvereinbarungen

Die große Mehrheit der Unternehmen bevorzugt es, in Zielvereinbarungen quantitativ messbare Leistungsziele zu verankern. Gleichzeitig schrecken sie vor der Vereinbarung qualitativer Leistungsziele zurück, vor allem wegen der damit verbundenen potenziellen Probleme bei der Entscheidung darüber, ob und in welchem Maß ein Leistungsziel erreicht ist oder nicht (Subjektivität, mangelnde Fachkompetenz des Bewertenden, Konfliktpotenzial etc.). Daher sollte versucht werden, sich bei Zielvereinbarungen quantitative Ziele zugrunde zu legen.

Auch für das Aufgabenfeld des Demografiemanagements empfiehlt es sich, Zielvereinbarungen zu treffen, die sich an messbaren, quantitativen Ziele orientieren.

Welche Ziele das im Hinblick auf Demografiemanagement sein können, hängt sicherlich ganz wesentlich von der aktuellen Situation im Unternehmen und von den kurz-, mittel- und langfristigen Zielen ab, die sich das Unternehmen auf seine Fahnen geschrieben hat:

- Anzahl der offen Stellen für Fach- und Führungskräfte zu einem definierten Zeitpunkt
- Fluktuationsrate bzw. Entwicklung der Fluktuationsrate bei Fach- und Führungskräften
- Bewertung der Personalentwicklungsaktivitäten im Lauf eines Jahres durch die Belegschaft
- Bewertung eines Auftritts des Unternehmens im Rahmen einer Talentmesse durch potenzielle Bewerber
- Bewertung des Bewerbungsverfahrens durch die Bewerber
- Bewertung der Betreuung während des Integrationsprozesses neuer Mitarbeiter durch die Belegschaft u. v. a. m.

Ziele wie diese könnten als Beispiele für Elemente einer Zielvereinbarung gelten, die als quantitative Ziele im Bereich des Demografiemanagements herangezogen werden könnten. Der darüber hinausgehenden Fantasie sind natürlich (kaum) Grenzen gesetzt.

Zielvereinbarungen dieser Art befriedigen einerseits das Bedürfnis der Unternehmensleitung an einer Messung dessen, was mithilfe der Investition in das Demografiemanagment durch einen HR Manager geleistet wurde. Sie geben aber auch dem jeweiligen HR Manager genügend Raum, innerhalb einer verabredeten Zeitperiode seine Managementarbeit so zu gestalten, wie er es für die Bewältigung der beschriebenen Herkulesaufgabe für erforderlich hält.

- **Hinterfragen des eigenen Handelns als Beitrag zum Ganzen:** Wie schon aus den Anmerkungen zur Resultatorientierung hervorgeht, können Resultate, die in einer Zielvereinbarung verabredet werden, immer nur einen Teilaspekt der Gesamtzielsetzung ‚des Großen und Ganzen' beschreiben, nicht zuletzt auch deshalb, weil qualitative Ziele hierbei eher ausgeblendet werden.

Grundsatz: Hinterfragen des eigenen Handelns als Beitrag zum Ganzen

Umso wichtiger ist es, dass der HR Manager sich selbst bzw. sein berufliches Handeln in Sachen Demografiemanagement immer wieder aufs Neue bewertet und hinsichtlich der Gesamtzielsetzung einordnet.

Dazu gehört es, aktuelle Arbeitsergebnisse im Gesamtzusammenhang zu betrachten und – wenn auch letztlich subjektiv – zu beurteilen, wie ein bestimmtes Teilergebnis sich auf andere Teilergebnisse auswirken könnte etc. Hierbei handelt es sich wiederum um eine höchst komplexe Aufgabe, deren Bewältigung aber davor bewahren kann, im Laufe einer längeren Zeitperiode in einem ohnehin komplexen Prozess den ‚roten Faden' zu verlieren.

Abbildung 1: Screenshot zum Heraklit III Netzmodellierer

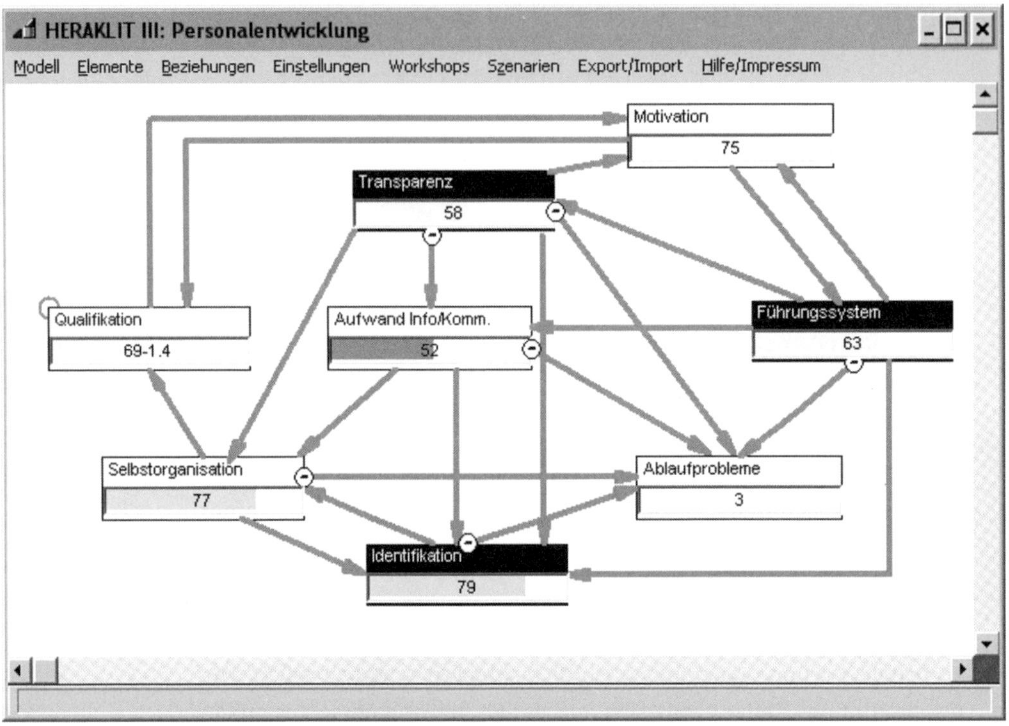

Quelle: Walter Braun, SYSTEM-MANAGEMENT Diplom-Psychologe Walter Braun, Abb. entnommen von: www.vernetzt-denken.de/modellbibliothek/unternehmen-management/wirkungsnetz-personalentwicklung.htm

Wie Abbildung 1 zu entnehmen ist, gibt es zur Unterstützung der Bewertung des eigenen Beitrags zum Gesamten zwischenzeitlich sogar interessante Software. Ein Beispiel ist der Netzmodellierer Heraklit III[70], bei dem man im Rahmen eines Planspiels in unterschiedlichen Szena-

70 Vgl. KHSweb.de: www.vernetzt-denken.de

rien die Auswirkungen der Veränderung einzelner Faktoren auf andere Faktoren und auf das gesamte System simulieren kann[71].

- **Konzentration auf Weniges:** Ein kurzer Blick auf die demografische Handlungsmatrix (Tabelle 4 auf Seite 69) verdeutlicht: HR Manager werden, wenn sie auch nur annähernd Erfolg haben wollen, nicht umhin können, Prioritäten zu setzen. Natürlich wurde die Notwendigkeit erkannt, dass im Hinblick auf die Bedrohung durch die Folgen des demografischen Wandels eigentlich möglichst rasch möglichst viele Hebel gleichzeitig in Bewegung zu setzen sind. Es macht aber keinen Sinn, zu viel auf einmal zu wollen und letztlich nichts zu erreichen.

Grundsatz: Konzentration auf Weniges

HR Manager werden somit recht frühzeitig eine Entscheidung darüber zu treffen haben, mit welcher Aktivität in welchem demografischen Handlungsfeld sie sich hinsichtlich der Situation und der Ziele des eigenen Unternehmens die größte Wirkung im positiven Sinne für ihr Unternehmen erhoffen.

Ein anderes Vorgehen, bei dem versucht würde, nach dem Prinzip ‚alles ist gleich wichtig' in allen Handlungsfeldern gleichzeitig erfolgreich zu sein, ist erfahrungsgemäß meist schon von Anfang an zum Scheitern verurteilt. Hier hilft nur radikaler Pragmatismus: Je nach verfügbaren Ressourcen – insbesondere finanzielle Mittel und Mitarbeiter – sollten die Handlungsfelder und die möglichen Aktivitäten priorisiert werden. Ziel sollte sein, sich im ersten Schritt auf wenige Aktivitäten mit der größtmöglichen zu erwartenden Wirkung zu konzentrieren, ohne der Versuchung zu erliegen, alle Probleme im Multitaskingverfahren erledigen zu wollen. Es würde vermutlich nicht funktionieren!

- **Stärken nutzen:** Ein HR Manager, der für das Demografiemanagement seines Unternehmens Verantwortung übernommen hat, sollte sehr gut über die Stärken und Schwächen seines Unternehmens Bescheid wissen

Grundsatz: Stärken nutzen

71 In einem Wirkungsnetz werden die Zusammenhänge zwischen Erfolg bestimmenden Faktoren dargestellt. In einem solchen Wirkungsmodell können die wichtigsten Steuerungselemente eines mittelständischen Unternehmens und ihre Vernetzung abgebildet werden. Neben den Netzelementen und den Wirkungsbeziehungen sind unterhalb der Elementbezeichnungen die Zustandsdaten erkennbar. Sie dienen bei der Simulation der Modellbewertung und der Entscheidungsvorbereitung (vgl. KHSweb.de: www.vernetzt-denken.de).

und in der Lage sein, sich dieses Wissen im Hinblick auf das Demografiemanagement zunutze zu machen.

Wer für sein Unternehmen rasch Erfolge im Zuge des Demografiemanagements erzielen will, sollte zunächst die Frage nach den besonderen Stärken des Unternehmens in den Vordergrund stellen, von denen man annehmen kann, dass es sich besonders lohnt, diese im Rahmen des Demografiemanagements in die Waagschale zu werfen. Wenn es dann noch gelingen sollte, die Stärken mit den sich aus der Priorisierung ergebenden Aufgaben in Deckung zu bringen, ist ein ganz wichtiger Schritt zur Realisierung erster konkreter Erfolge getan.

In nahezu jeder Organisation mag eine fast reflexartige Fixierung auf die eigenen Schwächen vorherrschen, gepaart mit dem unbedingten Willen, diese Schwächen zu beseitigen. Trotzdem verspricht die Konzentration darauf, zunächst die Stärken zu nutzen, den unmittelbareren und nachhaltigeren Erfolg.

Grundsatz: Vertrauen schaffen

- **Vertrauen schaffen:** Vertrauen ist das, worauf es – wie Malik betont – in letzter Konsequenz ankommt: „Wenn keine Vertrauensbasis vorhanden war, nützten sämtliche Bemühungen um die Unternehmenskultur oder die Motivationslage gar nichts – sie wurde sogar nicht selten ins Gegenteil verkehrt; die Mitarbeiter empfanden diesbezügliche Maßnahmen als unehrlich, als manipulativ und häufig als eine besonders raffinierte Form von Zynismus.“[72] Dass Vertrauen tatsächlich das ist, worauf es letztlich ankommt, gilt sicher in jedem Arbeitsbereich eines Unternehmens oder bei jeder Form des menschlichen Zusammenlebens und -arbeitens.

Wenn wir an den hoch sensiblen Arbeitsbereich eines HR Managers denken, dann wissen wir, dass er chancenlos bleiben wird, wenn es nicht gelingt, eine gesunde Vertrauensbasis zu den Unternehmensmitarbeitern und der Unternehmensleitung sowie zu den im Zuge des Demografiemanagements erforderlichen Partnern aufzubauen.

72 Malik, F.: Führen, Leisten, Leben, S. 135

Grundsatz: Positiv denken

- **Positiv denken:** Es scheint eigentlich schon fast eine Selbstverständlichkeit zu sein, dass die Art und Weise, wie wir an eine Aufgabe herangehen, wesentlichen Einfluss darauf hat, wie offen und kreativ wir diese Aufgabe bearbeiten und ob und wie es uns gelingt, die in dieser Aufgabe aufgeworfenen Fragen einer zufriedenstellenden Lösung zuzuführen.

  Dass wir in den Unternehmen im Sinne eines oberflächlichen „positive thinking" immer häufiger und fast mit einem sarkastischen Unterton immer dann von Chancen und meist von Herausforderungen sprechen, wenn wir eigentlich über Probleme sprechen wollen, hat den Gedanken des positiven Denkens in den vergangenen Jahren leider immer mehr konterkariert. Dies zeigt allerdings nicht, dass es falsch ist, positiv zu denken. Allein die Tatsache, dass es eigentlich allen klar sein müsste, dass negatives Denken an sich schon sehr viel Unheil anrichten kann und wird, sollte uns davon überzeugen, dass positives Denken eine wichtige Grundlage für erfolgreiches Handeln bildet.

  Positiv Denken heißt beispielsweise, dass wir in einer Organisation nicht zuerst die Schwächen suchen, sondern die Stärken hervorkehren. Positives Denken heißt letztlich, immer zuerst nach möglichen Chancen Ausschau zu halten, die es zu nutzen gilt, und auch in scheinbar ausweglosen Situationen negatives Denken zu vermeiden.

  Ein gutes Beispiel dafür, wie wir es eigentlich nicht machen sollten, liefern leider immer wieder unsere Medien: Im Zuge der Bankenkrise werden sie nicht müde, die negativen Begleiterscheinungen nochmals und nochmals zu betonen und bei fast jeder eigentlich positiven Meldung ein Aber hinzuzufügen – wenn es eine positive Meldung überhaupt in die Schlagzeilen schaffen sollte. Dass mit dieser Anhäufung negativer Meldungen bzw. deren Überbetonung, die weit über die sogenannte Berichtspflicht der Medien hinausgeht, unter Umständen erheblich mehr Unheil angerichtet werden kann als durch das eigentliche Ereignis selbst, sollte Warnung genug vor negativem Denken sein und zu mehr positivem Denken motivieren.

Positives Denken und eine gelebte Vertrauenskultur sollten nicht nur zu den Grundprinzipien der Arbeit eines HR Managers gehören, sondern zunehmend dann ins Gewicht fallen, wenn es um die demografische Wettbewerbsfähigkeit der Unternehmen geht. Das zeigen einschlägige Umfragen, aber auch die wachsenden Bemühungen der Unternehmen, hieran intensiv zu arbeiten. Beispielsweise erläutert die HR Managerin Carolin Unger vom Technologiekonzern Rohde & Schwarz in der Zeitschrift Computerwoche, dass jeder Mitarbeiter vom ersten Arbeitstag an Freiräume erhält, um kreative Lösungswege selbst zu finden: „Es ist also eine Portion Eigenverantwortung und Selbständigkeit gefragt“ [73], unterstützt durch ein flexibles Arbeitszeitmodell: „Wir vertrauen unseren Mitarbeitern von Anfang an und bieten daher auch flexible Arbeitszeiten – in unserer Firmenzentrale arbeiten wir mit Gleitzeit und haben keine Kernarbeitszeiten.“ [74]

Managementempfehlung

Als HR Manager sollten Sie sich der Größe der Herkulesaufgabe ‚Demografiemanagement‘ und ihrer Komplexität bewusst sein. Für die Bewältigung ist die strikte Einhaltung von Handlungsgrundsätzen unverzichtbar.

Wer sich als HR Manager des Demografiemanagements annimmt, sollte demnach darauf achten, ...

- mit der Unternehmensleitung diesbezügliche Zielvereinbarungen mit mess- und bewertbaren Zielen zu treffen,
- sein eigenes Handeln in Sachen Demografiemanagement immer wieder aufs Neue zu bewerten,
- Prioritäten zu setzen,
- die Stärken des eigenen Unternehmens herauszustellen und gezielt zu nutzen,
- alles zu unterlassen, was dem wechselseitigen Vertrauen schaden könnte,
- auch in Krisensituationen immer wieder nach neuen Möglichkeiten zu suchen und negatives Denken zu vermeiden.

73 Unger, C.: Der erste Eindruck zählt, in: Computerwoche vom 14.05.2012, 20/12, München 2012, S. 44

74 Ebd., S. 44

Doch was ist unter demografischer Wettbewerbsfähigkeit zu verstehen? Was macht demografische Wettbewerbsfähigkeit aus, die das Unternehmen attraktiv für die eigenen Mitarbeiter macht, aber auch für potenzielle externe Bewerber? Positives Denken und eine bewusst gelebte Vertrauenskultur zählen sicher zu den Merkmalen demografischer Wettbewerbsfähigkeit, was aber noch?

5.2.3 Demografische Wettbewerbsfähigkeit

Was ist Wettbewerbsfähigkeit?

Wettbewerbsfähigkeit – das ist das Schlüsselwort, mit dem man zum Ausdruck bringen will, dass das eigene Unternehmen in der Lage ist, sich unter den am Markt agierenden Wettbewerbern behaupten zu können. Man will damit also unterstreichen, dass man für den potenziellen Kundenkreis interessante und nachgefragte Produkte oder Dienstleistungen anbietet, dass deren Qualität die Kunden zufriedenstellen wird, dass der Preis attraktiv ist etc.

Was ist demografische Wettbewerbsfähigkeit?

In der aktuellen Diskussion um das mehr und mehr schmelzende Potenzial an am Markt verfügbaren Fach- und Führungskräften erfährt nun der Begriff der Wettbewerbsfähigkeit durch das Adjektiv ‚demografisch' eine noch vor wenigen Jahren kaum beachtete neue Dimension: Die sogenannte ‚demografische Wettbewerbsfähigkeit' ist – wenn auch zunächst kaum beachtet – zwischenzeitlich fast unübersehbar in den Mittelpunkt des Interesses der Wirtschaft, d. h. insbesondere der größeren Unternehmen gerückt. Während also für eine Vielzahl größerer Unternehmen die ‚demografische Wettbewerbsfähigkeit' bereits zu einem handlungsleitenden Element geworden ist, fangen viele kleine und mittlere Unternehmen im besten Fall gerade erst an, sich mit den Merkmalen demografischer Wettbewerbsfähigkeit und den daraus an sie selbst erwachsenden Anforderungen bewusster auseinanderzusetzen.

Was sich denn genau hinter dieser neuen Dimension von Wettbewerbsfähigkeit verbergen mag, das können die Vertreter der Unternehmen immer dann etwas genauer erahnen, wenn sie beispielsweise mit jungen Leuten ins Gespräch kommen, die in den nächsten Monaten oder auch in wenigen Jahren als Bewerber in den Arbeitsmarkt eintreten wollen.

So durfte ich im April 2012 Augen- und Ohrenzeuge bei einer Veranstaltung eines Wirtschaftsfördervereins aus dem Großraum Stuttgart sein. Eingeladen waren Unternehmer, um u. a. mit dem Leiter der Arbeitsagentur Stuttgart und auch miteinander das Thema Fachkräftemangel zu diskutieren. Dass so viele Unternehmensvertreter zu diesem Business-Frühstück gekommen waren, mag als Indikator dafür gewertet werden, dass Fachkräftemangel für viele von ihnen kein abstrakter Begriff mehr war und dass sie das Thema bewegte.

Zunächst referierte der Leiter der Stuttgarter Arbeitsagentur sehr sachkundig über die Fachkräfteproblematik in der Region. Dabei war zu spüren, dass viele Zuhörer, überwiegend Eigentümer bzw. Geschäftsführer und leitende Mitarbeiter vor allem kleinerer, aber auch einiger mittlerer Unternehmen sich nicht sonderlich überrascht zeigten über die Aussagen der Arbeitsagentur. Dass der mittlere Neckarraum im Frühjahr des Jahres 2012 in einigen Berufs- und Tätigkeitsfeldern bereits vom Fachkräftemangel betroffen war, schien tatsächlich kaum einen der Anwesenden zu überraschen.

Was macht Unternehmen attraktiv?

Deutlich mehr Nervosität und Unruhe kam allerdings kurze Zeit später während des zweiten – meiner Meinung nach noch interessanteren, weil weit weniger abstrakten – Teils des Vormittags auf. Zwei kurz vor ihren Examina stehende Studierende der Dualen Hochschule Baden-Württemberg[75] legten äußerst authentisch und sprachgewandt ihre Thesen dazu dar, was aus ihrer Sicht ein Unternehmen für Absolventen eines Studiums derart attraktiv macht, dass sie sich tatsächlich auch dort bewerben und sie – bei gegenseitigem Gefallen – dort letztlich einen Arbeitsvertrag unterschreiben, ohne schon in den ersten Wochen zu ‚Frühfluktuierenden' zu werden, weil es das Unternehmen an der erwarteten und notwendigen Betreuung während einer ersten Einarbeitungs- und Integrationsphase hat fehlen lassen.

Getuschel, amüsierte Nervosität und eine spürbare Unruhe im Publikum kamen dann zu genau dem Zeitpunkt auf, als die beiden äußerst gut vorbe-

75 Die Duale Hochschule Baden-Württemberg (DHBW) mit Standorten in zahlreichen Städten des Bundeslandes ging am 01.03.2009 aus der früheren Berufsakademie Baden-Württemberg hervor und hat Hochschulstatus. Mit ihrem Modell des bewährten dualen Studiums ist die DHBW die erste duale, praxisintegrierende Hochschule.

reiteten Studierenden in aller Freundlichkeit, aber unmissverständlich verdeutlichten, was ihrer Ansicht nach bei einem Unternehmen auf jeden Fall „stimmen muss“, damit sie überhaupt dazu bereit wären, sich bei diesem Unternehmen zu bewerben. „Welch ungeheuerlicher Paradigmenwechsel! Hat man doch bisher immer nur geschaut, ob die Bewerber zum Unternehmen passen, so sind es jetzt die Bewerber, die erst einmal prüfen, ob das Unternehmen zum Bewerber passt“, mag da der eine oder andere Zuhörer vielleicht gedacht haben, der sich ziemlich abrupt von der Realität eingeholt sah.

Bewusstsein der Bewerber über ihre neue Rolle auf dem Arbeitsmarkt

Und tatsächlich: Die beiden zukünftigen Bewerber vermittelten während dieses aufschlussreichen Business-Frühstücks den Eindruck, dass sie sich ihrer neuen und gestärkten Rolle als Akteure auf einem sich immer offenkundiger zu einem Arbeitnehmermarkt wandelnden Arbeitsmarkt sehr bewusst sind. Wenn auch ein paar Vertreter der Unternehmen es vielleicht zunächst anders empfanden, so waren die beiden Studierenden an diesem Tag weit davon entfernt, unrealistische oder überzogene Forderungen zu stellen. Und es ist stark zu vermuten, dass sie mit den nachfolgend angeführten eigenen Vorstellungen und Erwartungen dem Meinungsbild ihrer Bewerbergeneration doch recht nahegekommen sind:

- Neben vielen anderen Faktoren hat für die jungen Leute das Image des Unternehmens am Markt und die Branche, in der das Unternehmen agiert, großen Einfluss auf die Bereitschaft, das Unternehmen als potenziellen Arbeitgeber ins Auge zu fassen.
- Ein weiteres wichtiges Auswahlkriterium stellt aus Sicht der beiden Nachwuchskräfte die wirtschaftliche Situation dar, in der sich das Unternehmen befindet – ergänzt um die Frage, ob und wie Informationen zur wirtschaftlichen Situation verfügbar gemacht werden, z. B. via Internet und Social Media.
- Ganz und gar nicht unwichtig schien den beiden Studierenden die Unternehmensphilosophie der Betriebe ihres Interesses zu sein, aus der die ‚Einstellung‘ der jeweiligen Firma zu sozialen und wirtschaftlichen Fragen und zur Unternehmenskultur inklusive der praktizierten ‚Wertschätzung‘ der Mitarbeiter hervorgeht.

- Als weitere bedeutende Attraktivitätsfaktoren nannten die zukünftigen Bewerber einerseits die Zukunftsorientierung mit den damit verbundenen persönlichen Perspektiven, die ihnen ein Unternehmen aufzeigen kann, sowie andererseits die Art und Weise, wie ein Unternehmen seine Mitarbeiter fördert.
- Natürlich spielen die Faktoren Gehalt und Sozialleistungen eine zentrale Rolle bei der Entscheidung für oder gegen einen Arbeitgeber; allerdings – und das unterstrichen beide nur allzu deutlich – wäre es für sie kaum vorstellbar, in einem Unternehmen zu arbeiten, falls u. a. die anderen genannten eher weichen Faktoren nicht annähernd passen sollten.

Erwartungen und Anforderungen der Bewerber an ein Unternehmen

Anschließend sprachen die beiden zukünftigen Fach- und vielleicht auch Führungskräfte darüber, welche Erwartungen sie an den Ablauf eines potenziellen Vorstellungsgesprächs in einem Unternehmen haben (passende räumliche Bedingungen, offene Kommunikation, Informationsmaterial zum Unternehmen …) oder wie sie sich die ersten Monate der neuen Tätigkeit vorstellen (vorbereiteter und adäquater Arbeitsplatz, mentorielle Betreuung …). In diesem Augenblick war die Betroffenheit einiger Teilnehmer förmlich mit Händen zu greifen, und die Unruhe bei den Zuhörern erreichte ihren vorläufigen Höhepunkt: eine Unruhe, die man auch als Ausdruck von Verunsicherung interpretieren könnte und die vielleicht so nicht aufgekommen wäre, wenn die beiden ihr Statement nicht vor Vertretern von überwiegend kleinen und mittelständischen Betrieben, sondern vielleicht vor Personalchefs größerer Unternehmen abgegeben hätten. Vielen der Anwesenden wurde spätestens zu diesem Zeitpunkt bewusst, dass die Realität eines veränderten Arbeitsmarktes auch in ihrer Branche und in ihrer Region bereits Einzug gehalten hat. Besonders stark zur Beunruhigung dürfte die Tatsache beigetragen haben, dass vielen der anwesenden Unternehmensvertreter bewusst zu werden schien, dass sie – ob sie dies wollen oder nicht – bei sich bzw. ihrem Unternehmen Änderungen herbeiführen müssen, damit ihr Unternehmen die nötigen Anforderungen erfüllt, um in Zukunft demografisch wettbewerbsfähig zu sein.

Viele der Anforderungen an potenzielle Arbeitgeber, mit denen die beiden Studierenden zumindest einen Teil der an diesem Tag anwesenden Arbeitgeber gelinde gesagt irritierten, mögen gerade kleinen Unternehmen noch als ‚bedrohlich' erscheinen. Größere bzw. große Unternehmen scheinen es eher als Herausforderung für sich angenommen zu haben, sich auf die wachsenden Anforderungen an ihre demografische Wettbewerbsfähigkeit einzulassen.

Wie Großunternehmen beispielsweise durch den Einsatz von Social Media versuchen, die Aufmerksamkeit junger Nachwuchskräfte auf sich zu lenken, darüber berichtete im April 2012 der Mannheimer Morgen auf seiner Wirtschaftsseite ausführlich.

Einsatz von Social Media zur Rekrutierung von Nachwuchskräften

In dem Zeitungsartikel mit dem Titel *Ein neues Tor zur Karriere* wurde vorgestellt, wie zwei große Unternehmen (ABB und BASF) YouTube, Facebook, Twitter, Xing und Co. zur Rekrutierung insbesondere jüngerer Nachwuchskräfte für sich entdeckt haben und einsetzen: Interessierte können sich unmittelbar über das Unternehmen und aktuelle Entwicklungen im Unternehmen informieren. Sie können sich Stellenausschreibungen anschauen und Detailinformationen in Wort und zum Teil auch in bewegten Bildern erhalten, erste Kontakte knüpfen, Fragen stellen, kommunizieren etc.[76]

Allerdings müssen die Möglichkeiten und neuen Wege, die Social Media den Unternehmen zur Gewinnung neuer Mitarbeiter eröffnet, nicht zwangsläufig nur großen Unternehmen vorbehalten bleiben. Einerseits ist ein qualitativ akzeptabler Auftritt im Internet bzw. bei Facebook und Co. auch für kleinere Unternehmen nicht unerschwinglich teuer (es ist sicher eher das Problem, dass solche Auftritte ‚betreut' werden müssen). Andererseits bieten auch Kammern wie die IHK kleinen Firmen die Gelegenheit, von den Möglichkeiten von Social Media zu profitieren: „Die IHK beispielsweise stellt auf Facebook mit kleinen Firmen verschiedene Berufe vor. Über ihre Online-Lehrstellen-Börse können sowohl Firmen als auch angehende Azubis ihre Profile ins Netz stellen ..."[77]

Demografisch wettbewerbsfähig zu sein heißt natürlich sehr viel mehr, als sich durch einen attraktiven Auftritt im Web ein modernes Erscheinungs-

76 Vgl. Ein neues Tor zur Karriere, in: Mannheimer Morgen vom 23.04.2012, Mannheim 2012, S. 4

77 Ebd.

bild zu geben oder zu verdeutlichen bzw. den Anschein zu wecken, dass die Nutzung von Facebook, Twitter und Co. eigentlich selbstverständlich ist. Der offensive Umgang mit Social Media stellt nur eines von vielen Werkzeugen dar, die heute einem Unternehmen und dessen Personalmanagement zur Verfügung stehen, um die demografische Wettbewerbsfähigkeit des Unternehmens zu sichern.

Vor dem Hintergrund des immer deutlicher werdenden demografischen Wandels wird die demografische Wettbewerbsfähigkeit der Unternehmen immer stärker zu einer Grundvoraussetzung für deren Wettbewerbsfähigkeit schlechthin: Stehen dem einzelnen Unternehmen zukünftig noch genügend kompetente Mitarbeiter zur Verfügung, um den Anforderungen des Marktes, der Kunden und den eigenen wirtschaftlichen Zielen gerecht werden zu können? Verfolgen die Unternehmen die richtigen Ziele mit der erforderlichen Intensität, damit sie nicht in den kommenden Jahren aufgrund eines Mangels an qualifizierten Fach- und Führungskräften in ihrem Wachstum gebremst werden oder gar wirtschaftlich scheitern? Die demografische Wettbewerbsfähigkeit eines Unternehmens hängt je nach Branche, Standort, Zielsetzung etc. von unterschiedlichen Faktoren mit unterschiedlicher Intensität ab. Allerdings wird sich demografische Wettbewerbsfähig ganz sicher daran bemessen lassen, ob und wie sich das Unternehmen in den genannten einzelnen demografischen Handlungsfeldern engagiert.

Managementempfehlung

Wenn Sie um die Stärkung der demografischen Wettbewerbsfähigkeit Ihres Unternehmens bemüht sind, sollten Sie die besondere Bedeutung einer Unternehmenskultur kennen, die sich um die verborgenen Potenziale offensiv bemüht.

Sie werden sich um die demografische Wettbewerbsfähigkeit Ihres Unternehmens mittelfristig nicht sorgen müssen, wenn Sie ernsthafte und glaubhafte Anstrengungen unternehmen und sich zuallererst um das im eigenen Haus vorhandene Potenzial an talentierten Nachwuchskräften durch Erkunden, Werben, Motivieren, Analysieren, Überzeugen und Wertschätzen kümmern.

5.2.4 Demografische Wettbewerbsfähigkeit nach außen und innen

Ergebnisse des Trendence Graduate Barometer

Auf großes Interesse der Unternehmen stoßen mittlerweile Befragungen wie das Trendence Graduate Barometer, bei dem die Top-Arbeitgeber ermittelt werden und dessen Ergebnisse jährlich u. a. auch im Internet[78] für jedermann zugänglich veröffentlicht werden.

An der jüngsten, im Jahr 2013 erschienenen und jährlich durchgeführten Studie mit den Editionen Business, Engineering, IT und Law, haben sich insgesamt über 37.000 examensnahe Studierende beteiligt[79], mit dem Ergebnis, dass das neue Gesamtranking der Top-Arbeitgeber von großen Automobilkonzernen angeführt wird[80]. Wohlgemerkt: Hierbei wurden nicht die Mitarbeiter der Unternehmen befragt, sondern es steuerten ausschließlich Externe ihre Außensicht auf einen Arbeitgeber zur Befragung bei. Auch wenn die Ergebnisse solcher Befragungen durchaus einen gewissen Wert für die Selbsteinschätzung der Unternehmen haben dürften, so zeigen sie doch nur eine Seite der Medaille. Gerade die große Aufmerksamkeit, mit der zahlreiche Unternehmen diese Befragungen verfolgen, birgt die Gefahr in sich, dass das Interesse eben zu sehr auf die demografische Wettbewerbsfähigkeit nach außen gelenkt wird.

Auch wenn es durchaus verständlich sein mag, dass die Unternehmen wissen wollen, ob sie als Arbeitgeber noch attraktiv genug sind, die besten Talente ihrer Branche als Nachwuchskräfte anzuziehen, dürfen die Bemühungen um die Attraktivität nach außen nicht dazu führen, dass das Potenzial an Talenten im eigenen Unternehmen vernachlässigt wird.

Gerade das sich verstärkende Buhlen der Unternehmen um neue Mitarbeiter sollte doch den Unternehmen so weit zu denken geben, dass sie sich der bereits vorhanden Fach- und Führungskräfte eigentlich nur sehr bedingt sicher sein können und dass sie gezwungen sind, ihre demografische Wett-

78 Vgl. trendence Institut GmbH (Hrsg.): trendence Graduate Barometer, www.deutschlands100.de/deutschlands-100/trendence-graduate-barometer.html

79 Vgl. ebd.

80 Vgl. trendence Institut GmbH (Hrsg.): Top-Arbeitgeber Business, www.deutschlands100.de/top-arbeitgeber/ranking-business.html

bewerbsfähigkeit auch nach innen so weiterzuentwickeln, dass dadurch die Mitarbeiterbindung an das Unternehmen unterstützt und möglichst auch gesteigert werden kann.

Ergebnisse einer Gallup-Studie

Dass mehr Engagement der Unternehmen besonders in den genannten Bereichen nottut, darauf weist auch eine im März 2012 veröffentlichte Gallup-Studie[81] hin, in der es heißt: „Jeder vierte Beschäftigte hat innerlich gekündigt – Führungskräfte in der Pflicht: Gehalt und Aufgabe sind nicht maßgeblich für die emotionale Mitarbeiterbindung.“[82] Genauer ist da als Ergebnis des Gallup Engagement Index 2011 nachzulesen, dass …

- 23 % der Beschäftigten bereits innerlich gekündigt haben,
- 63 % Dienst nach Vorschrift machen,
- lediglich 14 % der Arbeitnehmer über eine hohe emotionale Bindung an ihren Arbeitgeber verfügen und bereit sind, sich freiwillig für dessen Ziele einzusetzen.

Wie die Studie weiter belegt, liegen die Ursachen für die mangelnde emotionale Bindung der Mitarbeiter überwiegend nicht in der eigentlichen Arbeit begründet (hier zeigen sich 9 von 10 Angestellten zufrieden) oder aber in der für diese Tätigkeit gezahlten Vergütung (58 % der Beschäftigten sahen sich adäquat bezahlt). Das zeigt einmal mehr, wie wichtig es ist, den richtigen Arbeitgeber herauszufiltern, mit dem man auch längerfristig glücklich ist.

Die Quote der Beschäftigten mit hoher emotionaler Bindung verharrt seit vielen Jahren auf einem relativ niedrigen Niveau, während – unabhängig von konjunkturellen Schwankungen – die Quote der Menschen, die bereits innerlich gekündigt haben, sogar leicht angestiegen ist. Das lässt den Schluss zu, dass wir es mit einer in der Personalführung liegenden Ursache zu tun haben, wie Marco Nink von Gallup unterstreicht: „Vielmehr sind

81 Vgl. Gallup GmbH (Hrsg.): Gallup Engagement Index 2011, Berlin 2012 (www.gallup.com/strategicconsulting/158183/präsentation-zum-gallup-engagement-index-2011.aspx)

82 Gallup GmbH (Hrsg.): Pressemitteilung anlässlich der Veröffentlichung des Gallup Engagement Index 2011, Berlin 2012 (http://hamburger-coachingcontor.de/cms/wp-content/uploads/2012/06/Pressemitteilung-zum-Gallup-Engagement-Index-2011.pdf)

die Ursachen für den relativ geringen Anteil emotional hoch gebundener Arbeitnehmer in Deutschland hausgemacht und gehen auf Defizite in der Personalführung zurück."[83]

Das ist ein Problem oder besser eine Herausforderung, die sich, falls sie nicht alsbald mit wirksamen Gegenstrategien angegangen wird, in Zeiten eines sich verschärfenden demografischen Wandels noch besonders fatal auf einen Teil der Unternehmen auswirken könnte.

Um Missverständnissen vorzubeugen: Es ist für Unternehmen ein unbestreitbar großer Vorteil im Wettbewerb um zukünftige High Potentials, um die zukünftigen Fach- und Führungskräfte also, bei Umfragen immer wieder unter den Top 100 oder gar Top 10 der beliebtesten Arbeitgeber genannt zu werden. Die Ergebnisse seriöser Umfragen können gute Indikatoren dafür liefern, wie es mit dem Image der Branche bestellt ist, in der das Unternehmen tätig ist, aber insbesondere darüber, über welches Image das Unternehmen selbst verfügt.

Positives Image nach außen nicht ausreichend

Auch lässt sich nicht leugnen, dass ein positives Image eines Unternehmens in einer breiteren Öffentlichkeit wiederum positive Rückwirkungen auf die Menschen hat, die an unterschiedlichen Positionen im Unternehmen zu diesem Erfolg beitragen: Dies macht stolz auf sich und das eigene Unternehmen und stärkt letztlich die Verbundenheit mit dem Unternehmen erheblich. Ein positives Image nach außen stellt somit eine wichtige Grundlage für eine positive Signalwirkung auch nach innen dar. Aber gerade dieses positive Image nach außen bringt die Verpflichtung des Unternehmens mit sich, diesem Image als guter Arbeitgeber auch nach innen besonders gerecht zu werden.

Was ein gutes Image in diesem Sinne wirklich wert ist, entscheidet sich meiner festen Überzeugung nach beispielsweise daran, ob es gelingt, die bereits mehrfach erwähnten Rohdiamanten im eigenen Unternehmen aufzuspüren, sie auf dem Weg zur Fach- und Führungskraft zu begleiten und zu unterstützen sowie sie im positiven Sinne an das Unternehmen zu binden.

83 Gallup GmbH (Hrsg.): Pressemitteilung anlässlich der Veröffentlichung des Gallup Engagement Index 2011

Managementempfehlung

Wenn Sie sich als Personalverantwortlicher um die Potenziale im eigenen Unternehmen bemühen, sollten Sie wissen, dass Sie damit auch gleichzeitig ein deutliches Signal des Vertrauens und der besonderen Wertschätzung an alle Mitarbeiter aussenden.

Gehen Sie dabei mit der entsprechenden Sensibilität – verbunden mit der gebotenen Kommunikationsstrategie – vor, leisten Sie damit jenseits der Suche nach den dringend benötigten Rohdiamanten einen gewichtigen Beitrag zur Verstärkung der Bindung aller für das Unternehmen tätigen Menschen – positives Denken und gelebte Vertrauenskultur eingeschlossen.

5.3 Das eigene Unternehmen als ‚Diamantenmine'

Genau genommen gibt es somit mehrere gute Gründe, warum der Prozess Erkunden, Werben, Motivieren, Analysieren, Überzeugen und Wertschätzen im Hinblick auf die eigenen verborgenen Potenziale, auf die Rohdiamanten im eigenen Unternehmen also, einer der wichtigsten Meilensteine mit zu vermutenden großen Nachhaltigkeitseffekten auf die demografische Wettbewerbsfähigkeit des Unternehmens sein dürfte.

Aufspüren und Weiterentwicklung der Potenziale im eigenen Unternehmen

Das ernsthafte Bemühen um das Aufspüren und die Weiterentwicklung der Potenziale im eigenen Unternehmen kann als ein solch besonders wichtiger Meilenstein auf dem Weg zur Sicherung der demografischen Wettbewerbsfähigkeit des Unternehmens bezeichnet werden. Das lässt sich u. a. wie folgt begründen:

- Allein schon die Tatsache, dass ein Unternehmen deutlich macht, dass es innerhalb der Mitarbeiterschaft noch ein umfängliches Reservoir an talentierten Fach- und Führungskräften vermutet, kann erheblich dazu beitragen, dass das so wichtige subjektive Empfinden der Wertschätzung bei jedem einzelnen Mitarbeiter wächst. Dadurch wird gleichzeitig das so dringend benötigte positive Denken im Unternehmen gezielt gefördert.

- Wenn das Konzept, mit dem das Unternehmen Talente für spätere Fach- und Führungsaufgaben gewinnen will, ansprechend und für alle transparent sowie in Form einer offenen und zugleich offensiven Unternehmenskommunikation verbreitet wird, birgt dieser Ansatz zusätzlich die große Chance in sich, einen Beitrag zu einem Klima des Vertrauens zu leisten.
- Wenn die Unternehmensleitung und das HR Management nach innen zeigen, dass sie überzeugt sind, dass bei vielen Mitarbeitern große Stärken vorhanden sind, die sie auch bereit sind, für das Unternehmen zu nutzen, stärkt dies mit großer Sicherheit das Selbstbewusstsein und die Motivation eines Großteils der Menschen, die im Unternehmen arbeiten.
- Dieser Ansatz kann zumindest einen Einstiegspunkt für ein fundiertes strategisches Demografiemanagement aufzeigen und helfen, unternehmensspezifische Wege für das weitere Demografiemanagement vorzuzeichnen. Es könnte sich aus diesem Ansatz heraus im Sinne einer Konzentration auf Prioritäten entwickeln und schließt letztlich sukzessiv alle für das Unternehmen relevanten demografischen Handlungsfelder ein.
- Ein Unternehmen, in dem eine Kultur gelebt wird, in der man sich zunächst einmal um die Talente im eigenen Haus bemüht, bevor Möglichkeiten wie externes Recruiting ins Auge gefasst werden, wird seinem Ruf als guter Arbeitgeber einen positiven Schub verleihen. Dieser wird – allein schon aufgrund der üblichen Mundpropaganda aus dem Betrieb heraus – in der Regel recht bald auch von außen spürbar sein.

Angesichts der demografischen Entwicklung hat also bei den Unternehmen eine Trendwende eingesetzt: Immer mehr Unternehmen versuchen, ihren Fach- und Führungskräftenachwuchs aus den eigenen Reihen zu rekrutieren. Diese Entwicklung lässt sicher hoffen. Da das Potenzial der am freien Stellenmarkt verfügbaren Fach- und Führungskräfte immer weiter schwindet, sollten sich die Unternehmen eigentlich bewusst sein, dass sie hinsichtlich der Rohdiamantengewinnung keine Zeit mehr zu verlieren haben. Denn es wäre fatal, den Zeitfaktor zu unterschätzen, der erforderlich ist, um Nachwuchskräfte zu entdecken, zu entwickeln, zu integrieren etc.

Managementempfehlung

Seien Sie eindringlich vor einem Trugschluss gewarnt: Die Aufgabe, für das Unternehmen benötigte High Potentials zu sichern, mag sich zwar jetzt noch je nach Bedarfslage ad hoc lösen lassen – in Zukunft wird sich das aber ändern.

Dem Problem des demografiebedingt schwindenden Potenzials an qualifizierten Nachwuchskräften kann ohne durchdachtes strategisches Handeln kaum begegnet werden. Dieses sollte auf eine mittel- bis langfristige Sicherung des Fach- und Führungskräftepotenzials zielen. Ansonsten nimmt man die für das Unternehmen große Gefahr in Kauf, sich im Laufe der nächsten Jahre großen Risiken auszusetzen, durch die die grundlegende Wettbewerbsfähigkeit infrage gestellt werden könnte.

Natürlich erscheinen sogenannte externe Lösungen auf den ersten Blick oft verlockend. Letztlich bieten sie aber zunehmend immer weniger die Garantie dafür, dass zu dem Zeitpunkt, zu dem bestimmte Fach- und Führungskräfte benötigt werden, diese dem Unternehmen auch tatsächlich zur Verfügung stehen werden – und wenn, dann oft zu immer höheren Preisen! Der Stellenmarkt wandelt sich nun einmal zunehmend von einem Arbeitgebermarkt zu einem Bewerber-/Arbeitnehmermarkt.

Verfügbarkeit externer Fach- und Führungskräfte nicht gewährleistet

Es ist gefährlich, sich allzu sehr auf die Verfügbarkeit externer Fach- und Führungskräfte zu verlassen. Um diese Warnung zu unterstreichen und um das akute demografische Risiko zu verdeutlichen, will ich auf Grundlage einer Statistik der Bundesagentur für Arbeit auf drei Beispiele für Berufs- und Tätigkeitsfelder hinweisen. Sie lassen bereits heute erahnen, welche Bedeutung der Fachkräftesicherung zukommt und wie sich Fachkräftemangel entwickeln kann.

Auch wenn die Bundesagentur für Arbeit, immer wieder betont, dass wir noch keinen flächendeckenden Fachkräftemangel verzeichnen können (wobei sie sicher Recht hat, wenn die Betonung auf dem Wort flächendeckend liegt): Schon seit einiger Zeit ist hier etwas in Bewegung – wie bereits ausführlich dargelegt wurde –, das unserer vollen Aufmerksamkeit bedarf und alle Anstrengungen wert ist, den sich verstärkenden demografiebedingten Engpässen am Arbeitsmarkt entgegenzuwirken.

Phänomen: weniger Bewerbungen

Trotz dieses noch nicht flächendeckenden Fachkräftemangels spricht auch die Bundesagentur für Arbeit gegenwärtig zunehmend von Wahrnehmungen, die auf einen sich weiter zu einem Bewerber-/Arbeitnehmermarkt entwickelnden Arbeitsmarkt hindeuten. So gibt es in Branchen und Berufszweigen, in denen noch genügend Bewerber zur Verfügungen stehen, folgendes Phänomen: Den Arbeitgebern fällt auf, dass sie zwar immer noch weit mehr Bewerbungen erhalten, als sie eigentlich benötigen, dass aber die Anzahl der Bewerbungen für eine ausgeschriebene Stelle spürbar zurückgegangen ist.

Berufs- und Tätigkeitsfelder mit beginnendem Fachkräftemangel

Eine differenziertere Betrachtungsweise aus Sicht einzelner spezieller Branchen bzw. Berufs- und Tätigkeitsfelder führt dazu, das Thema Fachkräftemangel erheblich plastischer wahrzunehmen. So lässt sich der Fachkräftemangel laut Bundesagentur für Arbeit beispielsweise schon in der Maschinen- und Fahrzeugtechnik, in der Informatik und Softwareentwicklung, in der Humanmedizin oder auch in der Altenpflege nicht mehr verbergen.

Dabei legt die Bundesagentur für Arbeit als Indikator für Fachkräftemangel in definierten Berufs- und Tätigkeitsfeldern die durchschnittliche Vakanzzeit zugrunde, d. h. die Zeit, die zwischen Ausschreibung und Besetzung einer Stelle vergeht, sowie das Verhältnis der Zahl der arbeitslos gemeldeten Menschen zu den gemeldeten offenen Stellen.

Beispiel: Maschinen- und Fahrzeugtechnik

So liefert die nachfolgende Übersichtsgrafik für das Beispiel der Maschinen- und Fahrzeugtechnik einen eindrucksvollen Beleg dafür, dass in fast allen westlichen Bundesländern schon heute Fachkräftemangel in spezifischen Berufsfeldern besteht und die Unternehmen nicht erst in der Zukunft ereilen könnte. In der Wirklichkeit des Jahres 2012 sind es lediglich die Länder Berlin, Brandenburg und Mecklenburg-Vorpommern, in denen noch keine Engpässe festgestellt werden. Während Sachsen-Anhalt, Sachsen, Schleswig-Holstein und Thüringen erste Anzeichen eines enger werdenden Arbeitsmarkts erkennen lassen, ist Fachkräftemangel in der Maschinen- und Fahrzeugtechnik in allen anderen Bundesländern nicht mehr wegzudiskutieren.

Abbildung 2: Fachkräftemangel in der Maschinen- und Fahrzeugtechnik

Erläuterung:

- ■ Fachkräftemangel (Vakanzzeit liegt mindestens 40 % über dem Bundesdurchschnitt aller Berufe und es gibt weniger als 150 Arbeitslose je 100 gemeldete Stellen oder es gibt weniger Arbeitslose als gemeldete Stellen)
- ■ Anzeichen für Fachkräfteengpässe (Vakanzzeit ist über dem Bundesdurchschnitt aller Berufe und es gibt weniger als 300 Arbeitslose je 100 gemeldete Stellen)
- ■ keine Engpässe (Vakanzzeit ist unter dem Bundesdurchschnitt aller Berufe oder es gibt mehr als 300 Arbeitslose je 100 gemeldete Stellen)
- □ keine Daten aufgrund kleiner Größenordnungen

Nach Daten von: Bundesagentur für Arbeit: Fachkräfteengpässe in Deutschland, Analyse Juni 2012, http://statistik.arbeitsagentur.de/Statischer-Content/Arbeitsmarktberichte/Berichte-Broschueren/Arbeitsmarkt/Generische-Publikationen/BA-FK-Engpassanalyse-2012-06.pdf, Nürnberg 2012; Karte: eigene Darstellung

Die IT-Branche, die seit Jahren immer wieder und fast durchgehend den Fachkräftemangel beklagte, liefert – mit der gleichen Tendenz – ein etwas uneinheitlicheres Bild. Die permanente Nachfrage nach Fachkräften in der IT-Branche wurde lediglich kurzfristig nach dem Platzen der sogenannten Internetblase vor etwas mehr als zehn Jahren unterbrochen, als alle glaubten, der Hype in der Informationstechnologie sei nun endgültig vorüber und es zöge ‚Normalität' auf dem IT-Arbeitsmarkt ein.

Beispiel: IT-Branche

Aber auch diese Prognosen hielten der Realität des 21. Jahrhunderts nicht stand: Die dennoch weiter rasante technologische Entwicklung in der IT-Industrie, die explosionsartige Zunahme der Zahl der Internetnutzer, der dramatische Bedeutungszuwachs von Social Media für unser Privat- und Berufsleben, der sich zurzeit eher noch beschleunigt als verlangsamt, etc. machten rasch deutlich, dass der Bedarf an IT-Fachkräften nach der Delle vor ca. 10 Jahren rasch wieder zunehmen sollte.

Dieser Entwicklung trägt letztlich auch die nächste Grafik Rechnung. Ihr ist zu entnehmen, dass lediglich in den Ländern Berlin und Brandenburg Fachkräftemangel in der IT-Branche noch kein Thema zu sein scheint. In Baden-Württemberg, Bayern, Mecklenburg-Vorpommern und Nordrhein-Westfalen hingegen ist Fachkräftemangel festzustellen. Insgesamt wächst die Anspannung am Arbeitsmarkt in allen anderen Bundesländern fühlbar.

Abbildung 3: Fachkräftemangel in der Informatik und Softwareentwicklung

Erläuterung:

- ■ Fachkräftemangel (Vakanzzeit liegt mindestens 40 % über dem Bundesdurchschnitt aller Berufe und es gibt weniger als 150 Arbeitslose je 100 gemeldete Stellen oder es gibt weniger Arbeitslose als gemeldete Stellen)
- ■ Anzeichen für Fachkräfteengpässe (Vakanzzeit ist über dem Bundesdurchschnitt aller Berufe und es gibt weniger als 300 Arbeitslose je 100 gemeldete Stellen)
- ■ keine Engpässe (Vakanzzeit ist unter dem Bundesdurchschnitt aller Berufe oder es gibt mehr als 300 Arbeitslose je 100 gemeldete Stellen)
- □ keine Daten aufgrund kleiner Größenordnungen

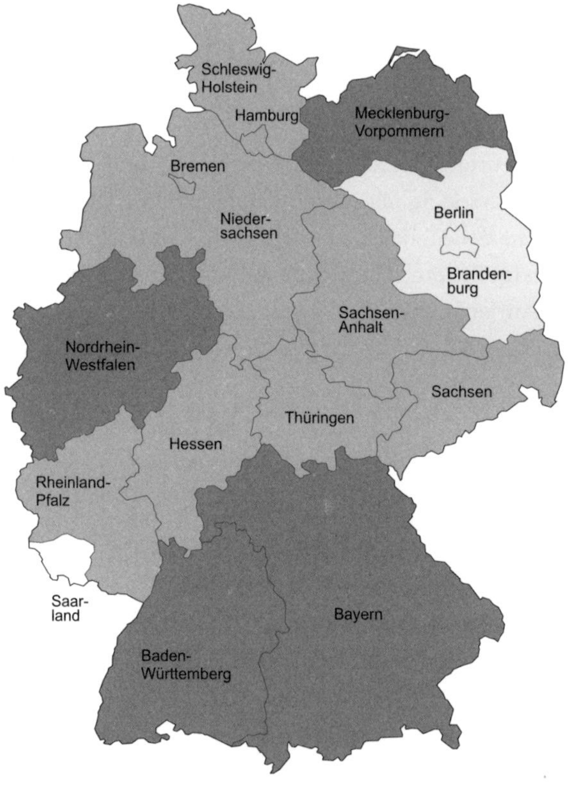

Nach Daten von: Bundesagentur für Arbeit: Fachkräfteengpässe in Deutschland, Analyse Juni 2012, http://statistik.arbeitsagentur.de/Statischer-Content/Arbeitsmarktberichte/Berichte-Broschueren/Arbeitsmarkt/Generische-Publikationen/BA-FK-Engpassanalyse-2012-06.pdf, Nürnberg 2012; Karte: eigene Darstellung

Beispiel: Gesundheits- und Pflegeberufe

Wenn heutzutage von Fachkräfteengpässen in spezifischen Branchen und Arbeitsfeldern die Rede ist, so darf das hier als drittes und letztes Beispiel genannte Arbeitsfeld der Gesundheits- und Pflegeberufe nicht vergessen werden: Nicht nur bei den Ärzten, auch bei den nichtakademischen Gesundheitsberufen in der Gesundheits- und Krankenpflege, aber auch in der Altenpflege sehen wir uns mit einem eher bedrohlichen Szenario konfrontiert. In allen drei Berufs- und Tätigkeitsfeldern überwiegen deutlich die dunklen Farbtöne, die auf Fachkräftemangel hinweisen sollen. Am bedrohlichsten scheint dabei die Situation in der Altenpflege: So schlägt gerade im Arbeitsfeld der Pflege älterer hilfsbedürftiger Menschen der demografische Wandel gleich mehrfach zu Buche: Einmal natürlich durch den demografisch bedingten Rückgang an jungen qualifizierten Fachkräften, zum anderen aber auch durch zu geringe Ausbildungskapazitäten und durch die Tatsache, dass viele, die sich für einen Beruf in der Altenpflege interessieren, oft zusätzlich durch wenig familienfreundliche Arbeitsbedingungen oder auch durch die wenig attraktiven Verdienstmöglichkeiten vor einem Engagement in diesem Bereich zurückschrecken. Viele Faktoren also, die bisher ihren Beitrag zu der zunehmend desolater werdenden Situation in der Altenpflege geleistet haben! Ein anderer, eher systemischer Grund liegt darin, dass kaum ein anderes Berufsfeld so stark durch einen Zuwachs an ‚Neukunden‘ vom demografischen Wandel profitiert. Unsere Gesellschaft altert immer weiter, d. h., immer weniger junge Menschen rücken nach und gleichzeitig steigt durch den medizinischen Fortschritt die durchschnittliche Lebenserwartung der Menschen weiter an. Diese Tatsache wirkt sich naturgemäß unmittelbar auf die Bedarfslage im Berufsfeld Altenpflege aus.

Abbildung 4: Fachkräftemangel in der Altenpflege

Erläuterung:

- Fachkräftemangel (Vakanzzeit liegt mindestens 40 % über dem Bundesdurchschnitt aller Berufe und es gibt weniger als 150 Arbeitslose je 100 gemeldete Stellen oder es gibt weniger Arbeitslose als gemeldete Stellen)
- Anzeichen für Fachkräfteengpässe (Vakanzzeit ist über dem Bundesdurchschnitt aller Berufe und es gibt weniger als 300 Arbeitslose je 100 gemeldete Stellen)
- keine Engpässe (Vakanzzeit ist unter dem Bundesdurchschnitt aller Berufe oder es gibt mehr als 300 Arbeitslose je 100 gemeldete Stellen)

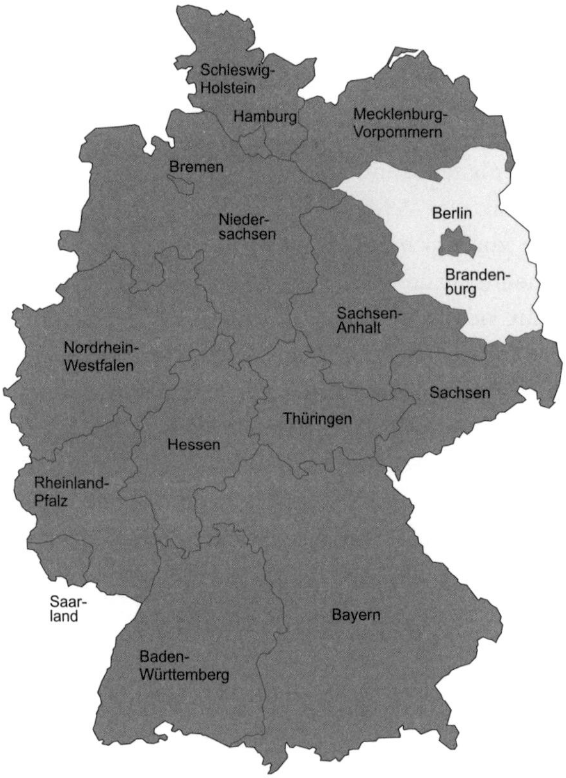

Nach Daten von: Bundesagentur für Arbeit: Fachkräfteengpässe in Deutschland, Analyse Juni 2012, http://statistik.arbeitsagentur.de/Statischer-Content/Arbeitsmarktberichte/Berichte-Broschueren/Arbeitsmarkt/Generische-Publikationen/BA-FK-Engpassanalyse-2012-06.pdf, Nürnberg 2012; Karte: eigene Darstellung

Alle drei Beispiele geben sicher keine neuen oder gar völlig überraschenden Erkenntnisse wieder. Die Beispiele aus dem Ingenieurbereich, aus der Informationstechnologie und aus dem Gesundheitswesen sollen vielmehr anschaulich machen, dass die Diskussion um Fachkräftesicherung längst das Stadium der theoretischen Abstraktheit verlassen hat. Außerdem sollen sie die Warnung davor unterstreichen, sich im Zuge der spürbarer werdenden demografischen Verknappung allzu sehr auf die Verfügbarkeit von Fach- und Führungskräften außerhalb des eigenen Unternehmens bzw. der eigenen Organisation zu verlassen. Und schließlich sollen die Beispiele veranlassen, sich die ernsthafte Frage zu stellen: Wie demografiefest ist mein Unternehmen?

Die angesprochenen Erhebungen der Bundesagentur zeigen eindrucksvoll, für welche Branchen und Tätigkeitsfelder wir in welchen Regionen bereits von aufkommendem oder gar erreichtem Fachkräftemangel sprechen können. Das sagt natürlich nur bedingt etwas über die konkrete demografische Situation eines einzelnen Unternehmens aus.

Onlinetool Demografierechner

Vielleicht reicht der Blick mit den Augen der Bundesagentur für Arbeit auf die Entwicklung des Fachkräftepotenzials in der Gegenwart und für die unmittelbare Zukunft als Motivation noch nicht genügend dafür aus, sich ernsthafte Gedanken darüber zu machen, im eigenen Unternehmen systematisch nach Rohdiamanten Ausschau zu halten, die zu späteren Fach- und Führungskräften entwickelt werden können. Dann kommt ein Angebot wie das der Industrie- und Handelskammern gerade recht: So machen zwischenzeitlich immer mehr IHKs auf ihr neues Onlinetool mit dem Namen Demografierechner aufmerksam. Ein Beispiel ist das Onlinetool für die Region Osnabrück, Emsland und Grafschaft Bentheim, zu erreichen über: www.osnabrueck.ihk24.de/standortpolitik/Arbeitsmarkt/Generation_Erfahrung/400608/Demografie_Rechner.html

Es kann kostenlos aus dem Internet heruntergeladen werden und soll Unternehmen Aufschluss darüber geben, wie fit sie für den demografischen Wandel tatsächlich sind, wie die IHK Osnabrück – Emsland – Grafschaft Bentheim betont. Zu diesem Zweck ermöglicht der Demografierechner …

- eine betriebliche Altersstrukturanalyse des Unternehmens inklusive eines Ausblicks auf die Entwicklung der Personalstruktur in den kommenden Jahren,
- einen Wettbewerbsvergleich, der zeigen soll, wie sich die Altersstruktur der Mitarbeiter des Unternehmens im Vergleich zur Branche darstellt, in der das Unternehmen agiert,
- einen regionalen Fachkräfte-Check, der zeigt, in welchen Tätigkeitsfeldern die Neubesetzung von Stellen für Fachkräfte in absehbarer Zeit problematisch werden könnte. [84]

Aber natürlich bietet nicht nur diese IHK ihren Unternehmen einen Demografierechner an. Im Internet unter dem Suchbegriff ‚Demografierechner' oder auch ‚IHK Demografierechner' finden sich zahlreiche regionale Demografierechner einzelner IHKs oder auch solche, die als Gemeinschaftswerk der Industrie- und Handelskammern eines Bundeslandes entstanden sind, wie in Bayern: www.ihk-demografierechner-bayern.de/index_.php

Alle Demografierechner der IHKs stellen insbesondere ein Unterstützungsangebot für kleinere Unternehmen dar und können ohne besonderes Vorwissen intuitiv bedient werden. Sie führen recht schnell zu demografischen Trendaussagen für das jeweilige Unternehmen und dienen hauptsächlich dem Ziel, die Unternehmen für die Herausforderungen des demografischen Wandels zu sensibilisieren und ihnen die unmittelbaren Folgen des demografischen Wandels für sich selbst aufzuzeigen.

84 Vgl. Industrie- und Handelskammer Osnabrück-Emsland-Grafschaft Bentheim (Hrsg): Demografie-Rechner Niedersachsen, www.osnabrueck.ihk24.de/standortpolitik/Arbeitsmarkt/Generation_Erfahrung/400608/Demografie_Rechner.html;jsessionid=20395F6C2B6C2BD12A62C69B1886AD39.repl22, Osnabrück 2012

Gerade um die demografische Selbstreflexion der Unternehmen zu fördern, haben sich die Industrie- und Handelskammern in der jüngeren Vergangenheit intensiv darum bemüht, die Unternehmen auf die angebotenen regionalen Demografierechner aufmerksam zu machen und zu deren Nutzung zu animieren. Das kann natürlich auch als weiterer Hinweise dafür angesehen werden, dass die Diskussion um die Fachkräftesicherung längst die Ebene des Abstrakten verlassen hat und – wenn auch zunächst ‚heimlich, still und leise' – bereits Bestandteil des betrieblichen Alltags geworden ist.

Es bleibt also dabei: Als erster und sinnvollster Schritt in ein zukunftsorientiertes und Erfolg versprechendes strategisches Demografiemanagement bietet es sich an, sich so frühzeitig wie irgend möglich um die noch im Verborgenen schlummernden Potenziale im eigenen betrieblichen Umfeld zu kümmern und dem Gesamtprozess der Potenzialerschließung (bestehend aus den Meilensteinen Erkunden, Werben, Motivieren, Analysieren, Überzeugen und Wertschätzen) im Unternehmen eine besonders hohe Priorität zu verleihen.

5.4 Potenzialerschließung und die zentralen Aufgaben des HR Managements

Der demografische Wandel verändert so manches. So wird sich in vielen Fällen auch die Rolle des HR Managers spürbar wandeln, da er mit hoher Wahrscheinlichkeit öfter und immer intensiver strategische Aufgaben zur mittel- bis langfristigen Sicherung des Fach- und Führungskräftepotenzials in den Mittelpunkt seines Tuns wird stellen müssen.

Potenzialerschließung als erster Schritt in nachhaltiges Demografiemanagement ist an sich schon eine gewaltige Aufgabe, die die volle Kraft und Aufmerksamkeit aller Akteure fordert. Wer ist nun aber für die so wichtige Aufgabe der Potenzialerschließung im Unternehmen zuständig? Das war eine Frage, die auch im Rahmen der Studie *Digging for Diamonds* auf besonderes Interesse stieß.

Abbildung 5: Wer ist für die Potenzialerschließung zuständig?

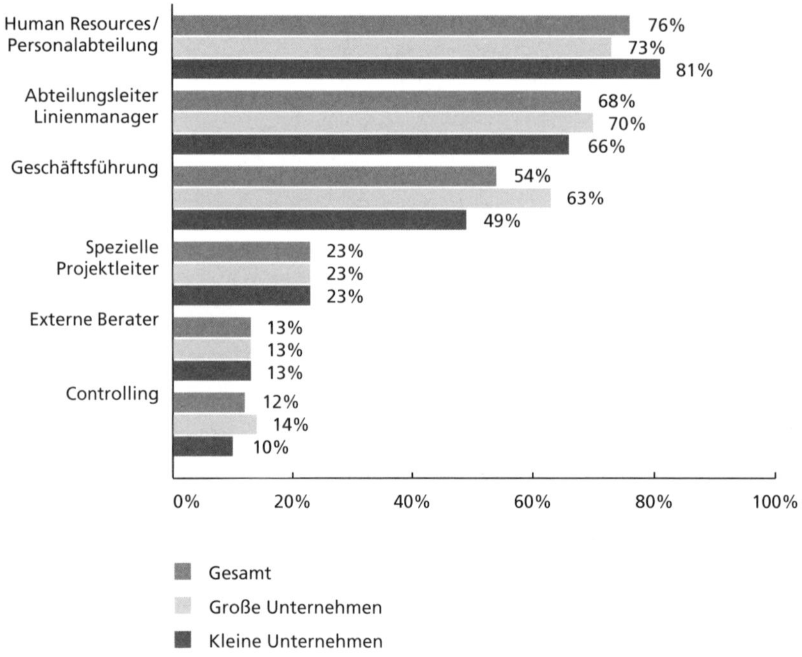

Nach Daten von: Atoss Software AG u. DEKRA Akademie GmbH (Hrsg.): Digging for Diamonds, Verborgene Potenziale im Unternehmen heben – Status quo und Ausblick, München und Stuttgart 2008

Natürlich wird immer wieder – wie auch in der Studie *Digging for Diamonds* – überwiegend das HR Management als der für die Potenzialerschließung verantwortliche Bereich genannt. Selbstredend ist Potenzialerschließung aber nicht nur eine Aufgabe des HR Managements, sondern für das gesamte Unternehmen, insbesondere für die Unternehmensleitung bzw. alle Führungskräfte, die sich im Zusammenwirken mit dem HR Management dieser Herausforderung zu stellen haben.

Dem HR Management fällt dabei im Zusammenhang mit dem Prozess der Potenzialerschließung im eigenen Unternehmen einerseits eine zentrale steuernde und sogenannte ‚controllende' Rolle zu, andererseits die Aufgabe, alle Prozessbeteiligten begleitend zu unterstützen, zu beraten und zu betreuen.

Zentrale Aufgaben des HR Managements

An einigen Aufgaben ist das HR Management überwiegend als ‚treibende Kraft' meist mehr steuernd und agierend als nur begleitend beteiligt. Dazu zählt u. a. die Sicherstellung der folgenden ‚Notwendigkeiten':

- Eine Vereinbarung mit der Unternehmensleitung hinsichtlich der Gesamtzielsetzung (Zeitrahmen, qualitative und quantitative Ziele) und der einzelnen Meilensteine muss getroffen werden. Sie muss auch die Unternehmensleitung und die Gesamtheit der Führungskräfte in die Verantwortung für den Gesamtprozess einbinden.
- Auf Basis der vereinbarten Gesamtzielsetzung empfiehlt es sich, die Arbeitnehmervertretung (falls existent) so früh wie möglich zu informieren und (beratend und begleitend) in den Gesamtprozess einzubinden. Wenn arbeitsrechtlich erforderlich, sind geeignete vertrauensbildende und tragfähige Betriebsvereinbarungen zwischen Unternehmensleitung und Arbeitnehmervertretung auszuhandeln und zu schließen.
- Eine geeignete Kommunikationsstrategie muss entwickelt werden, potenzielle Einwände müssen antizipiert und idealerweise vorab geklärt werden. An dieser Stelle dürfte es sich bezahlt machen, wenn sich das Unternehmen bisher schon mit den Entwicklungen am Arbeitsmarkt aktiv auseinandergesetzt und den Mitarbeitern die demografiebedingten Tendenzen, denen sich das Unternehmen zu stellen hat, transparent gemacht hat.
- Alle Mitarbeiter des Unternehmens müssen (mit Unterstützung durch das HR Management) möglichst frühzeitig durch die Unternehmensleitung in entsprechender und ansprechender Form sowie in geeignetem Umfang über das Vorhaben informiert werden: Sie müssen für das Vorhaben geworben und motiviert werden, denn ohne ihr aktives und motiviertes Zutun wird das erhoffte Ergebnis mit Sicherheit verfehlt werden.
- Die einzelnen Meilensteine der Potenzialerschließung müssen in Form operationalisierbarer (Teil-)Prozesse beschrieben und für alle einsehbar hinterlegt werden.
- Der Gesamtprozess und die einzelnen Teilprozesse müssen im Detail geplant und aufeinander abgestimmt werden.

- Alternative Handlungsstrategien und alternative Handlungsszenarien müssen entwickelt werden.
- Alle aktiv am Gelingen des Prozesses Beteiligten (Unternehmensleitung, Führungskräfte, HR Management und dessen Mitarbeiter) müssen mit dem Gesamtprozess und dessen Teilprozessen vertraut gemacht werden und auf die Zielsetzung(en) ‚eingeschworen' werden.
- Alle Beteiligten müssen individuell auf ihre spezifischen Aufgaben im Rahmen des Potenzialerschließungsprozesses vorbereitet werden (Gruppengespräche, individuelle Gespräche und Informationen etc.).
- Mögliche Kompetenzdefizite bei den beteiligten Akteuren müssen erkannt und beschrieben werden, Hilfen zur Beseitigung der Kompetenzdefizite müssen entwickelt und abgestimmt auf die individuellen Bedarfe angeboten werden.
- Entsprechend der individuellen Bedarfe müssen Seminare, Coachings, Beratungen etc. organisiert und begleitet werden.
- Alle (Zwischen-)Ergebnisse müssen periodisch dokumentiert und hinsichtlich Zielerreichungsgrad, Kosten, Qualität etc. analysiert werden.
- Aufgrund der Analysen ist zu prüfen, ob und gegebenenfalls wie der Prozess anzupassen bzw. zu verbessern ist.
- Feedback-Gespräche mit der Unternehmensleitung und den Führungskräften sind zu vorher vereinbarten Terminen periodisch zu führen.
- Die gesamte Mitarbeiterschaft muss immer wieder über den Stand des Gesamtprozesses und seiner Teilprozesse durch die Unternehmensleitung in angemessener Form informiert werden. Die Mitarbeiter sollen dabei ausdrücklich zu Feedback an die Unternehmensleitung und das HR Management ermutigt werden – auch das ist wieder ein Teil des Werbens und Motivierens. Das weitere positive Mitwirken möglichst aller Mitarbeiter an allen Phasen der Potenzialerschließung muss also gefördert und letztlich sichergestellt werden.

- Ideen bzw. Verbesserungsvorschläge können von allen jederzeit eingebracht werden und müssen durch das HR Management bewertet und gegebenenfalls zur Weiterentwicklung des Potenzialerschließungsprozesses bzw. des Demografiemanagements verwendet werden.
- Korrekturen im Gesamtprozess bzw. in (Teil-)Prozessen sind gegebenenfalls vorzunehmen.
- Ständige begleitende und auch fallweise Beratung und Betreuung der Akteure in allen Teilprozessen muss durch das HR Management geleistet werden.
- Eventuell sich abzeichnende Handlungsdefizite müssen in Abstimmung mit den Betroffenen frühzeitig beseitigt werden (Bewusstmachen der Bedeutung ihres Tuns, Motivation, Beratung, sonstige Hilfestellungen etc.).
- Zwischenzeitlich sichtbar werdende weitere Kompetenzdefizite einzelner Akteure, die vor Beginn des Prozesses nicht erkannt wurden, müssen rasch in Abstimmung mit den Betroffenen beseitigt werden (Seminare, Beratung, Coaching, ...).
- Ständige Reflexion der (Teil-)Ergebnisse im Hinblick auf deren Wirkung auf die demografische Positionierung des Unternehmens ist unerlässlich.
- Sukzessive müssen zusätzliche weitere Aktivitäten in unterschiedlichen demografischen Handlungsfeldern initiiert werden, mit dem Ziel der induktiven Entwicklung eines letztlich ganzheitlichen Demografiemanagements.

Natürlich stellen die oben genannten Punkte lediglich eine Art Handlungsgerüst dar, das unternehmens- und situationsspezifisch angepasst bzw. ergänzt werden sollte. Angesichts der demografischen Herausforderung, vor der die Unternehmen stehen, ist der oben skizzierte Prozess nicht in sich geschlossen und ohne definiertes Ende. Es handelt sich letztlich um einen rekursiven Prozess, der auch als Einstieg in eine weiterführende ‚induktive' Entwicklung eines ganzheitlichen und nachhaltigen Demografiemanagements im Unternehmen führen kann.

5.4.1 Potenziale erkunden

Der erste Schritt zur Potenzialerschließung – nämlich das Erkunden – stellt vermutlich keine triviale Aufgabe für die Unternehmen dar. Das mag getrost als gegeben betrachtet werden, zumal – von den großen Unternehmen abgesehen – noch eine Vielzahl der Unternehmen nicht über fest implementierte Prozesse verfügt, die systematischer Potenzialerkundung den ihr gebührenden Raum im betrieblichen Alltag einräumen.

Abbildung 6: Methoden der Potenzialermittlung

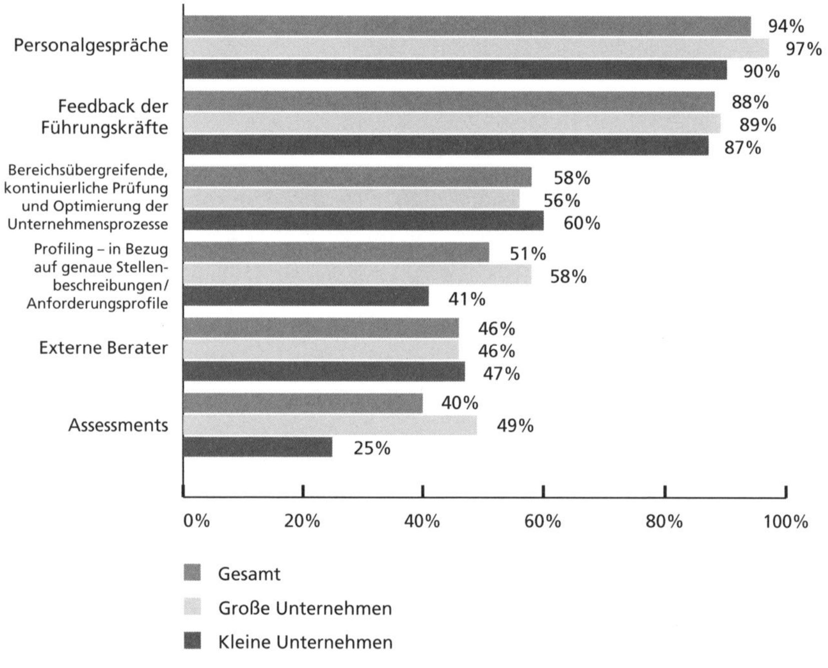

Nach Daten von: Atoss Software AG u. DEKRA Akademie GmbH (Hrsg.): Digging for Diamonds, Verborgene Potenziale im Unternehmen heben – Status quo und Ausblick, München und Stuttgart 2008

Natürlich lassen sich in zahlreichen Unternehmen immer öfter singuläre Ansätze finden, die der Erkundung von Potenzialen im eigenen Unternehmen dienen. Doch häufig sind es eben nur singuläre Erscheinungsformen, deren Einbindung in eine Gesamtsystematik noch zu wünschen übrig lässt. Dies zeigte auch die Befragung von Personalmanagern und Geschäftsführern von Unternehmen unterschiedlicher Größe und unterschiedlicher Branchen durch Atoss und die DEKRA Akademie im Rahmen ihrer gemeinsamen Studie zur Potenzialentwicklung in deutschen Unternehmen.

Potenzialerschließung durch Personalgespräche?

Bei den Antworten auf die Frage „Wie ermitteln Sie ungenutzte Potenziale?" (Mehrfachnennungen waren möglich) stand eine Antwort im Vordergrund, die eigentlich zum normalen Standard der alltäglichen Personalarbeit gehören sollte und die isoliert betrachtet noch nicht auf ein systematisches Vorgehen der Potenzialerschließung hinweist: Potenzialerschließung findet durch Personalgespräche statt. Ohne Zweifel: Personalgespräche gehören meines Erachtens zum Standardrepertoire des HR Managements, insbesondere aber sollten sie zum alltäglichen Instrumentarium aller Führungskräfte im Unternehmen zählen:

- Systematische Personalgespräche sollen dem jeweiligen Vorgesetzen in regelmäßigen Abständen Auskunft oder zumindest Hinweise darauf geben, wie sich die Mitarbeiter mit ihrer aktuellen Tätigkeit, in ihrem derzeitigen Team und auch in der Zusammenarbeit mit ihrem Vorgesetzten fühlen etc.
- Personalgespräche sind natürlich auch dazu da, dass die Mitarbeiter von ihren Vorgesetzen eine qualifizierte Rückmeldung zu Umfang und Qualität der von ihnen geleisteten Arbeit, zu ihrem gezeigten Engagement, zu ihrer Teamfähigkeit u. v. a. m. erhalten.
- Personalgespräche sollten selbstverständlich auch dem Zweck dienen, dass Vorgesetzte und Mitarbeiter gemeinsam einen perspektivischen Ausblick auf die nähere Zukunft wagen.
- Personalgespräche sind sicher auch dazu da, darüber zu sprechen, wie eventuell vorhandene Kompetenzdefizite beispielsweise mithilfe von Personalentwicklungskonzepten beseitigt werden können.

Schon erheblich seltener zielen Personalgespräche erfahrungsgemäß auf eine systematische Erkundung oder gar Beschreibung bisher verborgener Potenziale der Mitarbeiter, wie sie beispielsweise im Rahmen von systematischen Verfahren zur Analyse vorhandener Kompetenzen bei spezifischen Mitarbeitergruppen oder bei individuellen Kompetenzdiagnostikverfahren im Mittelpunkt stehen.

5.4.2 Elemente systematischer Potenzialerkundung

Den Mitarbeiter richtig ‚mitnehmen'

Eine Anmerkung vorab: Die ideale Methode zur Potenzialerkundung, die grundsätzlich passt und immer funktioniert, gibt es naturgemäß leider nicht. Allerdings gibt es zumindest eine ‚ideale Methode', völlig falsch an das Thema heranzugehen: Sie zeichnet sich u. a. dadurch aus, dass sie den sogenannten menschlichen Faktor vernachlässigt und die Mitarbeiter nicht richtig ‚mitnimmt'. Das hieße aber, von Anfang an bewusst die Konsequenz in Kauf zu nehmen, dass das Vorhaben ‚Potenzialerkundung' scheitert.

Zu diesem Mitnehmen gehört nicht nur das sicherlich wichtige und richtige Informieren über das Vorhaben und dessen Ziele, sondern ganz besonders auch, von dessen Notwendigkeit und Sinnhaftigkeit zu überzeugen, dafür zu werben und die Mitarbeiter dafür zu motivieren. Ansonsten besteht die große Gefahr, dass ein eigentlich positiver Ansatz, mit dem Perspektiven geschaffen und eine Kultur des Vertrauens sowie positives Denken im Unternehmen gestärkt werden können, nichts als Widerstände, Ängste und Misstrauen generiert.

Die Tatsache, dass die Mitarbeiter selbst im Mittelpunkt des Interesses stehen, dass sie gleichzeitig sowohl Objekte als auch handelnde Subjekte innerhalb des Gesamtprozesses der Potenzialerschließung, aber auch im spezifischen Prozess der Potenzialerkundung sind, unterstreicht einfach einmal mehr die Notwendigkeit, sie von Anfang ‚mitzunehmen' und immer wieder aufs Neue dafür zu motivieren.

Was das methodische Vorgehen im Detail betrifft, so wird man sich in jedem Unternehmen (d. h. insbesondere im HR Management) entsprechend der eigenen spezifischen Situation die Mühe machen müssen, eine für das Unternehmen besonders geeignete Vorgehensweise zur Potenzialerkundung zu erarbeiten und die dazu erforderlichen und passenden methodischen Instrumente auszuwählen. Doch am Anfang eines Projektes, bevor also viel Geld, Zeit und Personalressourcen investiert werden, sollte Klarheit und möglichst auch Konsens bezüglich der Zielsetzungen hergestellt werden.

5.4.3 Kompetenzprofile der Fach- und Führungskräfte von morgen

Eine ganz entscheidende und die weitere Vorgehensweise mitbestimmende Determinante stellt deshalb eine konkretisierte Beschreibung der Kompetenzprofile der zukünftigen Fach- und Führungskräfte dar. Die Profile sollten der Bedarfslage des Unternehmens über einen überschaubaren Zeitraum hinweg so realistisch wie irgend möglich entsprechen. Idealerweise leiten sich diese Kompetenzprofile, diese Ziele der Potenzialerschließung aus den für die zukünftigen Fach- und Führungskräfte vorgesehenen Rollen, d. h. aus den Jobrollen ab, die von den Nachwuchskräften auszufüllen sein werden, die es erst noch zu entdecken gilt.

Konkretisierte Beschreibung der Kompetenzprofile der zukünftigen Fach- und Führungskräfte

Dies erlaubt im Rahmen von Potenzial- bzw. Kompetenzerkundungsverfahren einen relativ raschen Abgleich zwischen den Anforderungen, die eine zukünftige Fach- und Führungskraft erfüllen soll, sowie den analysierten Profilen. Das Vorgehen schafft letztlich eine Grundlage für eine Entscheidung darüber, wie die auf diesem Weg entdeckten Rohdiamanten weiterentwickelt werden sollen, um letztlich die vorab beschriebenen Anforderungen mit größtmöglicher Annäherung zu erfüllen.

Die Kompetenzprofile, an denen sich die Kompetenzerschließung zu orientieren hat, sollten möglichst immer in enger Zusammenarbeit zwischen den Führungskräften und deren Fachleuten einerseits sowie dem HR Management andererseits beschrieben werden.

Dabei besteht die Aufgabe des HR Managements u. a. darin, dafür Sorge zu tragen, dass ...

Aufgabe des HR Managements

- die Beschreibung von Kompetenzprofilen nach einem für das Unternehmen definierten und verbindlichen formalen Standard erfolgt,
- keine überhöhten und unrealistischen Erwartungen in die Anforderungsprofile der zukünftigen Fach- und Führungskräfte hineinformuliert werden,
- keine wesentlichen außerfachlichen Anforderungen außer Acht gelassen werden,

- fachliche und außerfachliche Anforderungen in einem der später vorgesehenen Jobrolle entsprechend angemessenen Verhältnis zueinander stehen.

Gerade was die Aufgabe der strukturierten Kompetenzbeschreibung angeht, gibt es mittlerweile recht interessante Orientierungshilfen für das HR Management. So zielten in den vergangenen zehn und mehr Jahren die Bemühungen im Rahmen der europäischen und nationalen Bildungsdiskussion sowohl auf der Hochschulebene als auch auf der Ebene der beruflichen Bildung schwerpunktmäßig auf die Entwicklung und Erprobung europäischer, nationaler, aber auch sektoraler Qualifikations- bzw. Kompetenzrahmen[85], was die folgende Empfehlung an HR Manager nahelegt:

Managementempfehlung

Als Personalverantwortlicher stehen Sie eventuell vor der Aufgabe, als Grundlage für eine gezielte Potenzialerkundung Kompetenzprofile zukünftiger Fach- und Führungskräfte zu erstellen. Hierbei können Sie sich zuerst am zwischenzeitlich entwickelten Instrumentarium der Kompetenzbeschreibung auf nationaler wie auch auf europäischer Ebene orientieren.

Es ist anzuraten, sich mit den verfügbaren Instrumenten wie dem Europäischen Qualifikationsrahmen, dem Deutschen Qualifikationsrahmen, aber auch den ersten sektoralen Ansätzen (wie dem für die europäische IT-Branche) vertraut zu machen und nicht zu versuchen, das Rad immer wieder neu zu erfinden.

85 Weitere Informationen zu bereits entwickelten Kompetenzrahmen finden sich u. a. unter: Europäische Kommission: http://ec.europa.eu/education/lifelong-learning-policy/eqf_de.htm (Europäischer Qualifikationsrahmen); BBJ Consult AG (Hrsg.): www.deutscherqualifikationsrahmen.de; CEN – European Committee for Standardization: European e-Competence Framework (europäischer e-Kompetenz Rahmen): www.ecompetences.eu. Der European e-Competence Framework repräsentiert den ersten vollständig entwickelten sektoralen Kompetenzrahmen überhaupt. Der für den IT-Sektor entwickelte Rahmen dient zwischenzeitlich bereits in anderen Wirtschaftssektoren als Bespiel für die Entwicklung weiterer sektoraler Kompetenzrahmen auf europäischer Ebene.

Grundstruktur des Deutschen Qualifikationsrahmens (DQR): Fachkompetenz vs. personale Kompetenz

So ist es nach etlichen Jahren zäher Diskussionen zwischen den Stakeholdern der deutschen (Berufs-)Bildung wie dem Bundesministerium für Bildung und Forschung, dem Bundesinstitut für Berufsbildung, der Kultusministerkonferenz, Vertretern der Wirtschaftsverbände, Vertretern der Gewerkschaften etc. gelungen, einen aus der Idee des Europäischen Qualifikationsrahmens (EQR) abgeleiteten Deutschen Qualifikationsrahmen (DQR) auszuarbeiten und zu veröffentlichen. Auch wenn die Lernergebnisse aus dem nonformalen Bildungsbereich erst in einem nächsten Schritt in den Qualifikationsrahmen einbezogen werden, so haben Bund und Länder durch einen gemeinsamen Beschluss zum DQR im Mai 2013 die Grundlage dafür geschaffen, dass ab Sommer 2013 erworbene Qualifikationen einem DQR-Niveau zugeordnet und auf den Qualifikationsbescheinigungen ausgewiesen werden können.

Selbst wenn im offiziellen Deutschen Qualifikationsrahmen die Lernergebnisse nonformaler Bildungsprozesse bislang noch keine Berücksichtigung fanden: Warum sollte die Grundstruktur dieses Qualifikationsrahmens, der letztlich auch ein Kompetenzrahmen ist[86], nicht als strukturelle Grundlage zur Beschreibung von Kompetenzprofilen in den Unternehmen herangezogen werden? Eine gute Orientierung liefert der DQR in seiner aktuellen Fassung allemal.

So unterscheidet der DQR deutlich zwischen …

- **Fachkompetenz** auf der einen Seite, beschrieben durch …
  - das vorhandene **Wissen** in Tiefe und Breite und
  - die nachweisbaren instrumentalen und systemischen Fertigkeiten,

… und …

- **personaler Kompetenz** auf der anderen Seite, beschrieben durch …

86 Vgl. Der Deutsche Qualifikationsrahmen für lebenslanges Lernen ist eingeführt. Gemeinsame Pressmitteilung des Bundesministeriums für Wirtschaft und Technologie und des Bundesministeriums für Bildung und Forschung, der Kultusministerkonferenz sowie der Wirtschaftsministerkonferenz vom 16.05.2013, www.deutscherqualifikationsrahmen.de/de/aktuelles/der-deutsche-qualifikationsrahmen-f%C3%BCr-lebenslanges_hgnieuyd.html?s=5qlPHmZv4P9oBlu3x

  - die als **Sozialkompetenz** zusammengefassten Kompetenzen der Team- und Führungsfähigkeit sowie der Fähigkeit zur Mitgestaltung und Kommunikation und

- die unter dem Begriff der **Selbstständigkeit** subsumierten Kompetenzen Eigenständigkeit, Verantwortung, Reflexivität und Lernkompetenz,

... zeigt aber gleichzeitig auf, welches Gewicht zwischenzeitlich der personalen Kompetenz im Vergleich zur Fachkompetenz beigemessen wird.

5.4.4 Kompetenzanalyse

Will ein Unternehmen heute ernsthaft erkunden, in welchen Tätigkeitsbereichen sich verborgene Potenziale befinden, die es zu heben lohnt, dann steht dem HR Management und der Unternehmensleitung ein ganzer Strauß an unterschiedlichen Instrumenten zur Verfügung. Diese können situationsgerecht mit Bedacht und im Einvernehmen mit der Mitarbeiterschaft und deren Vertretung sowie den Führungskräften zum Einsatz eingebracht werden.

Methoden der Kompetenzanalyse

Zu dieser Vielfalt an Möglichkeiten, die in der richtigen Zusammenstellung zu einem systematischen Profiling der Mitarbeiter führen, zählen neben bereits angesprochenen Verfahren wie Personalgespräche, Feedback der Führungskräfte an Unternehmensleitung und HR Management oder Assessments aber auch weitere Methoden wie:

- strukturierte Interviews
- Leistungstests, in denen der Intelligenzquotient (IQ), das Wissen, die Konzentration bzw. Aufmerksamkeit (Vigilanz) im Vordergrund steht
- Persönlichkeitstests, mit denen sogenannte ‚weiche Faktoren' wie Sozialkompetenz, Arbeitsverhalten, Verkaufs-/Kundenorientierung, besondere persönliche Faktoren und berufliche Interessen ausgelotet werden sollen
- Motivationstests, die sich auf Faktoren wie Leistungsmotivation, Führung, Gestaltung und mentale Stärke der Mitarbeiter konzentrieren
- betreute Perspektivenwechsel, wie sie sich aus Job-Rotation-Ansätzen ergeben können
- Rollenspiele
- Simulationen

- 360°-Befragungen, bei denen Einschätzungen zu einem Menschen aus unterschiedlichen Perspektiven (Mitarbeiter, Teammitglieder, Vorgesetzte, Kunden etc.) zusammengeführt werden

Diese und eine ganze Menge an möglichen Methoden mehr lassen sich bei einer einfachen Recherche in den verfügbaren üblichen Informationsquellen (Literatur, Internet etc.) unter Stichworten wie Kompetenzanalyse, Kompetenzdiagnostik, Profiling etc. entdecken.

Wesentlich: Auswahl und Gewichtung der Methoden

Die Vielfalt der zur Verfügung stehenden Möglichkeiten lässt erahnen, dass es dem HR Management letztlich obliegt, eine geeignete Auswahl der genannten Methoden in der richtigen Gewichtung in das unternehmensspezifische Verfahren zur Potenzialanalyse so einzubinden, dass sie zu integrierten und anerkannten Bestandteilen eines methodischen Gesamtkonzepts werden, in dem sich die eingesetzten Instrumente bzw. Methoden sinnvoll ergänzen.

In diesem Zusammenhang wird dann auch wieder deutlich, welche Bedeutung einem Instrument wie dem Personalgespräch zukommt, das in solch komplexen Verfahren stets auch die Rolle des ausgleichenden Regulativs zu übernehmen hat.

Bevor wir uns beispielhaft einigen ausgewählten Verfahren zur Analyse vorhandener Kompetenzen zuwenden, will ich nicht versäumen auf etwas hinzuweisen: In einem ersten Schritt sollten die Mitarbeiter dazu motiviert werden, die Informationen, die sie ihrem Vorgesetzen und ihrer Personalabteilung zum Zeitpunkt ihrer Bewerbung bzw. ihrer Einstellung zur Verfügung gestellt haben, einer selbstkritischen Prüfung zu unterziehen und zu aktualisieren. Gerade die Lebensläufe, deren genauere Analyse durch das HR Management erste interessante Hinweise auf verborgene Potenziale und weitere Entwicklungsmöglichkeiten geben könnte, befinden sich in der Regel nicht unbedingt auf aktuellem Stand.

Dabei bietet es sich an, den Mitarbeitern auch gleichzeitig ein Werkzeug zur Verfügung zu stellen, mit dessen Hilfe sie die Darstellung der Ausbildung, der Erfahrungen, des Wissens, der Fertigkeiten und der weiteren Kompetenzen in eine standardisierte Form bringen können. Einerseits bietet das den Mitarbeitern eine gute Orientierungshilfe bei ihrer Selbsteinschätzung und andererseits dürfte diese Form für die Personalverantwortlichen die Lesbarkeit der Lebensläufe entscheidend verbessern.

Europass und Europass Lebenslauf

Auch hier lassen sich zwischenzeitlich auf europäischer Ebene entwickelte Instrumente finden, die allen Beteiligten ihre Arbeit erleichtern können: Da die Lebens- und Arbeitswelt immer stärker im Zeichen der Globalisierung steht und Mobilität immer mehr zu einem beruflichen Erfolgsfaktor wird, wurde in den vergangenen Jahren auf europäischer Ebene der sogenannte Europass entwickelt. Er soll den oben genannten Aspekten sowie der Tatsache, dass lebenslanges Lernen zum zentralen Merkmal für die Beschäftigungsfähigkeit eines Menschen geworden ist, Rechnung tragen. So soll der Europass u. a. die Lesbarkeit und Transparenz internationaler Bewerbungen erhöhen, das Screening von Bewerbungen ein ganzes Stück erleichtern[87] und so das Bewerbungsverfahren auf internationaler Ebene für alle Beteiligten erleichtern.

Daneben bietet er meines Erachtens auch einen hervorragende Ansatz und Anlass, bisher in manch einer Personalakte verstaubende Beschreibungen der Mitarbeiterkompetenzen auf den aktuellen Stand zu bringen und gleichzeitig deren Lesbarkeit zu verbessern. Damit schafft man eine verbesserte und transparentere Grundlage für die weitere Suche nach Rohdiamanten im Unternehmen.

Zentrales Dokument des Europass ist der Europass Lebenslauf, der gezielt dazu anhält, die eigenen Kompetenzen, Fähigkeiten und Fertigkeiten zu überdenken und diese im Lebenslauf zu vermerken. Die nachfolgende Übersicht, die dem Europass Lebenslauf-Formular entnommen ist, zeigt, welche Elemente der Europass Lebenslauf maximal enthält und wie diese Elemente angeordnet sind. Ob ein Element im Einzelfall tatsächlich relevant oder eventuell herauszunehmen ist, darüber entscheidet selbstverständlich der Autor des Lebenslaufes in jedem Fall immer selbst.

87 Vgl. Bundesinstitut für Berufsbildung – Nationale Agentur Bildung für Europa – Nationales Europass Center (NEC): Der Europass Lebenslauf – Kompetenzen auf einen Klick, www.europass-info.de, Bonn 2012

Europass Lebenslauf

Angaben zur Person

Nachname (n) Vorname (n)
Straße, Hausnummer, Postleitzahl, Ort, Staat
Telefon
Mobil
Fax
E-Mail
Staatsangehörigkeit
Geburtsdatum
Geschlecht

Gewünschte Beschäftigung / Gewünschtes Berufsfeld

Berufserfahrung
Zeitraum
Beruf oder Funktion
Wichtigste Tätigkeiten und Zuständigkeiten
Name und Adresse des Arbeitgebers
Tätigkeitsbereich oder Branche

Schul- und Berufsbildung
Zeitraum
Bezeichnung der erworbenen Qualifikation
Hauptfächer / berufliche Fähigkeiten
Name und Art der Bildungs- oder Ausbildungseinrichtung
Stufe der nationalen oder internationalen Klassifikation

Persönliche Fähigkeiten und Kompetenzen
Muttersprache (n)
Sonstige Sprache (n)
Selbstbeurteilung (Verstehen, Sprechen, Schreiben)
Soziale Fähigkeiten und Kompetenzen
Organisatorische Fähigkeiten und Kompetenzen
Technische Fähigkeiten und Kompetenzen
IKT-Kenntnisse und Kompetenzen
Künstlerische Fähigkeiten und Kompetenzen
Sonstige Fähigkeiten und Kompetenzen
Führerschein (e)

Zusätzliche Angaben
z. B. zu Kontaktpersonen, Referenzen usw.

Anlagen

Quelle: www.europass-info.de

Über den Europass Lebenslauf hinaus enthält der im Jahr 2005 eingeführte Europass insgesamt fünf Dokumente:

- Europass Sprachenpass. Mithilfe eines Rasters wird die Sprachkompetenz auf sechs unterschiedlichen Kompetenzniveaus des Hör- und Leseverständnisses, des Sprach- und Interaktionsvermögens sowie der schriftlichen Ausdrucksfähigkeit beschrieben, wobei die Beschreibung der Sprachkompetenz ausschließlich von jedem einzelnen Bewerber selbst geliefert wird.
- Europass Zeugniserläuterung. Sie soll als personenungebundenes Dokument berufsbezogene Abschlusszeugnisse ergänzen. Die Zeugniserläuterungen beinhalten u. a. neben einer Kurzbeschreibung der Ausbildung die Darstellung der erworbenen Kenntnisse und Fertigkeiten sowie Hinweise zu den typischen Tätigkeitsbereichen, für die diese Ausbildung qualifiziert.
- Europass Mobilität. Er soll die beruflichen Lern- und Arbeitserfahrungen in Europa dokumentieren, wie sie im Rahmen eines Auslandsaufenthalts erworben wurden.
- Europass Diploma Supplement. Es ist nur für den Hochschulbereich vorgesehen: Bereits seit 2005 erhalten Studierende, die ihr Studium abschließen, dieses Dokument automatisch von ihrer Hochschule. Es enthält eine genaue Beschreibung des Studiengangs und der während des Studiums erworbenen Qualifikationen.

Die einfache Nutzung der Europass Dokumente ist für jeden Interessierten und für jedes Unternehmen jeglicher Größe ohne irgendwelchen bürokratischen Aufwand kostenlos möglich. Über die von der Nationalen Agentur (NA) beim Bundesinstitut für Berufsbildung betreute Homepage (www.europass-info.de) können alle Formulare, Erläuterungen und Ausfüllanleitungen zu den fünf Dokumenten des Europass eingesehen und auch heruntergeladen werden. Darüber hinaus finden sich auf dieser Homepage nutzerspezifische Erläuterungen – so auch für HR Manager.

Im Hinblick auf leichtere Lesbarkeit der Lebensläufe und auf größere Transparenz der Kompetenzbeschreibungen der einzelnen Mitarbeiter hält sich der Aufwand also noch in sehr überschaubaren Grenzen. Für den Einsatz tiefer gehender Ansätze zur Analyse der verborgenen Potenziale lässt sich dies in der Regel nicht behaupten.

Dabei entscheiden erfahrungsgemäß in erster Linie meist pragmatische Gründe und natürlich Kostenerwägungen darüber, welche Instrumente der Kompetenzanalyse tatsächlich zum Einsatz kommen: „Generell basieren Instrumente der Kompetenzerfassung entweder auf Beschreibungen (autobiografische Narrationen), auf dem Ankreuzen von Fähigkeitslisten, auf Beobachtung (Arbeitsproben) oder auf der Messung individuellen beruflichen Handelns (eignungsdiagnostische Tests). Instrumente der Kompetenzanalyse können entweder zeitgleich zu einem beobachteten beruflichen Handeln zur Anwendung kommen [...] oder aber auch ex post. Die Instrumente können standardisiert oder nicht-standardisiert („qualitativ") sein, genauso wie sie sich Selbsteinschätzungen oder Fremdeinschätzung zu Nutze machen. In der alltäglichen Praxis vieler Betriebe existieren somit viele unternehmensspezifischen Mischformen zur Kompetenzanalyse, wobei häufig weniger die Exaktheit und Validität der Erfassung eine Rolle spielen, sondern die praktische Handhabbarkeit und Kostenüberlegungen."[88]

Dass die Suche nach Talenten auch professioneller gestaltet werden kann, soll nachfolgend ein kurzer Blick auf einige tiefer gehende spezifische Verfahren zur Kompetenzanalyse zeigen. Diese standen in den vergangenen Jahren bei Unternehmen im Fokus, die bemüht sind, ihre Vorgehensweise bei der Suche nach bisher verborgenen Potenzialen zu professionalisieren.

5.4.5 Summativ oder formativ? Beispiele professionalisierter Kompetenzanalysen

Beispiel: KODE®

Das Akronym KODE® steht für **Ko**mpetenz**d**iagnostik und **E**ntwicklung und scheint für viele Unternehmen u. a. schon deshalb interessant zu sein, weil sich mit KODE® unkompliziert und unter relativ geringem Zeitauf-

88 Preißer, R., Völzke, R.: Kompetenzbilanzierung – Hintergründe, Verfahren, Entwicklungsnotwendigkeiten, in: Deutsches Institut für Erwachsenenbildung (Hrsg.): Report (30), Bonn 2007, S. 63

wand (Preißer/Völzke sprechen von 25 Minuten inklusive der Zeit für die Auswertung des Tests[89]) Kompetenzprofile erstellen lassen.

Vier Kompetenzdimensionen von KODE®

Mithilfe eines Fragebogens werden vier Kompetenzdimensionen gemessen, die bei KODE® (bei leichter Abweichung vom Ansatz des DQR) unter folgenden Überschriften firmieren:

- Personale Kompetenzen
- Sozial-kommunikative Kompetenzen
- Aktivitäts- und Handlungskompetenzen
- Fach- und Methodenkompetenzen[90]

Durch ihre Kombination werden Rückschlüsse auf insgesamt 64 unterschiedliche Teilkompetenzen wie Teamfähigkeit, Eigenverantwortung oder zielorientiertes Führen möglich. Nach Abschluss des Tests wird ein ausführliches Gutachten erstellt, das insbesondere auf die Aspekte Teamrolle, Zeitmanagement, Lernstil und Umgang mit anderen Personen eingeht.

Ein Vorteil von KODE® ist aus Sicht seiner Anwender, dass das Verfahren sowohl unter sogenannten Normalbedingungen als auch unter Problembedingungen eingesetzt werden kann. Die Qualität des Verfahrens soll dadurch gesichert werden, dass die Tests zur Kompetenzdiagnostik nur von eigens dafür lizenzierten Beratern durchgeführt werden.

Trotz der Tatsache, dass KODE® ein kostengünstiges Verfahren mit einem hohen Standardisierungsgrad darstellt, verharren die Probanden in der Objektrolle. So merken Preißer/Völzke zu KODE® kritisch an, dass es als mehr oder minder summatives Verfahren die Klienten in ihrer klassischen Rolle als zu begutachtendes Objekt belässt.[91]

Wer sich für weitergehende Informationen zu KODE® interessiert, findet diese mittlerweile auf zahlreichen Internetseiten wie auf der Homepage des

89 Vgl. ebd., S. 66

90 Vgl. ISB Information und Kommunikation GmbH & Co. KG (Hrsg.): www.competenzia.de/index.php?option=com_content&task=view&id=14&Itemid=43, Büren 2013

91 Vgl. Preißer, R., Völzke, R.: Kompetenzbilanzierung, S. 69

Bundesinstituts für Berufsbildung (BIBB) unter der Adresse www.bibb.de (Suchbegriff: KODE) oder beispielsweise auf der Seite www.competenzia.de.

Beispiel: ProfilPASS

Als weder ausschließlich summativ noch ausschließlich formativ lässt sich die folgende Methode bezeichnen, die mit dem Namen ProfilPASS überschrieben ist. Der ProfilPASS wurde vom Deutschen Institut für Erwachsenenbildung (DIE) und dem Institut für Entwicklungsplanung und Sozialforschung (ies) entwickelt. Er soll dem einzelnen Klienten zu einem Überblick über seine Erfahrungen, Fähigkeit und Kompetenzen verhelfen, um die Ergebnisse mit seinen aktuellen Wünschen und Plänen zu verknüpfen, wobei Fragen wie die folgenden im Mittelpunkt der ProfilPASS Methode stehen[92]:

- Welche Berufserfahrung bringen Sie mit?
- Welche Fähigkeiten haben Sie außerhalb Ihres Berufs erworben?
- Was haben Sie durch die Arbeit in der Familie oder z. B. im Rahmen eines Ehrenamts gelernt?
- Möchten Sie in einem neuen Berufsfeld arbeiten?
- Benötigen Sie noch weitere Qualifikationen und Zertifikate?

Bestandteile von ProfilPASS

Die ProfilPASS-Methode setzt sich aus zwei sich ergänzenden Bestandteilen zusammen: Der eine Teil besteht aus einer strukturierten Sammlung von Daten und Materialien, die für einen späteren Reflexionsprozess benötigt werden, und wird als ProfilPASS-Ordner bezeichnet. Der zweite Teil trägt den Namen ProfilPASS-Beratung und umfasst eine ausführliche Beratung auf Basis der im ProfilPASS-Ordner zusammengetragenen Information. Ziel ist, gemeinsam mit dem Probanden, der sich dem Verfahren unterzogen hat, dessen Fähigkeiten, Fertigkeiten und Kompetenzen herauszuarbeiten.

Einen guten ersten Überblick über Elemente und Funktionsweise des ProfilPASS liefert ein Blick auf die Homepage www.profilpass-online.de, auf der alle wesentlichen Grundlageninformationen zur Vorgehensweise und zu

92 Vgl. W. Bertelsmann Verlag: www.profilpass-online.de, Bielefeld 2012

den einzelnen Elementen von ProfilPASS zusammengetragen wurden. Wer sich unmittelbar für die Onlinenutzung von ProfilPASS interessiert, kann sich über die Internetadresse www.eprofilpass.de kostenlos registrieren und erste Versuche mit dem ProfilPASS wagen. Eine begleitende und weitergehende Beratung (individuell oder im Rahmen spezieller ProfilPASS-Kurse) ist dann allerdings kostenpflichtig.

Preißer/Völzke wiederum bemängeln am ProfilPASS, dass ihrer Meinung nach die Problematik unterschätzt wird, die sich daraus ergibt, dass Probanden eigene Kompetenzen erforschen sollen, dieser Vorgang aber auf technische Aspekte reduziert wird.[93] Ob die (kostenpflichtig) angebotene beratende Begleitung dieses Problem vollständig lösen hilft, mag der einzelne Nutzer selbst entscheiden – zu empfehlen ist eine solche Beratung allemal.

Ein weiterer Kritikpunkt von Preißer/Völzke bezieht sich darauf, dass im Rahmen von ProfilPASS Bedeutungszusammenhänge auseinandergerissen werden: So werden zwar beispielsweise an einer Stelle Ereignisse, Interessen, Motive oder Gründe aufgelistet – sie werden aber letztlich bei der Erstellung der abschließenden Kompetenzbilanz nicht berücksichtigt.[94]

Beispiel: Kompetenzenbilanz

Ziel der Kompetenzenbilanz, wie sie von Perform Partner in Kooperation mit dem Zukunftszentrum Tirol entwickelt wurde, ist in erster Linie ein Verfahren zur kompetenzorientierten Laufbahnberatung, das sich an Menschen wendet, ...

- „die sich beruflich umorientieren möchten,
- eine Wiedereinstellung in das Berufsleben anstreben,
- oder sich einfach mit dem eigenen Werdegang beschäftigen möchten, um
  - ungenutzte Potenziale entdecken zu können,

93 Vgl. Preißer, R., Völzke, R.: Kompetenzbilanzierung, S. 69

94 Vgl. ebd.

- festzustellen, wo genau die eigenen Stärken liegen,
- zu erkennen, in welchen Bereichen sie sich noch entwickeln müssen,

um ein selbst gesetztes Ziel erreichen zu können.“ [95]

In diesem Sinne verlagert die Kompetenzenbilanz den Schwerpunkt von der reinen Erfassung und Interpretation oder auch von der Gewichtung von Kompetenzen hin zur einer Art Aktivierungskonzept. Dabei werden zwar auch Kompetenzen erfasst und dokumentiert, allerdings steht der gecoachte Prozess der Kompetenzerfassung im Sinne eines formativen Ansatzes selbst im Fokus.

Ziel des mit der Kompetenzenbilanz verknüpften Coachings ist es, schon während der Phase der Kompetenzerfassung die Kompetenzentwicklung bei den Klienten zu fördern. Dadurch, dass sich die Klienten durch ihr eigenes Zutun ihrer Kompetenzen bewusst werden, soll ihr Selbstwertgefühl gesteigert werden, um darauf aufbauend weitergehende individuelle berufliche Entwicklungspfade zu erarbeiten. So wird „der Prozess der Kompetenzerfassung zugleich schon eine Kompetenzentwicklung“[96], wie Preißer / Völzke als besonderes Charakteristikum der Kompetenzenbilanz hervorheben.

Ablauf der Kompetenzenbilanz

Von den bisher genannten Verfahren zur Erkundung von Kompetenzen stellt die Kompetenzenbilanz zweifellos das aufwendigste Verfahren dar. Es erfolgt in sieben Arbeitsschritten über einen Zeitraum von insgesamt vier Wochen hinweg:

1. Arbeitsschritt: Im Rahmen eines Einführungsgesprächs erstellt der Klient zusammen mit einem Coach eine sogenannte biografische Sammlung aller Lebensdaten.
2. Arbeitsschritt: Zu Hause erstellt dann der Klient auf Basis der biografischen Sammlung sein individuelles Lebensprofil.

95 Perform Partner (Hrsg,), Lang-von Wins, T., Triebel, C.: Die Kompetenzenbilanz (Arbeitsmappe), Weilheim o. J., S. 3

96 Preißer, R., Völzke, R.: Kompetenzbilanzierung, S. 71

3. Arbeitsschritt: Zusammen mit dem Coach bespricht der Klient das so erstellte Lebensprofil und lernt, die eigenen Fertigkeiten herauszuarbeiten.
4. Arbeitsschritt: Zu Hause arbeitet der Klient auf dieser Grundlage seine Fertigkeiten heraus.
5. Arbeitsschritt: In einer zweiten Coachingphase werden dann auf Grundlage der Fertigkeiten die Kompetenzen des Klienten erarbeitet.
6. Arbeitsschritt: Zu Hause soll sich der Klient vor dem Hintergrund dessen, dass er sich seiner Fertigkeiten und Kompetenzen bewusst ist, mit seinen individuellen Zielen auseinandersetzen.
7. Arbeitsschritt: In einer dritten Coachingphase legt der Klient den Weg zur Erreichung seiner Ziele fest und erhält dazu Feedback von seinem Coach. [97]

Nach Abschluss hält jeder Klient eine ausführliche Übersicht über seine Kompetenzen in Händen. Wie bereits angesprochen erscheint die Kompetenzenbilanz in der oben beschriebenen Form sehr aufwendig, zumal sie weit über die eigentliche Erfassung von Kompetenzen hinausgeht und letztlich eher ein Kompetenzentwicklungs- denn ein Kompetenzerfassungsverfahren darstellt.

Im Gegensatz zum ProfilPASS wird bei dieser Vorgehensweise die Auseinandersetzung mit den eigenen Kompetenzen in den Mittelpunkt gerückt. Dabei trägt die Kompetenzenbilanz der Erkenntnis Rechnung, dass die Auseinandersetzung mit den eigenen Kompetenzen der gezielten Unterstützung durch einen Coach bedarf, wie auch Preißer / Völzke bestätigen: „Allerdings darf nicht vergessen werden, dass sich die meisten Menschen noch nie systematisch Gedanken über ihre Biografie und die darin enthaltenen Potenziale gemacht und darüber reflektiert haben, wieso sie in einer bestimmten Lebensphase etwas aus welchen Gründen entschieden haben, was sie gelernt haben usw. Deshalb brauchen Sie ein kommunikatives Gegenüber, das biografische Erzählungen überhaupt erst hervorlockt, ihnen zuhört

97 Vgl. Wiener ArbeitnehmerInnen Förderungsfonds waff (Hrsg.): Information ‚Kompetenzenbilanz', http://ec.europa.eu/ewsi/UDRW/images/items/itpr_17866_546540804.pdf

und einen Spiegel vorhält. Eine darauf aufbauende in die Tiefe gehende und strukturierte Auseinandersetzung mit Episoden aus dem bisherigen Leben wird ohne eine professionelle Anleitung und Begleitung, die über vertiefte Kenntnisse der Theorie der Kompetenzentwicklung oder des individuellen Lernens verfügen muss, kaum möglich sein.“ [98]

Managementempfehlung

Sie stehen als Personalverantwortlicher vor der Aufgabe, die Talente bzw. die noch verborgenen Rohdiamanten zu entdecken, die Ihr Unternehmen benötigt, um die Herausforderungen der Zukunft bewältigen zu können? Dann sollten Sie die Professionalisierung der notwendigen Kompetenzanalyse vorantreiben.

Wer heute die High Potentials von morgen sucht, sollte genau prüfen, welche professionellen Verfahren den Bedürfnissen seines Unternehmens am gerechtesten werden, und sich auch nicht scheuen, im Bedarfsfall externe Beratung bzw. Unterstützung eines Personaldienstleisters in Anspruch zu nehmen.

5.5 Kompetenzfeststellung, Matching – und wie weiter?

Was ist Matching?

Der Kompetenzanalyse bzw. Kompetenzfeststellung folgt notwendigerweise der Arbeitsschritt, zu prüfen, inwieweit die herausgearbeiteten bzw. festgestellten Kompetenzen letztlich zu den zu Beginn des Prozesses beschriebenen Kompetenzprofilen passen. Heute wird er meist mit dem Begriff ‚Matching‘ überschrieben, zu dem HR Manager auch – je nach Bedarfslage – softwaregestützte Hilfe im Internet finden, beispielsweise im Arbeitgeberbereich von Jobbörsen wie bei www.dekra-job.de (Jobportal der DEKRA Akademie GmbH) oder Einrichtungen der Wirtschaft wie bei www.biwecon.de (Angebot des Bildungswerks der Baden-Württembergischen Wirtschaft e. V.).

98 Vgl. Preißer, R., Völzke, R.: Kompetenzbilanzierung, S. 70 f.

Trotz der zahlreich verfügbaren Onlinehilfen nimmt gerade im Hinblick auf die Erstellung einer Potenzialanalyse inklusive anschließendem Matching ein hoher Prozentsatz der Unternehmen die Leistung externer Berater in Anspruch. Das kam auch in der Studie *Digging for Diamonds* zum Ausdruck und ist Abbildung 6 (siehe Seite 132) zu entnehmen. Der wachsenden Nachfrage nach externer Unterstützung des HR Managements im Rahmen der Potenzialerschließung geschuldet, entstanden in der jüngeren Vergangenheit professionelle ‚ganzheitliche' Beratungsprodukte wie beispielsweise der DEKRA-Developer[99], mit denen den Unternehmen ein Gesamtkonzept von der Potenzialermittlung bis zum Matching und darüber hinaus angeboten wird.

Lassen wir es an dieser Stelle einmal dahingestellt, ob nun eher summative oder formative Verfahren zur Potenzialanalyse zum Einsatz kommen: Angenommen, auf Grundlage des sich der Kompetenzfeststellung anschließenden Matchings wurde ein Kreis von Mitarbeitern identifiziert, die mit der geeigneten Unterstützung zukünftig weitergehende fachliche Aufgaben übernehmen und/ oder auch in eine Führungsrolle hineinwachsen könnten. Dann ist dies ein hoffnungsvoller erster Schritt zur Fach- und Führungskräftesicherung. Allerdings – und darauf sei an dieser Stelle eindringlich hingewiesen – sind Potenzialanalyse und Matching eben nur erste Schritte einer umfassenden Potenzialerschließungsstrategie.

Das, was Kompetenzfeststellung und Matching folgen sollte, wurde auch schon im Rahmen der bereits angesprochenen Studie *Digging for Diamonds* von Atoss und der DEKRA Akademie thematisiert. Ziel der entsprechenden Fragestellung war es, genauer zu beleuchten, wie es nach der Entdeckung bislang verborgener Potenziale eigentlich weitergehen soll.

Vier Ansätze nach dem Matching

Nach Ansicht der in der Studie befragten Geschäftsführer und HR Manager gibt es zwei Kategorien von Ansätzen, mit denen nach der Identifikation von Talenten die Potenzialerschließung weiter vorangetrieben werden soll-

99 DEKRA Developer ist ein umfassendes Beratungsprodukt zur Unterstützung der Unternehmen auf ihrem Weg zur Potenzialerschließung, das u. a. die Prozesse Potenzialerhebung und Matching mit einschließt (www.dekra-akademie.de), siehe auch: DEKRA Akademie GmbH (Hrsg.): Potenziale entdecken – Zukunft sichern, Informationsblatt zum DEKRA Developer Modul System, Stuttgart 2012

te: einmal Ansätze, die unmittelbar auf die als Talente entdeckten Mitarbeiter zielen, und zum anderen die Ansätze, die eher die organisatorischen Prozesse und das Management im Fokus haben.

Über alle Unternehmensgrößen und Funktionen der befragten Teilnehmer an der Studie hinweg konzentrierten sich die Antworten auf vier Handlungsansätze, mit denen die als Talente identifizierten Mitarbeiter im nächsten Schritt gefördert werden sollen:

Abbildung 7: Nächste Schritte zur Potenzialerschließung: Mitarbeiter als Zielgruppe

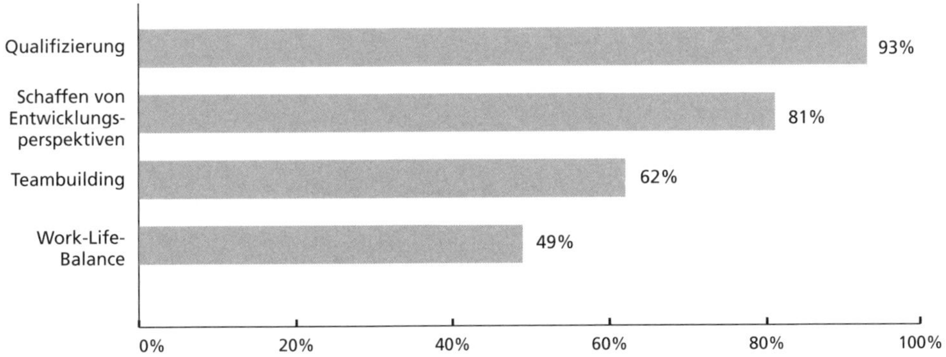

Nach Daten von: Atoss Software AG u. DEKRA Akademie GmbH (Hrsg.): Digging for Diamonds, Verborgene Potenziale im Unternehmen heben – Status quo und Ausblick, München und Stuttgart 2008

1. Ansatz: Qualifizierung bzw. Weiterbildung

Es mag nicht sonderlich überraschen, dass Qualifizierung bzw. Weiterbildung immer noch als der Königsweg angesehen wird, der beschritten werden muss, um Mitarbeiter auf weitergehende fachliche Aufgaben oder verantwortungsvolle Führungsaufgaben vorzubereiten. Es wird aber noch genauer darauf einzugehen sein, dass sich die Anforderungen an Weiterbildung in den letzten Jahren stark verändert haben und Weiterbildung immer individualisierter sowie in den unterschiedlichsten Formen auftreten kann und dass Weiterbildung viel mehr sein kann als ‚nur' Wissensvermittlung oder das Antrainieren beruflicher Fertigkeiten.

2. Ansatz: Schaffen klarer Entwicklungsperspektiven

Auch steht es natürlich außer Frage, dass das Schaffen klarer Entwicklungsperspektiven eine wesentliche Grundvoraussetzung für gezielte Personalentwicklung darstellt. Denn daraus leitet sich letztlich die Grundmotivation jedes einzelnen Mitarbeiters ab, sich aktiv an Personalentwicklungsmaßnahmen zu beteiligen. So gesehen mag es – trotz der Bedeutung von Weiterbildung – etwas verwundern, dass in der Befragung das ‚Schaffen von Entwicklungsperspektiven' lediglich auf dem zweiten Rang gelandet ist.

3. Ansatz: Teambuilding

Dass das an dritter Stelle folgende Teambuilding als eine weitere gute Möglichkeit betrachtet wird, Talente zu fördern, entspricht meines Erachtens einer heute in zahlreichen Unternehmen geübten Praxis. So bieten beispielsweise Unternehmensprojekte immer wieder die Gelegenheit, Talente in Teams einzubinden, um u. a. von anderen Teammitgliedern zu lernen, von besonders erfahrenen Teammitgliedern zu profitieren, Praxis zu sammeln, sich zu behaupten, zu erleben, welche Auswirkungen gutes oder weniger gutes Projektmanagement auf den Erfolg des Teams oder auch den eigenen Erfolg haben kann usw. So gesehen kann Teambuilding einen ganz wesentlichen Beitrag zur individuellen Weiterentwicklung der (personalen) Kompetenzen, d. h. insbesondere der Sozialkompetenz und der Selbstständigkeit der Rohdiamanten leisten. Diese Tatsache machen sich mittlerweile auch moderne Weiterbildungskonzepte zunutze, die sich zum Ziel gesetzt haben, die Lernenden bei der Weiterentwicklung ihrer Kompetenzen zu begleiten.

4. Ansatz: Work-Life-Balance

Als besonders interessant und auch als besonders erfreulich erscheint mir die Tatsache zu sein, dass ‚Work-Life-Balance' von fast der Hälfte der befragten Personalverantwortlichen als Ansatzpunkt zur Potenzialerschließung genannt wird. Bereits im Jahr 2008 war also eine Grundsensibilität der Unternehmen für die Bedeutung von Work-Life-Balance für die Sicherung ihres Potenzials an Fach- und Führungskräften erkennbar. Bis heute mag sie eher noch gewachsen sein, wenn wir den zahlreichen Berichten in der Presse und im Web Glauben schenken, die über immer neue Bemühungen der Unternehmen informieren, ihren Mitarbeitern mehr Möglichkeiten zu eröffnen, Familie und Beruf, Privatleben und Dienstpflichten miteinander in Einklang zu bringen.

Doch was nützen die besten Verfahren zur Potenzialerschließung, wenn Organisation und Management nicht darauf vorbereitet sind? Auf diese Fragestellung wurde auch in der Studie *Digging for Diamonds* näher eingegangen: Die Bemühungen um die bisher verborgenen Talente im Unternehmen hängen schließlich ganz wesentlich davon ab, wie diese Bemühungen in die betriebliche Organisation eingebunden sind, welche Unterstützung ihnen durch das Management oder aber auch durch die gesamte Belegschaft zuteilwird. Dieser Tatsache trägt die Übersicht (siehe Abbildung 8) über die nächsten Schritte zur Potenzialerschließung – Organisation und Management – Rechnung.

Abbildung 8: Nächste Schritte zur Potenzialerschließung: Organisation und Management

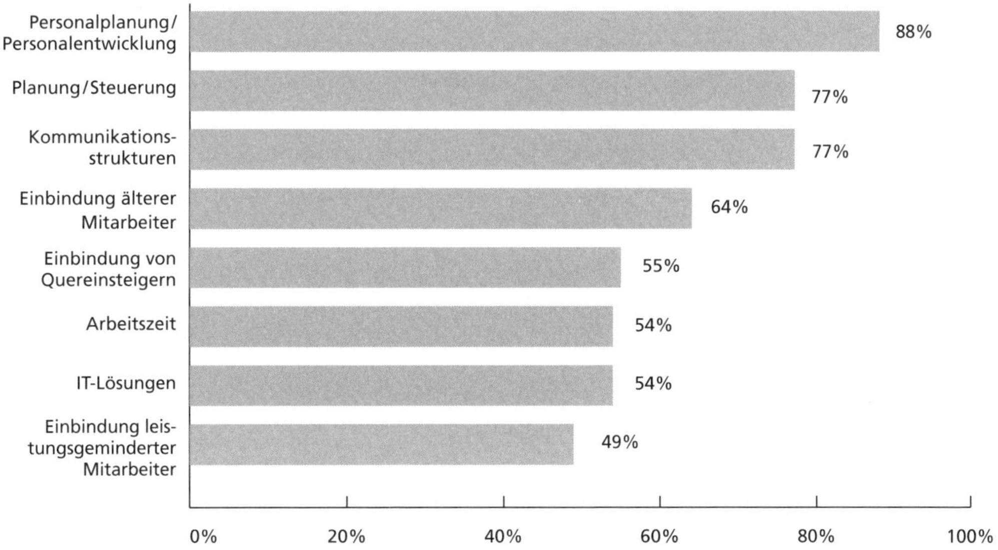

Nach Daten von: Atoss Software AG u. DEKRA Akademie GmbH (Hrsg.): Digging for Diamonds, Verborgene Potenziale im Unternehmen heben – Status quo und Ausblick, München und Stuttgart 2008

Das Unternehmen muss für die entsprechenden Rahmenbedingungen Sorge tragen – ganz im Einklang mit der Erkenntnis, dass sich Mitarbeiter letztlich nur dann aktiv auf Personalentwicklungsansätze einlassen, wenn sie sich ihrer damit verbundenen Entwicklungsperspektiven bewusst sind. Denn wenn die Perspektive im Unternehmen liegen sollte, was ja der Zweck der Potenzialerschließung ist, sollte – so die Befragten der Studie *Digging for*

Diamonds – diese auf geeigneten Informationen zur Unternehmensplanung und insbesondere zur Personalplanung und Personalentwicklung beruhen.

Die richtigen Kommunikationsstrukturen im Unternehmen werden von den befragten HR Managern und Geschäftsführern sehr weit oben in ihrer Bedeutung als organisatorische Rahmenbedingung für die nächsten Schritte zur Potenzialerschließung angesiedelt. Das unterstreicht nochmals die bereits angesprochene Notwendigkeit einer offensiven Informationsstrategie.

In der Atoss/DEKRA-Studie beschreiben organisatorische Themen wie die Schaffung geeigneter Arbeitszeitmodelle (auch vor dem Hintergrund von Work-Life-Balance-Ansätzen) und der Einsatz adäquater IT-Systeme eher strukturelle und technische Anforderungen an ein auf Potenzialerschließung angewiesenes Unternehmen. Bei der Einbindung unterschiedlicher Mitarbeitergruppen wie leistungsgeminderter oder älterer Mitarbeiter sowie von Quereinsteigern handelt es sich eher um unternehmensstrategische Aspekte. Das Ranking in der Studie *Digging for Diamonds* verrät zumindest eine Grundsensibilisierung dafür, dass das Demografiemanagement tatsächlich ‚alle Hebel in Bewegung setzen' und sukzessiv möglichst alle demografischen Handlungsfelder erschließen muss, wobei dem Aspekt des Diversity Managements eine Schlüsselrolle zukommt. Darauf wird noch genauer einzugehen sein.

5.5.1 Die Renaissance des menschlichen Faktors

Wenn ein Unternehmen sich auf den Weg macht, strategisches Demografiemanagement zu betreiben, ist eine zumindest mittelfristige Unternehmensplanung und eine damit verknüpfte Personal(entwicklungs)planung eine unabdingbare Voraussetzung.

Dass Personalplanung bzw. Personalentwicklungsplanung sowie das eigentliche Demografiemanagement durch nutzerfreundliche IT-Lösungen unterstützt werden kann und soll, stellt heute eigentlich auch niemand ernsthaft infrage. Genauso sollte man von einem Unternehmen im 21. Jahrhundert erwarten können, dass in ihm eine auf zeitgemäßen Kommunikationsstrukturen basierende vertrauensvolle Kommunikationskultur gelebt wird.

Bis hierhin wurden also höchstens notwendige Rahmenbedingungen für eine erfolgreiche Potenzialerschließungsstrategie genannt, die in heutigen Unternehmen selbstverständlich sind, zumindest aber selbstverständlich sein sollten – hinreichend für eine tatsächlich erfolgreiche Strategie sind sie deshalb sicher noch lange nicht.

Auch die Bereitstellung eines großen Werkzeugkastens voller Instrumente zur Potenzialförderung mag dem Zweck der Potenzialerschließung nicht widersprechen und wird ihm zweifelsfrei grundsätzlich dienlich sein. Dennoch: Auch die alleinige Bereitstellung und Anwendung einzelner Instrumente ist nicht hinreichend.

Instrumente zur Potenzialerschließung

So können Instrumente wie folgende als äußerst wichtige Bausteine auf dem Weg zur Potenzialerschließung dienen:

- **Vorleben von Unternehmenswerten** durch das Management: Was für das gesamte Management selbstverständlich sein sollte, wird als handlungsleitend für die Geschäftsleitung, das HR Management und alle Führungskräfte herausgestellt und vorgelebt

- **Qualifizierungsprogramme für Führungskräfte**, während derer das HR Management und die Geschäftsleitung die Führungskräfte für die Herausforderungen des demografischen Wandels sensibilisieren und u. a. Handlungsempfehlungen entwickeln, die den Führungskräften dabei helfen sollen, den gesamten Prozess der Potenzialerschließung aktiv zu begleiten

- **Zielvereinbarungen mit allen Führungskräften**, bei denen sich zumindest eine Komponente auf den von der einzelnen Führungskraft geforderten Beitrag zur Potenzialerschließung bezieht

- **Spezifische Qualifizierungsprogramme für Mitarbeiter**, die als ‚Rohdiamanten' identifiziert wurden (wie z. B. Coaching, Workshops, Blended Learning, Seminare, etc.)

- **Qualifizierung im Verbund**, bei der insbesondere kleine und mittelständische Unternehmen in einem gewissen Umfang bei der Qualifizierung ihrer Talente nicht zuletzt auch aus Kostengründen kooperieren

- **Sonstige unternehmensspezifische Programme** zur Förderung und Entwicklung von Nachwuchstalenten

- **Mentoring-Programme**, bei denen den Nachwuchskräften über eine definierte Zeit hinweg erfahrene Mitarbeiter als Ratgeber, als Vertrauensperson oder auch als Sparringspartner zur Seite gestellt werden (nebenbei ein hervorragendes Instrument, ältere und erfahrene Mitarbeiter zusätzlich zu motivieren und so lange wie möglich an das Unternehmen zu binden)

- **Work-Life-Balance-Konzepte**, mit denen bei vielen Mitarbeitern die Motivation gesteigert werden kann, die eigene Karrierechancen nicht extern, sondern im angestammten Unternehmen zu suchen

Die Wirkung dieser Instrumente würde allerdings kurzfristig verpuffen, wenn sie nicht zu den jeweiligen unternehmensspezifischen Rahmenbedingungen passten und sich darüber hinaus nicht nahtlos in eine Gesamtstrategie des Unternehmens einfügen ließen.

Schleichende ‚Entmenschlichung' der Personalarbeit

Dennoch: Trotz vieler verfügbarer und mit hoher Wahrscheinlichkeit auch funktionaler Rahmenbedingungen zur Potenzialerschließung und trotz der Bereitstellung einer Vielzahl qualitativ hochwertiger Werkzeuge, die sicher auch noch Teil einer vernünftigen und zukunftsweisenden Gesamtstrategie zur Potenzialanalyse sein mögen, darf ein ganz wesentlicher Erfolgsfaktor nicht außen vor gelassen werden: ein eigentlich alter Bekannter, der im Verlauf des demografischen Wandels wieder an Bedeutung gewinnt und der bereits auf dem besten Weg dazu ist, eine Art Renaissance zu erfahren, nämlich der sogenannte menschliche Faktor in der Personalpolitik. Auch wenn wir – wie in der Personalwirtschaft üblich – immer wieder von Personalplanung, Personalentwicklung u. Ä. sprechen: Hinter dem Begriff Personal verbergen sich Menschen, Frauen und Männer mit ganz individuellen Charakteren, mit individuellen Wünschen und Zielen, mit individuellen Begabungen und individuellen Vorstellungen etc. Und auch wenn wir statt von

Personal neudeutsch von HR bzw. Human Resources sprechen – besser wird es deshalb auch nicht.

So erinnere ich mich in diesem Zusammenhang an ein recht interessantes Gespräch mit einem Unternehmensberater. Es ging um ein Konzept, mit dem aus dem Mitarbeiterkreis einzelner Unternehmen Führungskräfte entwickelt werden sollten, die als zukünftige Innovatoren dazu beitragen sollten, das Unternehmenswachstum voranzutreiben. Ein sicher wichtiges und höchst legitimes Vorhaben. Das Irritierende dabei war deshalb für mich nicht die durchaus nachvollziehbare Zielsetzung – sondern vielmehr die Wortwahl, die in solchen Projekten immer öfter die Oberhand gewinnt: Wortungetüme wie Human Capital Bilanz rücken immer wieder in den Mittelpunkt. Um Missverständnissen vorzubeugen: Was mich in diesem Zusammenhang stört, ist nicht die Verwendung von Anglizismen – ‚intellektuelle Eigenkapitalquote' klingt auch nicht viel besser als ‚Human Capital Bilanz' –, sondern es ist die schleichende Entmenschlichung der ‚Personalarbeit' in Wort und Schrift, die mir dabei zu denken gibt.

Aber allen Bedenken zum Trotz: Es besteht wieder Hoffnung, dass die schleichende Entmenschlichung der Personalarbeit aufgehalten und in weiterer Zukunft vielleicht sogar umgekehrt werden könnte. Das könnte sich tatsächlich zu einem kleinen, wenn auch nicht ganz unwichtigen positiven Nebeneffekt des demografischen Wandels und der damit verknüpften Entwicklung des Arbeits- und Stellenmarktes zu einem Arbeitnehmermarkt entwickeln:

Unternehmen werden zunehmend gezwungen sein, um diejenigen Frauen und Männer zu werben, denen sie es zutrauen, die zukünftigen Aufgaben, die sich im Unternehmen stellen werden, zu bewältigen. Zuallererst werden sie sich dabei aber daran erinnern müssen, dass es Menschen mit allen ihren Besonderheiten sind, die sie für sich gewinnen wollen. Die Unternehmen werden sich, wenn sie wollen, dass ihr Werben erhört wird, auf die vielen unterschiedlichen Charaktere dieser Frauen und Männer einlassen müssen, aber auch immer häufiger auf deren individuelle Wünsche und Ziele, Begabungen und Vorstellungen etc. Unternehmen werden nach einer langen Zeit, in der sie selbst die Umworbenen waren, wieder lernen müssen, offensiv Mitarbeiter zu werben, sie zu motivieren, sie zu überzeugen und – last but not least – sie wertzuschätzen und ihnen dies auch zu vermitteln!

Stärkere Mitarbeiterorientierung der Unternehmen

Wir sprechen von einem sich wandelnden Selbstverständnis der Unternehmen, das sich durch eine stärkere Mitarbeiterorientierung auszeichnet. Dafür, dass es sich hierbei nicht um eine Fata Morgana handelt, sondern um eine der Wirklichkeit des Jahres 2013 entnommene Entwicklung, lassen sich mittlerweile immer mehr und immer deutlichere Hinweise finden. Ein besonders beeindruckendes Beispiel für diese Neuorientierung der Unternehmen scheint mir der für jedes Unternehmen im Internet abrufbare Unternehmenscheck der INQA (Initiative Neue Qualität der Arbeit) zu sein: www.inqa-unternehmenscheck.de/check/daten/mittelstand/index.htm

Er spricht insbesondere mittelständische Unternehmen an und soll helfen, Verbesserungspotenziale im Unternehmen zu entdecken. Nach Angaben der Betreiber der Website hilft der Check „vor allem, Beschäftigte zu motivieren und sie an das Unternehmen zu binden. Das ist ein entscheidender Erfolgsfaktor angesichts des Fachkräftemangels und einer immer älter werdenden Bevölkerung“[100].

Vor dem Hintergrund der wachsenden Bedeutung des menschlichen Faktors, der den einzelnen Menschen mit seinen Wünschen, Zielen, Begabungen etc. in den Mittelpunkt rückt, und angesichts der angestrebten Potenzialerschließung als elementare Zielsetzung der Unternehmen weist der oben bereits angesprochene methodische Ansatz der Kompetenzenbilanz meines Erachtens in die richtige Richtung.

Bei der Kompetenzenbilanz werden zwar – wie bei den anderen genannten Verfahren auch – die Fertigkeiten und Kompetenzen der Frauen und Männer, die sich dem Verfahren unterziehen, erfasst und dokumentiert. Es ist aber auch zu erkennen, dass Kompetenzerfassung eher ein Nebenprodukt von Kompetenzentwicklung sein kann. Das zeigt somit gleichzeitig einen nachvollziehbaren Weg auf, wie ausgehend von der Erkundungsphase wei-

100 INQA (Initiative für eine Neue Qualität in der Arbeit), in: INQA-Unternehmenscheck, www.inqa-unternehmenscheck.de/check/daten/mittelstand/check_01.htm, Berlin 2012

ter daran gearbeitet werden kann, einmal entdeckte Rohdiamanten tatsächlich auch für das Unternehmen zu erschließen.

Die der Potenzialerkundung folgenden Meilensteine (Werben, Motivieren, Analysieren) sind in diesem Fall bereits zu Bestandteilen des Erkundens geworden, weil die Erkundungen in dieser Form gemeinsam mit den Mitarbeitern erfolgt, dass ihnen selbst der aktivste Part im Rahmen des Erkundungsprozesses zukommt. Das heißt, dass sie – wenn auch unterstützt durch einen Coach – ihre Fertigkeiten, ihre Kompetenzen aber auch ihre persönlichen beruflichen Ziele selbst erarbeiten und entwickeln.

Es wäre meines Erachtens ein fataler Irrtum anzunehmen, dass allein schon durch die Tatsache an sich, dass Mitarbeiter im Zuge einer Potenzialanalyse als mögliche zukünftige Fachkräfte ‚entdeckt' wurden, diese Rohdiamanten deshalb schon per se überzeugt wären, dass es für sie selbst der richtige Schritt wäre, in dem Unternehmen, für das man schon eine ganze Weile eher im Verborgenen wirkt, aus der gewohnten ‚Anonymität' herauszutreten und auf Dauer mehr Verantwortung zu übernehmen und selbst stärker im Fokus zu stehen.

Selbst wenn ein Matching der individuellen Kompetenzen mit einem anspruchsvollen Kompetenzprofil einen erfolgreichen Aufstieg auf der Karriereleiter versprechen sollte, heißt das noch lange nicht, dass Mitarbeiter dieselben beruflichen Ziele vor Augen haben, wie sie ihnen von den Führungskräften und dem HR Management aufgrund von Potenzialanalyse und Matching zugedacht werden. Hier sind die Führungskräfte und das HR Management ganz besonders gefordert, denn die frisch entdeckten Rohdiamanten müssen umworben und für weiterführende Aufgaben motiviert werden. Ihre Ausgangssituation muss mit ihnen gemeinsam analysiert werden mit dem Ziel, mit ihnen einen vertrauensbildenden Konsens hinsichtlich der nächsten Schritte vom Rohdiamanten zum glänzenden Diamanten zu schaffen.

Nach Potenzialanalyse und Matching: Gespräche

Da es ein Zweck solcher Potenzialanalysen ist, Mitarbeiter mit bisher verborgenen Potenzialen, die zum Nutzen des Unternehmens weiterentwickelt werden sollten, zu identifizieren, sollte von vornherein feststehen, wie mit den auf diesem Weg entdeckten Rohdiamanten weiter gearbeitet werden soll. So sollten natürlich unmittelbar nach dem Vorliegen der Ergebnisse der Potenzialanalyse bzw. eines anschließenden Matchings Gespräche mit den Mitarbeitern geführt werden, die als Rohdiamanten im Hinblick auf die vorab beschriebenen Kompetenzprofile identifiziert wurden. Mindestens genauso wichtig ist auch, dass unmittelbar nach der Potenzialanalyse insbesondere ausführlich mit den Frauen und Männern gesprochen wird, für die sich aus den vorliegenden Ergebnissen aktuell (noch) keine neuen Perspektiven für weiterführende Aufgaben im Unternehmen ergeben haben. Diesen Gesprächen ist im Hinblick auf das Unternehmensklima und die im Unternehmen gelebte Vertrauenskultur ganz besondere Bedeutung beizumessen.

Mögliche Gefahren bei Verzicht auf Gespräche

Das Ergebnis der Potenzialanalyse bietet den HR Managern eine fast einmalige Chance: Sie können den einzelnen Mitarbeitern dadurch helfen, dass der Mitarbeiter wertvolle Informationen über sich selbst, über seine Stärken und Schwächen enthält, deren er sich bisher noch nicht bewusst war. So kann der Mitarbeiter seine weitere berufliche Karriere, aber auch sein persönliches Leben positiv weiterentwickeln. Aus diesem Grund, aber auch weil die Gefahr besteht, dass ohne ein erläuterndes und beratendes Gespräch einzelne Ergebnisse zur Demotivation und Enttäuschung führen könnten, sollten diese Frauen und Männer mit dem Ergebnis ihrer Potenzialanalyse keinesfalls allein gelassen werden. Denn das wäre, verbunden mit all den Risiken der Über- oder Fehlinterpretation, fatal für die einzelnen Mitarbeiter selbst – es wäre aber auch fatal im Hinblick auf die Auswirkungen auf Bereitschaft und Motivation der gesamten Belegschaft, das Verfahren der Potenzialerschließung zu unterstützen. Letztlich könnte es zu einem herben Rückschlag für das Arbeiten an einer gemeinsamen Vertrauensbasis im Unternehmen und für das Bemühen um die Stärkung des positiven Denkens führen.

An dieser Stelle ist es am HR Management, dafür Sorge zu tragen, dass qualifizierte Berater die Potenzialanalysen in einem persönlichen Gespräch den Mitarbeitern vorstellen und erläutern. Dabei sollten sie verdeutlichen, dass eine zu vorgegebenen Kompetenzprofilen weniger passende individuelle Potenzialanalyse niemals gleichbedeutend ist mit einer negativen Beurteilung der persönlichen und beruflichen Kompetenzen oder der beruflichen Leistungsfähigkeit. Ein solches Ergebnis kann lediglich aussagen, dass die Kompetenzen hier und jetzt zu wenig zu den aktuell vorformulierten Kompetenzprofilen passen – mehr aber auch nicht!

Fatal wäre es zweifellos aber auch, wenn nicht unmittelbar nach dem Vorliegen der Ergebnisse auch mit den Menschen Beratungsgespräche geführt werden, für die sich aus der Potenzialanalyse und dem anschließenden Matching mit den vorgegebenen Kompetenzprofilen hinreichend viele Anhaltspunkte ergeben haben, die eine Weiterentwicklung im Hinblick auf diese Profile sinnvoll erscheinen lassen.

In diesen Beratungsgesprächen müssen ...

- die Ergebnisse der Potenzialanalyse und des Matchings durch qualifizierte Berater erläutert werden,
- einige Skeptiker, die noch voller Zweifel an ihren eigenen Fähigkeiten sind, ermutigt werden, gemeinsam mit ihren Vorgesetzten und Beratern aus dem HR Management die sich bietende Chance auch tatsächlich zu nutzen,
- andere vielleicht in ihrer Euphorie gebremst werden und mit ihnen eine realistische Karriereperspektive im Unternehmen entwickelt werden,
- weitere davon überzeugt werden, dass das Unternehmen, von dem sie vielleicht in der Vergangenheit immer mal wieder enttäuscht wurden, sie tatsächlich fördern will und neue Chancen für sie bereithält,
- mit einigen die Risiken, denen sie sich beim Einschlagen neuer beruflicher Wege aussetzen könnten, diskutiert werden,
- aber insbesondere auch diejenigen Zweifler überzeugt werden, die eventuell noch Angst vor Veränderungen haben, indem ihnen vor Augen geführt wird, dass die Anstrengung, aus einer bisher eher Anonymität bietenden Position herauszutreten und als qualifizierte Fach- und Führungskraft zu wirken, sich für sie lohnen könnte.

In diesem Zusammenhang wird wieder deutlich, welche Vorteile formative Verfahren zur Kompetenzfeststellung (wie die Kompetenzenbilanz) für den gesamten Prozess der Kompetenzerschließung gegenüber den verbreiteten summativen Verfahren für das Unternehmen gerade im Hinblick auf die Suche nach zukünftigen Fach- und Führungskräften haben können:

Erläuterung der Ergebnisse und die Beratung der Mitarbeiter

- Der Phase der Kompetenzfeststellung mit anschließendem Matching folgt die notwendige und hoch sensible Phase der Erläuterung der Ergebnisse und die dazugehörige Beratung der Mitarbeiter. Sie wird nach meiner Einschätzung durch ein vorangehendes formatives Verfahren erheblich entschärft, denn:
  - Die Mitarbeiter erarbeiten eigenständig während einer Zeitspanne von ca. vier Wochen – wenn auch mithilfe einer Beratung durch einen Coach – ihre persönlichen Fertigkeiten und Fähigkeiten auf Basis der wiederum von ihnen selbst zusammengestellten Informationen.
  - Während der gesamten Phase der Kompetenzfeststellung steht ein Coach zur individuellen Beratung zur Verfügung.
  - Vom eigentlichen Endergebnis der Kompetenzfeststellung wird keiner der am Kompetenzfeststellungsverfahren Teilnehmenden wirklich überrascht sein.
  - Unabhängig davon, ob das Ergebnis der Kompetenzfeststellung letztlich besonders gut zu einem der gesuchten Kompetenzprofile passt, entwickeln die teilnehmenden Frauen und Männer ihr eigenes Kompetenzprofil weiter, indem sie sich ihrer Fertigkeiten und Kompetenzen bewusst werden und dabei beispielsweise ihre Fähigkeit zur Selbsteinschätzung, aber auch ihr Selbstbewusstsein steigern.
  - Auf Grundlage der beschriebenen Kompetenzen entwickeln die am Prozess der Kompetenzfeststellung Teilnehmenden ihre weiteren persönlichen und beruflichen Ziele in Zusammenarbeit mit ihrem Coach.
  - Letztlich rückt die eigene Kompetenzentwicklung so weit in den Vordergrund, dass die Ergebnisse eines Matchings der Resultate der Kompetenzfeststellung mit den Zielprofilen für das Unternehmen zwar weiterhin von großem Interesse sind, für die einzelnen Teilnehmer letztlich aber eine eher untergeordnete Rolle spielen.
- Die an formativen Kompetenzfeststellungsverfahren Teilnehmenden haben im Rahmen dieses formativen Ansatzes für sich selbst eine realistische Einschätzung ihrer Kompetenzen und der daraus folgenden Ziele erarbeitet. Dadurch sind sie im Rahmen der Analyse der Matchingergebnisse höchstwahrscheinlich offener für die Argumente des HR Manage-

ments oder anderer Führungskräfte hinsichtlich der eigenen Weiterentwicklung als im Rahmen einer Diskussion der Ergebnisse eines eher summativen Verfahrens.

- Vor diesem Hintergrund ...
  - wird eine vertiefende Analyse gemeinsam mit den Führungskräften aufgrund der Vorarbeiten im Rahmen der Kompetenzfeststellung erheblich erleichtert,
  - werden zu euphorische Sichtweisen der eigenen Fertigkeiten und Kompetenzen bereits relativiert sein,
  - könnte sich der Aufwand in überschaubaren Grenzen halten, die Teilnehmenden von den von ihnen selbst erarbeitenden Fertigkeiten und Kompetenzen, aber insbesondere von Zielen zu überzeugen, die sie im Idealfall zum Großteil bereits selbst entwickelt haben.

5.5.2 Bindung durch Wertschätzung

Trotz aller Mühe, die von der Unternehmensleitung gemeinsam mit den Führungskräften darauf verwendet werden mag, Rohdiamanten aus dem Gesamtpotenzial des Unternehmens herauszufiltern und zu wertvollen Fach- und Führungskräften weiterzuentwickeln: Sich ihrer deshalb allzu sicher zu sein, wäre wohl eine der größten Fehleinschätzungen, vor der das HR Management die Unternehmensleitung und die verantwortlichen Führungskräfte immer wieder warnen sollte.

Fach- und Führungskräfte als ‚flüchtiges Gut'

Das allein reicht aber meist nicht aus. Daher gehört es auch zu den Aufgaben des HR Managements, bei der Unternehmensleitung und den Führungskräften immer wieder mit allem Nachdruck gezielt darauf hinzuwirken, alle ihnen zur Verfügung stehenden Möglichkeiten zu nutzen, bei den ehemaligen Rohdiamanten die Motivation hochzuhalten, trotz ihres gestiegenen Selbstbewusstseins auch weiterhin für das Unternehmen arbeiten zu wollen. Denn realistisch betrachtet sind hoch qualifizierte Fach- und Führungskräfte besonders in Zeiten des demografischen Wandels und eines sich immer mehr zum Arbeitnehmermarkt wandelnden Stellenmarktes doch ein eher ‚flüchtiges Gut'.

Warum Motivation nötig ist

Rohdiamanten, die bei der Suche nach zukünftigen High Potentials entdeckt wurden, müssen stets weiter motiviert werden, für das Unternehmen arbeiten zu wollen, denn:

- Sie haben zwischenzeitlich ihre Stärken herausgearbeitet und kennengelernt.
- Sie haben dabei ihr Selbstbewusstsein weiter ausgebildet.
- Sie haben für sich neue Perspektiven entdeckt.
- Sie haben sich selbst neue persönliche Ziele gesetzt, die sie unter Umständen nur außerhalb des Unternehmens ihres aktuellen Arbeitgebers erreichen können.

Attraktivität für externe Konkurrenz

Darüber hinaus wurden sie – vielleicht mit mehr oder minder starkem Nachdruck – überzeugt, dass die Übernahme größerer Verantwortung für sie genau der richtige Weg in eine bessere persönliche Zukunft wäre etc. In dem Maße, in dem sie sich zu High Potentials entwickelten, wurden diese Mitarbeiter, die ihren Karrierefortschritt sicher auch in das nähere und weitere familiäre, soziale und berufliche Umfeld (auch mithilfe von Social Media) hinein kommunizieren, nicht nur für ihren bisherigen Arbeitgeber erheblich interessanter und wertvoller. Sie wurden zwangsläufig in gleichem Maße attraktiver für die externe Konkurrenz. Es wird demnach kaum zu vermeiden sein, dass sie immer wieder auch verlockende Angebote von außen erhalten. Falls sie diesen Angeboten widerstehen sollten, trägt das auch wieder dazu bei, ihr Selbstbewusstsein weiter zu stärken, ihren Anspruch an sich selbst, aber natürlich auch an den Arbeitgeber zu erhöhen, auch wenn dieser erheblichen Anteil daran hatte, ihnen neue berufliche Perspektiven zu eröffnen.

Employer Branding

Dass Rohdiamanten auf dem Weg zum High Potential ein ‚flüchtiges Gut' sind, fällt natürlich denjenigen Unternehmen zuallererst und mit der entsprechenden Intensität besonders auf, die es in der Vergangenheit vernachlässigt haben, an ihrem sogenannten Employer Branding zu feilen. Diese Unternehmen vermochten es bisher nicht, ihren Mitarbeitern zu vermitteln, dass sie bei einem rundum attraktiven Arbeitgeber beschäftigt sind. Sie werden zunehmend Schwierigkeiten haben, ihre aktuellen und zukünftigen Fach- und Führungskräfte an das Unternehmen zu binden.

Zweifellos stellt die Tatsache, dass ein Unternehmen das Aufspüren und die Entwicklung der Talente im eigenen Haus strategisch und mit Nachdruck verfolgt, ein wichtiges Merkmal seiner demografischen Wettbewerbsfähigkeit dar. Dieser Ansatz kann, wenn er geschickt nach innen wie nach außen kommuniziert wird, einen erheblichen Beitrag zum sogenannten Employer Branding leisten, d. h. dazu, dass das Unternehmen als attraktiver Arbeitgeber wahrgenommen wird.

Bindung der Mitarbeiter an das Unternehmen

Wie gesagt: Das Aufspüren von Talenten und deren Entwicklung zu Fach- und Führungskräften ist ein nicht unwesentliches Merkmal eines demografisch wettbewerbsfähigen und attraktiven Arbeitgebers. Das zweite damit korrespondierende Merkmal ist allerdings der Grad, mit dem es dem Arbeitgeber gelingt, seine Fach- und Führungskräfte so lange wie möglich an das Unternehmen zu binden:

- Wie ist das Employer Branding eines Unternehmens einzuschätzen, in dem nur jeder vierte Arbeitnehmer von seinem Vorgesetzten für gute Arbeit gelobt wird?
- Wie ist es um die Attraktivität eines Arbeitgebers bestellt, dessen Mitarbeiter das Gefühl haben, nicht ausreichend über aktuelle geschäftspolitische Entwicklungen informiert zu werden?
- Um wie viel höher mag die Fluktuationsrate in einem Unternehmen, in dem eine Misstrauenskultur vorherrscht, im Vergleich zu einem Unternehmen sein, in dem auch in schwierigen Zeiten großer Wert auf eine vertrauensvolle Zusammenarbeit gelegt wird?

Diese drei Fragen führen uns zu dem Gedanken, dass es genau genommen die Wertschätzung ist, die den Unterschied zwischen einem attraktiven und einem weniger attraktiven Unternehmen ausmacht. Sie macht also den Unterschied zwischen Unternehmen, denen es gelingt, ihre Mitarbeiter stärker ans Unternehmen zu binden, und denen, die sich durch mehr oder minder hohe und bedrohliche Fluktuationsraten auszeichnen.

Natürlich hängt die Attraktivität eines Unternehmens auch von dessen Image in der Öffentlichkeit und sicher auch von der Attraktivität der Branche u. v. a. m. ab. Aber selbst Defizite in diesen Bereichen müssen nicht unbedingt eine dramatische Verschlechterung der Fluktuationsraten bewirken, wenn es nur gelingt, den Mitarbeitern das Gefühl der Wertschätzung durch ihren Arbeitgeber zu vermitteln. Mangelnde Wertschätzung kann letztlich auch nicht durch noch so viel Imagegewinn in der Öffentlichkeit kompensiert werden.

Wertschätzung zur Bindung an das Unternehmen

Wenn ein Unternehmen also Wert darauf legt, die Investitionen, die es z. B. für die Entdeckung von Potenzialen im eigenen Haus und für deren Weiterentwicklung zu kompetenten Fach- und Führungskräften aufgewendet hat, nicht kurzfristig als Fehlinvestition verbuchen zu müssen, dann muss das Zauberwort ‚Wertschätzung' ins Spiel kommen. Das heißt, dass sich die Unternehmensleitung zwingend darüber Gedanken zu machen hat, wie sie die Wertschätzung der Belegschaft im Allgemeinen und seiner High Potentials im Besonderen so zum Ausdruck bringen kann, dass deren Bindung ans Unternehmen signifikant gestärkt wird.

Managementempfehlung

Wenn Sie als Personalverantwortlicher vor der Aufgabe stehen, die Talente, die Sie gerade erst entdeckt haben, auch möglichst lange an Ihr Unternehmen binden zu wollen, sollten Sie sich bewusster des Bindemittels ‚Wertschätzung' annehmen. Sie sollten sich insbesondere Gedanken darüber machen, mit welchen Mitteln sichergestellt wird, dass den Mitarbeiter im Allgemeinen und den Fach- und Führungskräften von heute und morgen im Besonderen die erforderliche Wertschätzung entgegengebracht wird.

Was macht ein Unternehmen zum attraktiven Arbeitgeber?

Wodurch zeichnet sich nun aber ein Unternehmen aus, das als attraktiver Arbeitgeber angesehen wird, weil es nach innen wie nach außen vermittelt, dass es seine Mitarbeiter wertschätzt? Jeder, der sich darüber Gedanken macht, wie Unternehmen die Wertschätzung ihrer Mitarbeiter zum Ausdruck bringen können, wird nach einem kurzen Brainstorming rasch ein paar Möglichkeiten benennen können wie:

- Anerkennung erbrachter Leistungen
- Sozialleistungen
- Work-Life-Balance

- betriebliches Gesundheitsmanagement
- individuelle Förderung (Weiterbildung, Coaching etc.)
- vertrauensbildende Informationspolitik und Zusammenarbeit
- Schaffung individueller Freiräume
- Gehalt

Wie wir sehen, kommt da rasch eine Liste von Möglichkeiten, Wertschätzung zu zeigen, zusammen, die sicher noch ein ganzes Stück verlängert werden kann. Alle oben genannten Beispiele repräsentieren zweifellos Ansätze, denen fast allen große Bedeutung als Instrumente zur Wertschätzung der Mitarbeiter beizumessen ist und auf die deshalb noch genauer einzugehen sein wird. Zunächst will ich aber darauf verweisen, dass eine glaubwürdige Strategie der Wertschätzung der Mitarbeiter nicht zuerst bei der speziellen individuellen Wertschätzung einsetzt, sondern bereits weit vorher: nämlich dadurch, dass das Unternehmen über ein ausgeprägtes Diversity Management verfügt und es dem Unternehmen gelingt, den bei ihm tätigen Menschen zu vermitteln, dass es für die nähere und weitere Zukunft auf die Potenziale aller setzt, und zwar unabhängig von Alter, von Geschlecht, von Herkunft und Hautfarbe oder auch unabhängig von möglichen physischen oder psychischen Einschränkungen etc.

5.6 Diversity Management als grundlegender Ansatz zur Wertschätzung

Spätestens dann, wenn ein Unternehmen sich dazu entschließt, bisher unentdeckte Talente im eigenen Haus aufzuspüren, zu motivieren und zu entwickeln, dann wird deutlich, dass der gesamte Prozess der Potenzialerschließung in ein konsequentes Diversity Management eingebettet sein muss. Dieses hilft einerseits, weitere demografische Handlungsfelder zu erschließen, und bildet andererseits die Grundlage eines Klimas der Wertschätzung aller Mitarbeiter.

Diversity Management als HR Ansatz

Dabei ist Diversity Management als HR Ansatz in Unternehmen zu verstehen, der nicht nur darauf zielt, „Unterschiedlichkeiten von Beschäftigten anzuerkennen und wertzuschätzen. Er zielt auch darauf, diese Unterschiede als strategische Ressource produktiv im Sinne der Unternehmensinteressen zu nutzen"[101], wie auf der Homepage des Diversity Management – Gender-KompetenzZentrums recht treffend beschrieben.

Es dürfte kaum von der Hand zu weisen sein, dass Diversity Management im Zuge der Bewusstseinsbildung hinsichtlich der Auswirkungen der demografischen Veränderungen auf den Arbeitsmarkt entscheidend an Bedeutung gewonnen hat. Die Unternehmen haben erkannt, dass es eine äußerst fahrlässige Vergeudung von Ressourcen wäre, die Unterschiedlichkeit der Mitarbeiter, die vielfältigen Fähigkeiten und Kompetenzen, die vor dem Hintergrund unterschiedlicher Lebenskontexte und Erfahrungen entstanden sind, nicht als Erfolgsfaktoren für das Unternehmen zu nutzen und nicht den Weg für eine Unternehmenskultur zu bereiten, die dadurch, dass sie Vielfalt fördert, statt sie auszugrenzen, die Mitarbeiter stärker an ihr Unternehmen bindet.[102]

Jedes Unternehmen steht vor großen Herausforderungen, wenn es um die Realisierung eines in diesem Sinne zielorientierten und überzeugenden Diversity Managements und speziell dessen HR Management geht, das die erforderlichen Umsetzungsschritte zu koordinieren hat. Aber angesichts der Chancen, die sich durch ein modernes Diversity Management für das Unternehmen hinsichtlich dessen Image, dessen Employer Branding, dessen Attraktivität nach innen wie nach außen und last but not least dessen demografischer Wettbewerbsfähigkeit ergeben, dürfte sich der Aufwand zur Bewältigung der mit der Einführung von Diversity Management verbundenen Herausforderungen allemal lohnen.

Konsequentes Diversity Managements, das in allen Bereichen des Unternehmens gelebt werden soll, ist selbstverständlich weit mehr als eine bloße Willenserklärung der Unternehmensleitung, in der sie sich zur Förderung der Vielfalt im Unternehmen bekennt. Konsequentes Diversity Management – auch wenn es durch die Unternehmensleitung initiiert wird – kann

101 Humboldt-Universität zu Berlin (Hrsg.): GenderKompetenzZentrum. Gender Mainstreaming und Diversity Management, www.genderkompetenz.info/w/files/gkompzpdf/gm_dm.pdf, Berlin 2012

102 Vgl. ebd.

nur dann die mit seiner Einführung verknüpften Erwartungen erfüllen, wenn es gelingt, mit den mit Diversity Management verbundenen Ideen ins Bewusstsein aller Mitarbeiter vorzudringen, und wenn Diversity Management in diesem Sinne sowohl als Top-down- als auch als Bottom-up-Prozess im Unternehmen gelebt wird.

Rahmenbedingungen für Diversity Management

Gerade weil bei Einführung von Diversity Management viel Energie in einen Bewusstseinwandel aller Unternehmensangehörigen zu investieren ist, der sich formalen Regelungen entzieht, sollten sich alle Beteiligten selbstverständlich verdeutlichen, was bei der Einführung zu diskutieren, zu klären, zu managen und zu realisieren ist. Hierzu zählen Punkte wie:

- die Ausarbeitung geeigneter Leitlinien
- die Klärung der Verantwortlichkeit im Management für Diversity Management
- die Verhandlung und Ausarbeitung von Betriebsvereinbarungen und sonstigen Richtlinien
- die Überlegungen zu mittelbaren und unmittelbaren Auswirkungen auf die Einstellungspraxis und die Personalpolitik insgesamt
- das Finden geeigneter Ansätze zur Motivation und zur Weiterbildung der Mitarbeiter
- die Entwicklung entsprechender Strategien zum Konfliktmanagement und zur Methodik der Konfliktbehandlung
- die Einschätzung der Auswirkungen auf Vertrieb und Marketing
- die Überlegungen, inwieweit zusätzliche Controlling-Elemente benötigt werden
- die Erwägung möglicher Veränderungen bei betrieblichen Abläufen und der Betriebsorganisation
- die Sicherstellung der Akzeptanz der Veränderungen auf allen Ebenen und in allen Bereichen des Unternehmens

Diese Punkte gehen beispielsweise auch aus einer ‚Anleitung zur Umsetzung' von Diversity Management hervor, die von diversity hamburg herausgegeben wird und unter dem Titel *Diversity-Management als Chance für kleine und mittlere Betriebe*[103] erschienen ist.

Hilfsmittel: Diversity-Management-Checklisten

HR Managern, denen die Aufgabe übertragen wurde, Diversity Management in ihrem Unternehmen zu implementieren, stehen zwischenzeitlich zahlreiche Hilfen und Anleitungen in der einschlägigen Literatur, aber auch im Internet zur Verfügung. Von besonderem Interesse für das HR Management dürften dabei sogenannte Diversity-Management-Checklisten sein, aus denen die sich aus der Umsetzung von Diversity-Management ergebenden Handlungsfelder im Unternehmen rasch und in meist recht übersichtlicher Form ablesen lassen. Beispielsweise findet sich eine solche Checkliste auch in der oben angesprochenen Anleitung von diversity hamburg, die als erste und gute Orientierungs- und Arbeitshilfe kostenlos herunterzuladen ist. Sie kann über die Internetadresse www.vielfalt-mediathek.de erreicht werden.

Handlungsfelder/ Zielgruppen für Diversity Management

Werfen wir nun vor dem Hintergrund von Diversity Management wieder einmal einen Blick auf die demografischen Handlungsfelder, denen sich ein Unternehmen widmen sollte, dem ernsthaft an seiner demografischen Wettbewerbsfähigkeit gelegen ist. Hier fallen natürlich sofort folgende Handlungsfelder auf:

- Frauen
- Inklusion, Teilhabe von Menschen mit Behinderung
- Fach- und Führungskräfte aus anderen Ländern und Kulturkreisen
- Generation 50+ und 60+

Diese Handlungsfelder beziehen sich auf Zielgruppen, die von der Politik in der Diskussion um den demografischen Wandel und dessen Auswirkungen auf den Arbeitsmarkt häufig und gern als sogenannte ‚stille Reserven' bezeichnet werden. Diese Betrachtungsweise ist meines Erachtens recht ein-

103 Vgl. diversity hamburg (Hrsg.): Diversity-Management als Chance für kleine und mittlere Betriebe. Eine Anleitung zur Umsetzung, Hamburg 2005

seitig und stammt aus einer Zeit, in der sich die Unternehmen noch darauf verlassen konnten, dass sie von Arbeitsuchenden umworbenen werden. Sie glaubten, es sich leisten zu können, aus Bequemlichkeit, aus Ignoranz oder aus sonstigen Gründen heraus beispielsweise Frauen, Menschen mit Behinderung, Menschen aus anderen Ländern und Kulturkreisen und auch Ältere und deren Potenzial im Rahmen ihrer Personalpolitik zu vernachlässigen. Dadurch beraubten sie sich der Chance, deren potenziellen Beitrag zur Weiterentwicklung des Unternehmens zu erkennen.

Unternehmen sollten sich Gedanken darüber machen müssen, wie sie sicherstellen, dass beispielsweise allen Mitarbeitern im Zuge der Potenzialerschließung die gleichen Chancen eingeräumt werden, und welche besondere Unterstützung spezielle Zielgruppen erfahren sollten, die möglicherweise bisher vernachlässigt wurden – auch und gerade im Zuge einer Strategie, die zum Ziel hat, verborgene Potenziale bzw. versteckte Talente im eigenen Haus zu entdecken und zu erschließen. Nur dann können sie diese Chancen auch wirklich zum Wohle des Unternehmens nutzen.

Managementempfehlung

Wenn Sie als Personalverantwortlicher die Bedeutung von Wertschätzung für die Bindung Ihrer Fach- und Führungskräfte und all derer, sich auf dem Weg dahin befinden, erkannt haben, sollten Sie zuallererst ein konsequentes Diversity Management auf den Weg bringen. Dieses sollte allen Mitarbeitergruppen die gleichen Chancen eröffnen, damit dem Unternehmen keine wertvollen Potenziale verloren gehen.

Wer sich auf den Weg macht, Diversity Management zu implementieren, dem bietet sich die Chance, auf diesem Weg alle relevanten demografischen Handlungsfelder zu betreten und die Mitarbeitergruppen, die oft (noch) als stille Reserven bezeichnet werden, als zukünftige Fach- und Führungskräfte zu gewinnen.

5.6.1 Diversity Management: Frauen

Diskussion um die Frauenquote

Kaum ein Thema hat in der jüngeren Zeit in der Familienpolitik ähnlich viel Wirbel ausgelöst wie die Diskussion um die sogenannte Frauenquote in den Führungsetagen deutscher Unternehmen. Das, was in einer ganzen Reihe anderer europäischer Länder bereits Realität ist, führt in Deutschland quer durch die politischen Reihen zu höchst kontroversen Diskussionen.

So wurde bereits im Jahr 2008 in Norwegen ein Gesetz verabschiedet, das festlegt, dass die Mandate in den Verwaltungsräten der Aktiengesellschaften zu 40–60 % von Frauen zu besetzen sind. Das Gesetz wurde in Norwegen zwar umgesetzt, aber dennoch ist anzumerken, dass der Frauenanteil in den Verwaltungsräten kaum über der vorgeschriebenen Mindestquote liegt und Frauen als Vorstandsvorsitzende die absolute Ausnahme bilden. Im mittleren Management befinden sie sich immer noch deutlich in der Minderheit.

Frauenquote in europäischen Ländern

Was die EU-Staaten betrifft, so haben bisher (Stand: Juni 2012) fünf Länder (Belgien, Frankreich, Italien, Niederlande und Spanien) eine gesetzliche Quotenregelung eingeführt. In Frankreich beispielsweise sieht das Gesetz eine zweistufige Umsetzung der Quotenregelung vor: Im ersten Schritt muss im Jahr 2014 der Frauenanteil in den Aufsichts- und Verwaltungsräten (nicht Vorstände!) börsennotierter und öffentlicher Unternehmen mindestens 20 % betragen. Im zweiten Schritt soll der Frauenanteil im Jahr 2017 auf mindestens 40 % gesteigert werden. Falls die Quoten nicht eingehalten werden, sollen Ernennungen von Männern für ungültig erklärt werden und es soll die Möglichkeit bestehen, Sanktionen gegenüber den Unternehmen einzuleiten. Andere europäische Staaten haben also bereits mit der gesetzlichen Umsetzung der Frauenquote begonnen und zwischenzeitlich wird auch in der Europäischen Kommission darüber diskutiert, ob es Sinn macht, zumindest zu empfehlen, ab 2020 die Posten in den Aufsichtsräten börsennotierter Unternehmen zu mindestens 40 % an Frauen zu vergeben.

Frauenquote in Deutschland

In Deutschland sind bisher letztlich noch keine endgültigen politischen Endscheidungen zur Frauenquote getroffen worden, obwohl das Thema gerade im Frühjahr 2013 wieder stärker in Bewegung geriet. So kam es im April 2013 im Bundestag erstmals zur Abstimmung über einen Gesetzesentwurf zur Frauenquote, der vom Bundesrat ins Parlament mit der dortigen rot-grünen Mehrheit eingebracht worden war.

277 Abgeordnete stimmten bei einer Enthaltung für den Entwurf, 320 Abgeordnete stimmten allerdings dagegen. Diesem Ergebnis sieht man auf den ersten Blick nicht an, wie eng es hätte werden können, wenn sich die CDU als größte Regierungspartei nicht darauf festgelegt hätte, von 2020 an ein feste 30 %-Quote durchzusetzen.

Vor der Abstimmung über den Gesetzesentwurf des Bundesrats standen bisher insbesondere zwei konkurrierende Modelle zur Einführung einer Frauenquote im Fokus der Öffentlichkeit, nämlich ...

- ein Selbstverpflichtungsmodell, das als sogenannte ‚Flexi-Quote' bekannt wurde:
  - „Börsennotierte und voll mitbestimmte Unternehmen werden gesetzlich verpflichtet, eine selbst bestimmte und betriebsspezifische Frauenquote festzulegen und zu veröffentlichen, die innerhalb einer bestimmten Frist erreicht werden soll. Dies gilt sowohl für den Vorstand als auch für den Aufsichtsrat. Verfehlt ein Unternehmen die selbstgesetzten Ziele, greifen gesellschaftsrechtliche Sanktionen (z. B. Anfechtbarkeit).
  - Das Flexi-Quoten-Gesetz soll die notwendigen Veränderungsprozesse in der Wirtschaft beschleunigen. Wenn die Mindestzielmarke erreicht ist, soll es eine selbsttragende Entwicklung hin zu gleichberechtigter Teilhabe in den Unternehmen geben. Die gesetzliche Pflicht zur Selbstverpflichtung entfällt daher für einzelne Unternehmen, sobald und solange sie in Aufsichtsrat und Vorstand einen Frauenanteil von 30 Prozent erreicht haben."[104]
- ein eher starres Modell, das vorsieht, dass spätesten im Jahr 2018 in allen Aufsichtsräten und Vorständen ein Frauenanteil von mindestens 30 % gewährleistet ist.

104 Bundesministerium für Familie, Senioren, Frauen und Jugend (Hrsg.): Flexi-Quote und Stufenplan „Mehr Frauen in Führungspositionen", Mitteilung vom 16.04.2013, www.bmfsfj.de/BMFSFJ/gleichstellung,did=172756.html, Berlin 2012

Die Zielsetzung, in den kommenden Jahren deutlich mehr Frauen den Zugang zu Führungspositionen zu ermöglichen, ist angesichts der demografischen Entwicklung berechtigt und auch absolut notwendig. Das kann meines Erachtens nicht mehr ernsthaft bezweifelt werden. In der Gesellschaft scheint darüber weitgehend Konsens zu herrschen und in der Politik wird auch nicht kontrovers über das Ziel diskutiert. Höchstens die Wege, die zu diesem Ziel führen sollen, sind noch nicht klar.

Natürlich ist die unmittelbare Wirkung der Einführung einer Frauenquote in Aufsichtsräten und Vorständen großer Unternehmen auf den ersten Blick eher symbolischer Natur, wenn man sich die Vielzahl und Vielfalt der Unternehmen in Deutschland und die Vielzahl der zu vergebenden Fach- und Führungspositionen verdeutlicht. Allerdings können solche Gesetze zur Einführung einer Frauenquote insbesondere dann durchaus Signalwirkung für alle Unternehmen haben, wenn die zugehörige politische Willensbildung in der breiten Öffentlichkeit stattfindet und von den Medien transportiert wird. Sie können eine Art Weckruf für die Unternehmen sein, sich nicht nur über die Besetzung von Aufsichtsrats- und Vorstandspositionen durch Frauen in großen Unternehmen Gedanken zu machen. Darüber hinaus sollten sie auch hinterfragen, warum der Frauenanteil in der Unternehmensleitung, im mittleren Management oder bei den Fachkräften zu niedrig ist und wie dieser Anteil gesteigert werden kann.

So muss es die Unternehmen sicher nachdenklich stimmen, dass es mit großer Mehrheit die Frauen und eben nicht die Männer sind, die sich zumindest zeitweise aus dem Berufsleben zurückziehen, um sich der Erziehung der Kinder zu widmen oder auch Familienangehörige zu pflegen, wie aus einer Untersuchung des Instituts für Arbeitsmarkt und Berufsforschung (IAB) hervorgeht[105].

105 Böhm, K., Drasch, K., Götz, S., Pausch, S.: Frauen zwischen Beruf und Familie, in: Institut für Arbeitsmarkt- und Berufsforschung (IAB): IAB Kurzbericht 23 / 2011, Nürnberg 2011, S. 1

Viele der Frauen, die nach einer aus familiären Gründen bedingten beruflichen Auszeit wieder ins aktive Berufsleben zurück wollen, benötigen trotz zum Teil exzellenter Qualifikation und trotz wachsender Engpässe am Arbeitsmarkt noch immer die Hilfe der Bundesagentur bei der Wiedereingliederung in das Berufsleben. Und noch immer tragen Unterbrechungen der Berufstätigkeit „zum geschlechterspezifischen Lohndifferenzial (gender wage gap) bei und wirken sich negativ auf die Weiterbildungsmöglichkeiten und Aufstiegschancen der Frauen aus“[106]. Darüber hinaus erhöhen sie das Armutsrisiko für die betroffenen Frauen im Alter durch die reduzierten Rentenansprüche, die sich aus dem spezifischen beruflichen Werdegang ergeben[107].

Über diese an sich demotivierende Entwicklung kann auch nicht die Tatsache hinwegtäuschen, dass die Erwerbstätigenquote von Frauen in Deutschland über dem OECD-Durchschnitt liegt. Denn die Quote fällt sofort unter den OECD-Schnitt, wenn wir ausschließlich die 25- bis 54-jährigen Mütter mit zwei oder mehr Kindern in den Fokus nehmen. Das heißt, dass in Deutschland Mütter mit zwei oder mehr Kindern seltener erwerbstätig sind als in anderen Ländern. Zusätzlich reduzierte sich die Vollzeiterwerbstätigkeit der Frauen zwischen 1991 und 2010 um 20 %, während geringfügige Beschäftigung und Teilzeitarbeit zugenommen haben, wie wir ebenfalls dem IAB-Kurzbericht ‚Frauen zwischen Beruf und Familie‘ entnehmen können.[108]

Dazu passt auch die etwas ambivalente Pressemitteilung der Bundesagentur für Arbeit im März 2012 zum internationalen Frauentag:

106 Puhani, P., Sonderhof, K.: The Effects of Parental Leave on Training for Young Women. In: Journal of Population Economics, Jg. 24, H. 2, Berlin, Heidelberg 2011, S. 731–760, zitiert nach: Böhm, K., Drasch, K., Götz, S., Pausch, S.: Frauen zwischen Beruf und Familie, Nürnberg 2011

107 Vgl. Strauß, S.: Familienunterbrechungen im Lebensverlauf als Ursache kumulativer Geschlechterungleichheiten, in: Bolder, A., Epping, R., Klein, R., Reutter, G., Seiverth, A.: Neue Lebenslaufregimes – neue Konzepte der Bildung Erwachsener?, Wiesbaden 2010, S. 89–104, zitiert nach: Böhm, K., Drasch, K., Götz, S., Pausch, S.: Frauen zwischen Beruf und Familie, Nürnberg 2011

108 Vgl. Böhm, K., Drasch, K., Götz, S., Pausch, S.: Frauen zwischen Beruf und Familie, S. 1

8. März – Internationaler Frauentag
Starke Frauen – Starke Wirtschaft

Im deutschen Bildungssystem haben Mädchen und Frauen in den letzten Jahrzehnten viel erreicht. Sie haben die besseren Schulabschlüsse und sind für das Berufsleben mindestens so gut qualifiziert wie Männer. Nur am Arbeitsmarkt scheint sich die Gleichstellung nicht oder nur sehr langsam durchzusetzen. Auch wenn Frauen vom konjunkturellen Aufschwung und der anziehenden Arbeitskräftenachfrage der letzten Monate ähnlich stark wie Männer partizipieren konnten, bleiben doch qualitative Unterschiede. Frauen arbeiten deutlich öfter in Teilzeit, seltener in Führungspositionen und mit geringeren Löhnen als Männer. Frauen sind häufiger langzeitarbeitslos und tragen damit im Geschlechtervergleich das höhere Verbleibsrisiko in Arbeitslosigkeit. Fast 70 Prozent aller arbeitslosen Frauen sind in der Grundsicherung. Frauen bilden eine gut qualifizierte Reserve für den Arbeitsmarkt. „Eine Reservebank können wir uns am Arbeitsmarkt aber nicht leisten. Fachkräfte werden bereits heute händeringend gesucht, offene Stellen können nicht besetzt werden – auch in klassischen Frauenberufen, wie zum Beispiel im Gesundheitswesen", so Heinrich Alt, Vorstand Grundsicherung der Bundesagentur für Arbeit.[109]

Frauen als mögliche verborgene Talente in den Unternehmen

Genauso wenig wie sich die Gesellschaft eine Reservebank an qualifizierten Frauen leisten kann, genauso wenig kann sich eine solche Reservebank das einzelne Unternehmen leisten. Ganz selbstverständlich müssen die Frauen in einem Unternehmen deshalb genauso in Verfahren zur Potenzialanalyse wie ihre männlichen Kollegen einbezogen werden, und zwar sollten auch diejenigen Mitarbeiter (überwiegend sind es die Frauen) ohne irgendwelche Vorurteile und ganz selbstverständlich mit einbezogen werden, die z. B. ihre Berufstätigkeit aus familiären Gründen unterbrochen haben.

109 Bundesagentur für Arbeit (Hrsg.): 8. März ist Internationaler Frauentag: Starke Frauen – Starke Wirtschaft, Presseinformation vom 07.03.2012, www.arbeitsagentur.de/nn_27044/zentraler-Content/Pressemeldungen/2012/Presse-12-008.html, Nürnberg 2012

Wenn Frauen im Zuge der Potenzialanalyse als bisher verborgene Talente entdeckt werden, ist es an dem Unternehmen (hier liegt natürlich die Verantwortung insbesondere beim HR Management), diese Frauen genauso individuell wie ihre männlichen Kollegen zu beraten und zu motivieren, sie bei der Entwicklung zu High Potentials zu unterstützen und ihnen die Wertschätzung entgegenzubringen, die dazu beiträgt, sie längerfristig an das Unternehmen zu binden.

Um die Frauen für verantwortungsvolle fachliche Aufgaben oder Führungsaufgaben zu begeistern, müssen die Unternehmen darüber nachdenken, wie sie sich den Frauen gegenüber glaubhaft öffnen und verdeutlichen können, dass sie ernsthaft an einer steigenden Frauenquote in den Führungsetagen interessiert sind. Zu diesem Glaubhaftmachen zählt natürlich auch, die Überzeugung zu vermitteln, dass man es als Erfolgsstrategie des Unternehmens erkannt hat, von der Vielfalt an Fähigkeiten und Kompetenzen aller Mitarbeiter zu profitieren und eine Unternehmenskultur voranbringen zu wollen, in der diese Vielfalt von allen als besonderer Unternehmenswert angesehen wird. Dazu zählt auch die Ernsthaftigkeit, mit der das Unternehmen bereit ist, sich mit den spezifischen Anforderungen der Frauen als aktiver Mitarbeiterinnen im Unternehmen auseinanderzusetzen.

Beispielsweise müssen Unternehmen lernen, konstruktiv damit umzugehen, dass Frauen, so eine Studie der Helmut-Schmidt-Universität Hamburg, meist im Gegensatz zu ihren männlichen Kollegen Leitungspositionen nicht vordergründig schon deshalb übernehmen, weil sie nach mehr Einflussspielraum im Unternehmen streben. Sie sind bei Möglichkeiten, Führungspositionen zu übernehmen, oft zurückhaltender, weil sie lebensqualitative Aspekte in den Mittelpunkt ihrer Überlegungen stellen. Diese Erkenntnis dürfte auch damit zusammenhängen, dass junge Frauen mit höherem Leistungspotenzial als junge Männer nicht in gleichem Maße auch ein höheres Streben nach Führungspositionen an den Tag legen.[110]

110 Vgl. Elprana, G., Gatzka, M., Stiehl, S, Feife, J.: Führungsmotivation im Geschlechtervergleich. Aktuelle Ergebnisse aus dem Forschungsprojekt Mai 2009 bis Februar 2011, Hamburg 2011, S. 5

Motivation für die Übernahme von Führungsaufgaben

So kommt die Helmut-Schmidt-Universität Hamburg in ihrer Untersuchung noch zu zahlreichen weiteren interessanten Aussagen insbesondere hinsichtlich der unterschiedlichen motivationalen Gründe bei Frauen und Männern, Führungsaufgaben zu übernehmen:

- Frauen führen ihren Karriereerfolg eher auf äußere Umstände zurück und bringen ihn weniger mit ihrer eigenen Person in Verbindung.
- Frauen schätzen ihre Chancen im Vergleich zu Männern schlechter ein und sind deshalb auch der Meinung, dass Führungsmotivation für Frauen relevanter ist als für Männer, wenn sie letztlich in Führungspositionen aufsteigen.
- Die Studie zeigt, dass Motivation und Bereitschaft der Frauen, eine Führungsposition anzustreben, in hohem Maß von einer Bestätigung durch ihr soziales Umfeld abhängen.
- Weibliche Vorbilder haben in Führungspositionen als Karrierevorbilder erheblichen Einfluss auf die Führungsmotivation von Frauen.
- Frauen achten eher als Männer darauf, inwieweit auch nach Übernahme einer Führungsaufgabe Work-Life-Balance in gewissem Maße gewahrt bleibt. Einschränkungen des Privatlebens werden zwar von Frauen prinzipiell akzeptiert, allerdings nicht dem Maße, in dem solche Einschränkungen durch Männer toleriert werden.
- Es hat sich gezeigt, dass Führungswille sowohl bei Frauen wie bei Männern gegeben ist, dass allerdings bei Frauen in stärkerem Maße als bei Männern Vorbehalte zu überwinden sind. [111]

Das sind sicher alles Gründe und Motive, auf die sich das Unternehmen bzw. dessen Führungskräfte und HR Management einlassen müssen. Umso wichtiger ist es deshalb, dass entsprechend konstruktive Strategien entwickelt werden, wenn das Unternehmen danach streben sollte, den Frauenanteil auf Führungsebene spürbar zu steigern, wenn also tatsächlich mehr Frauen als bisher dafür gewonnen werden sollen, mehr Verantwortung im Unternehmen zu übernehmen. Die Hinweise, die aus den Ergebnissen des For-

111 Vgl. ebd., S. 5 ff.

schungsprojekts *Führungsmotivation im Geschlechtervergleich* herauszulesen sind, liefern dazu hoch interessante und handlungsleitende Impulse. Sie belegen letztlich, welchen Einfluss durchdachtes Diversity Management auf die Ergebnisse einer auf Sicherung des Fach- und Führungskräftepotenzials ausgerichteten Personalpolitik haben mag bzw. hat.

Zeichen der Wertschätzung durch die Unternehmensleitung

Zu den Aspekten, die im Zuge des Bemühens um Frauen als Führungskräfte stärker an Bedeutung gewinnen und die auch zunehmend von deren männlichen Kollegen als Zeichen der Wertschätzung durch die Unternehmensleitung angesehen werden, zählen ganz eindeutig Ansätze wie:

- Gewährleistung eines Mindeststandards an Work-Life-Balance
- flexible Arbeitszeitmodelle
- betriebliche Angebote zur Kinderbetreuung
- Schaffung einer lern- und entwicklungsförderlichen Arbeitsumgebung
- Zielvereinbarungen, die positive Erfolgserlebnisse nach sich ziehen[112]

Managementempfehlung

Wenn Sie in Ihrem Unternehmen das Arbeitskräftepotenzial der Frauen in der Belegschaft stärker nutzen wollen und sich zum Ziel gesetzt haben, dass Frauen noch stärker qualifizierte Fach- und Führungsaufgaben übernehmen, sollten Sie prüfen, wie Sie die psychologischen und organisatorischen Rahmenbedingungen in Ihrem Unternehmen so weiterentwickeln können, dass sich diese Rahmenbedingungen nicht länger ausschließlich an einer durch Männer geprägten und tradierten Arbeits- und Lebenswelt orientieren.

Wer Frauen für Fach- und Führungsaufgaben gewinnen will, sollte um die Bedeutung von Work-Life-Balance-Konzepten, von Angeboten zur Kinderbetreuung, von infrastrukturellen Rahmenbedingungen u. v. a. m. wissen.

112 Vgl. ebd., S. 17

Nebenbei zeigt es sich am Beispiel der Ansätze zur besonderen Motivation spezifischer Mitarbeitergruppen wie in diesem Falle der Frauen einmal mehr, welche Bedeutung dem Aspekt beizumessen ist, dass Veränderungsprozesse, die zwar als Top-down-Prozesse gestartet sind, in ihrer Wirkung ganz wesentlich davon abhängen, wie es gelingt, diese Prozesse auch als Bottom-up-Prozesse zu entwickeln und zu leben: So hat das Forschungsprojekt der Helmut-Schmidt-Universität Hamburg beispielsweise nachgewiesen, welch große Bedeutung das betriebliche und insbesondere das soziale Umfeld für Frauen hat, deren Entscheidung, sich auf Führungsaufgaben einzulassen, ganz wesentlich von der Bestätigung aus diesem sozialen Umfeld heraus abhängt. Ohne den entsprechenden Bottom-up-Ansatz wäre das erheblich erschwert.

So wichtig die Diskussion um die Frauenquote in Vorständen und Aufsichtsräten mitbestimmter Großunternehmen auch sein mag: Mehr als nur Signalwirkung kann eine entsprechende Gesetzesinitiative auf die Alltagswirklichkeit in der überwiegend mittelständisch geprägten Unternehmenslandschaft nicht haben, wenn man von einem speziellen Aspekt absieht. Vor dem Hintergrund, dass die Untersuchung der Helmut-Schmidt-Universität Hamburg gezeigt hat, dass Frauen sich gerne an weiblichen Karrierevorbildern orientieren, können möglicherweise die Frauen, die schließlich als Mandatsträgerinnen in Aufsichtsräten und Vorständen fungieren, zu Ersatzkarrierevorbildern für viele Frauen auch in kleinen und mittelständischen Unternehmen werden, solange es noch an solchen Vorbildern im eigenen Betrieb fehlen sollte.

5.6.2 Diversity Management: Teilhabe von Menschen mit Behinderung

Politik kann und soll nicht für alles, was in der betrieblichen Arbeitswelt funktioniert oder nicht funktioniert, verantwortlich gemacht werden. Die Hauptverantwortung für Erfolg oder Misserfolg tragen die Unternehmen, deren Eigentümer sowie das Management und nicht die Politik. Ihre Aufgabe ist es, die Märkte, an denen sie als Unternehmer tätig sind, zu erkunden und einzuschätzen. Ihre Aufgabe ist es auch, Chancen und Risiken eines Geschäfts einzuschätzen, aufkommende Probleme und Engpässe zu antizipieren und rechtzeitig Gegenmaßnahmen einzuleiten, genauso wie es ihre Verpflichtung ist, alles dafür zu tun, dass ihr Unternehmen am Markt wirtschaftlich erfolgreich ist. Das sind Aufgaben, die zweifellos nicht an die Politik delegiert werden können und für die im Falle des Misserfolgs die Verantwortung auch nicht auf die Politik abgewälzt werden kann.

Was Politik hingegen kann und wofür sie auch die Verantwortung trägt, ist, dafür zu sorgen, dass die gesellschaftspolitischen, rechtlichen und volkswirtschaftlichen Rahmenbedingungen einer gedeihlichen Wirtschaftstätigkeit zuträglich sind, dass mittel- bis langfristige strukturelle Entwicklungen beobachtet und analysiert sowie rechtzeitig Strategien entwickelt werden, um Fehlentwicklungen zu korrigieren und innovative Prozesse zu erarbeiten, zu implementieren und zu begleiten. Zu den Entwicklungen, die in diesem Sinne bei der Politik Handlungsbedarf hervorrufen, gehört natürlich der demografische Wandel in unserer Gesellschaft, aber auch die Sicherung der gleichen Rechte aller an ihrem Arbeitsplatz.

Das ist auch der Grund dafür, dass sich die Politik vor einigen Jahren – in diesem Fall die koordinierte Weltpolitik – besonders nachdrücklich der Rechte der Menschen mit Behinderung angenommen hat: Im Jahr 2006 verabschiedete die Generalversammlung der Vereinten Nationen in New York die sogenannte Behindertenrechtskonvention (BRK), die letztlich im Jahr 2008 in Kraft trat. Bis zum 30. Juni 2011 wurde der Vertrag zur Behindertenrechtskonvention von über 100 Staaten dieser Erde ratifiziert und ist somit völkerrechtlich bindend.

UN-Behindertenrechtskonvention und Inklusion von Menschen mit Behinderungen in allen Lebensbereichen

Als Konsequenz aus der Unterzeichnung der UN-Behindertenrechtskonvention hat die Bundesregierung noch im Sommer des Jahres 2011 einen Aktionsplan zur Umsetzung der Behindertenrechtskonvention verabschiedet, der als eine Art Kompass in der Behindertenpolitik des Bundes fungieren soll: „Mit der Behindertenrechtskonvention wurde von den Vereinten Nationen ein visionäres Ziel gesetzt: Die ‚Inklusion‘ von Menschen mit Behinderungen in allen Lebensbereichen. Dies bedeutet, dass Menschen mit Behinderungen von Anfang an dabei und mittendrin sein sollen und überall ganz selbstverständlich dazugehören. Das gilt insbesondere für das Arbeits- und Berufsleben“[113], so Andreas Storm, damaliger Staatssekretär im Bun-

113 DEKRA Akademie GmbH (Hrsg.): DEKRA Arbeitsmarktreport 2011, S. 29

desministerium für Arbeit und Soziales (BMAS) in seinem Grußwort zum DEKRA Arbeitsmarktreport 2011.

Ein zentrales Ziel der Behindertenrechtskonvention der Vereinten Nationen besteht darin, alle Formen körperlicher, seelischer oder geistiger Beeinträchtigungen als normalen Bestandteil menschlichen Lebens und menschlicher Gesellschaft ausdrücklich zu bejahen und darüber hinaus – ganz im Sinne von Diversity – als Quelle möglicher kultureller Bereicherung wertzuschätzen.[114]

Um die Ziele der Behindertenrechtskonvention im Arbeits- und Berufsleben zur gelebten Realität werden zu lassen, fordert die BRK in Artikel 27, dafür Sorge zu tragen, dass Menschen mit Behinderungen grundsätzlich einen qualifizierten Zugang zum Arbeitsmarkt erhalten und in den Unternehmen nicht schon von vornherein als ‚leistungsgemindert' angesehen werden.

Managementempfehlung

Wenn Sie in Ihrem Unternehmen keine Chance verpassen wollen, das Potenzial an zukünftigen Fach- und Führungskräften zu erhöhen, sollten Sie bewusst auch die Mitarbeiter einbinden, die der Gruppe der Menschen mit Behinderung angehören.

Wer die Chancen, die sich hinter der Behindertenrechtskonvention verbergen, erkannt hat und es mit der Inklusion von Menschen mit Behinderung in alle Bereiche des Berufs- und Arbeitslebens ernst meint, sollte im Rahmen der Potenzialanalyse ganz bewusst auf Menschen mit Behinderungen und deren individuelle Fertigkeiten und Kompetenzen achten sowie sie offensiv in Personalentwicklungsprozesse einbeziehen.

114 Vgl. UN-Behindertenrechtskonvention, amtlicher deutscher Text im Bundesgesetzblatt (BGBl), 2008, Teil II, Nr. 35, S. 1419 ff.

Menschen mit Behinderung als (potenzielle) Arbeitnehmer

Es wäre auch in diesem Fall wiederum eine grob fahrlässige Verschwendung von Potenzialen, die Rohdiamanten aus dem Kreis der Menschen mit Behinderungen nicht aufspüren und fördern zu wollen. In diesem Zusammenhang mag es ein wenig hoffnungsvoll stimmen, dass eine stichprobenartige Befragung von Personalmanagern deutscher Unternehmen im Jahr 2011 ergab, dass die Diskussion um den wachsenden Fachkräftemangel in der Tat schon dazu führt, dass auch im Hinblick auf Menschen mit Behinderungen ein Einstellungswandel eingesetzt hat. So hat ein Viertel der Befragten erklärt, Menschen mit Behinderung aktiv als potenzielle Arbeitnehmer anzusprechen, und 60 % äußerten sich positiv zu einer offensiveren Einstellungs- und Personalpolitik hinsichtlich Menschen mit Behinderungen. Besonders erfreulich fielen auch die Antworten der Personalmanager aus, als sie zu den im Unternehmen tätigen Mitarbeitern mit Behinderungen befragt wurden: So hoben einige besonders den hohen Motivationsgrad und die Flexibilität der Menschen mit Behinderungen in ihrem Unternehmen hervor, während andere betonten, dass die individuellen Fähigkeiten der Menschen darüber entscheiden, welche Aufgaben ihnen übertragen werden. Da die Einrichtung behindertengerechter Arbeitsplätze ohne Frage zunächst einen Kostenfaktor im Unternehmen darstellt, zeigten sich die Befragten HR Manager zufrieden mit den finanziellen Unterstützungen, die dem Unternehmen mithilfe der Integrationsämter, der Arbeitsagenturen und Jobcenter, der Hauptfürsorgestelle oder dem jeweiligen Landesverband einer karitativen Einrichtung gewährt wurden, sei es für den Kauf von Hebevorrichtungen und Spezialbildschirmen oder für die Investition in notwendige bauliche Veränderungen.[115]

Es besteht also die berechtigte Hoffung, dass speziell auch die politischen Anstrengungen zur Inklusion von Menschen mit Behinderungen insbesondere vor dem Hintergrund des demografischen Wandels auf besonders fruchtbaren Boden fallen und die Stärken und besonderen Begabungen von Menschen mit Behinderungen in Zukunft weit größere Beachtung finden werden, als das bisher in der Wirklichkeit der Unternehmen wahrgenommen werden konnte.

115 Vgl. DEKRA Akademie GmbH (Hrsg.): DEKRA Arbeitsmarktreport 2011, S. 26 f.

5.6.3 Diversity Management: Menschen mit Migrationshintergrund

Laut dem im Jahr 2010 erhobenen Mikrozensus leben mittlerweile 15,7 Millionen Menschen mit sogenanntem Migrationshintergrund in Deutschland und machen somit einen Bevölkerungsanteil von fast 20 % aus. Angesichts dieser Tatsache über die notwendige interkulturelle Öffnung der Unternehmen zu diskutieren, mag auf den ersten Blick ein wenig anachronistisch erscheinen, aber eben nur auf den ersten Blick.

Menschen mit Migrationshintergrund als Zielgruppe für Unternehmen

Da wir von einer vollständigen Integration der Menschen mit Migrationshintergrund noch ein gutes Stück entfernt sind, komme ich nicht umhin, darauf hinzuweisen, dass es die Suche nach verborgenen Potenzialen natürlich nahelegt, auch die Gruppe der Menschen mit Migrationshintergrund als eine der Zielgruppen in den Fokus zu rücken. Auch bei ihnen sollten es die Unternehmen nicht versäumen, nach Rohdiamanten zu suchen, die dann zu qualifizierten Nachwuchskräften für weitergehende Fach- und Führungsaufgaben entwickelt werden können.

Gesetzgebung zur Anerkennung beruflicher Qualifikationen

Da unser Land mittel- bis langfristig auch auf die Zuwanderung qualifizierter Fachkräfte aus dem Ausland angewiesen sein wird, hat auch in diesem Zusammenhang die Politik zwischenzeitlich die Initiative ergriffen und zum 1. April 2012 ein Anerkennungsgesetz in Kraft gesetzt. Mit seiner Hilfe soll es gelingen, dass Menschen mit im Ausland erworbenen beruflichen Qualifikationen weniger Hindernisse überwinden müssen, wenn sie ihre Kompetenzen als Fach- und Führungskräfte in die Unternehmen in Deutschland einbringen wollen.

Um die mit der neuen Gesetzgebung zur Anerkennung beruflicher Qualifikationen verbundene Signalwirkung noch zu unterstützen, trat am 1. August 2012 des neue Gesetz zur Umsetzung der Hochqualifizierten-Richtlinie (auch Blue-Card-Regelung genannt) der Europäischen Union in Kraft. Damit soll die Zuwanderung von Hochqualifizierten aus dem Ausland erleichtert werden: „Die Sicherung der Fachkräftebasis für die deutsche Volkswirtschaft hat sich zu einem beherrschenden Thema in der wirtschafts- und bildungspolitischen Diskussion entwickelt. Entscheidend wird daher sein, nicht nur das heimische Arbeitskräftepotenzial weiter auszuschöpfen, sondern auch Fachkräfte aus dem Ausland für Deutschland zu begeistern.

Letztere werden damit zu einem Schlüsselfaktor zur Linderung der demografischen Probleme“[116], so Hans-Peter Klös, Geschäftsführer und Leiter Bildungs- und Arbeitsmarktpolitik am Institut der deutschen Wirtschaft in Köln, in seinem Gastkommentar zum DEKRA Arbeitsmarktreport 2012.

Es steht wohl völlig außer Frage, dass es dringend solcher politischen Signale an die Bevölkerung im Allgemeinen und an die Unternehmen im Besonderen bedarf, die unterstreichen, wie dringlich es ist, die Bemühungen um alle Mitarbeiter und deren Potenziale noch stärker voranzutreiben.

Beispiel: Probleme hoch qualifizierter Migrantinnen

Die interkulturelle Öffnung ist für zahlreiche Mitarbeiter mit Migrationshintergrund grundlegende Voraussetzung, Karrieremöglichkeiten im Unternehmen nutzen zu können. Und doch stellt sie heute immer noch viele deutsche Unternehmen vor große Herausforderungen. Welcher Art und wie groß diese Herausforderungen auf dem Weg zu mehr interkultureller Öffnung und damit zu mehr demografischer Wettbewerbsfähigkeit sind, dazu liefert eine hoch aktuelle Untersuchung des Bundesministeriums für Bildung und Forschung (BMBF) einige beeindruckende Hinweise. Die Untersuchung erschien unter dem Titel *Arbeitsmarktintegration hochqualifizierter Migrantinnen – Berufsverläufe in Naturwissenschaft und Technik*[117]. Sie fasst gleich mehrere „heiße Eisen“ auf einmal an: Einmal begibt sie sich in das Berufsfeld der auf dem Arbeitsmarkt besonders umworben Absolventen naturwissenschaftlich-technischer Studiengänge, zum anderen zeigt sie auf, wie sich gerade dort Frauen, die auf einen Migrationshintergrund verweisen können, zurechtfinden.

Man mag vielleicht glauben, dass Diversity Management und interkulturelle Öffnung in der Realität des 21. Jahrhunderts angekommen sind und schon längst zu elementaren Teilen der Personalpolitik geworden seien. Diesem optimistischen Glauben widerspricht hingegen eine recht aktuelle Untersuchung des BMBF, in der nachzulesen ist, wie hoch qualifizierte Migrantin-

116 DEKRA Akademie GmbH (Hrsg.): DEKRA Arbeitsmarktreport 2012, www.dekra-media.de/katalog/arbeitsmarktreport2012/blaetterkatalog/index.html, Stuttgart 2012, S. 29

117 Jungwirth, I.: Arbeitsmarktintegration hochqualifizierter Migrantinnen – Berufsverläufe in Naturwissenschaft und Technik, Bonn und Berlin 2012

nen berichten, welchen sozialen Ausgrenzungen sie immer noch ausgesetzt sind und welchen Vorurteilen sie in ihrem beruflichen Alltag in Deutschland begegnen.[118]

Besonders schwer scheint es für hoch qualifizierte Migrantinnen aus nicht deutschsprachigen Ländern zu sein, die Sprachbarrieren als Hemmfaktor für betriebliche Karrieren zu überwinden: So werden viele der befragten Migrantinnen, die nicht über ausreichende sprachliche Fertigkeiten verfügen, in ihren Unternehmen vom Informationsaustausch ausgeschlossen. „Darüber hinaus werden unvollkommene Sprachkenntnisse häufig mit fachlicher Inkompetenz gleichgesetzt. Dies beeinträchtigt nicht nur den Einstieg ins Unternehmen, sondern auch die weiteren Aufstiegschancen erheblich."[119]

Weiter weist die Untersuchung darauf hin, dass sich in männlich dominierten Arbeitskontexten wie in den mathematisch-naturwissenschaftlich-technischen Tätigkeitsfeldern hoch qualifizierte Migrantinnen besonders häufig sowohl geschlechtsspezifischen als auch ethnischen Vorurteilen gegenübersehen, was ihre Akzeptanz beispielsweise als vollwertige Mitglieder von Arbeitsteams etc. erheblich erschwert.[120]

Weitere zusätzliche Hemmfaktoren für betriebliche Karrieren hoch qualifizierter Migrantinnen stellen nach der BMBF-Untersuchung aber auch folgende Problemfelder dar:

- Die Erfahrung, dass hoch qualifizierte Migrantinnen zu wenige (weibliche) potenzielle Vorbilder in den Unternehmen vorfinden, an deren Verhaltensmuster sie sich orientieren könnten
- Die von vielen Unternehmen nicht angemessene Umsetzung von Work-Life-Balance, die sich meist – wenn überhaupt – auf Modelle zu Flexibilisierung der Arbeitszeit beschränkt, ohne die besonderen Lebensumstände von Migrantinnen als Ausländerinnen in Deutschland besonders zu berücksichtigen

118 Vgl. ebd., S. 27

119 Ebd., S. 28

120 Vgl. ebd., S. 30

- Die Lebenswirklichkeit der Migrantinnen, die meist im Unterschied zu ihren deutschen Kolleginnen „auf kein lokal verfügbares Unterstützungsnetzwerk, bestehend aus Verwandten, Freunden und Bekannten, zurückgreifen können“[121]

Das Beispiel der hoch qualifizierten Migrantinnen macht deutlich, welche Handlungsspielräume allein im demografischen Handlungsfeld der Arbeitnehmer mit Migrationshintergrund für einen Großteil der Unternehmen, jenseits aller gesetzlichen Regelung zur Anerkennung im Ausland erworbener Qualifikationen oder zur Erleichterung der Zuwanderung von Fachkräften, noch vorhanden sind, wenn sie ihre demografische Wettbewerbsfähigkeit verbessern wollen.

Was können die Unternehmen tun?

Handlungsmöglichkeiten für Unternehmen

- Sie sollten Konzepte entwickeln und umsetzen, mit deren Hilfe in allen Bereichen des Unternehmens die Überzeugung forciert wird, dass sich hinter ethnischer und kultureller Vielfalt ein nicht unbedeutendes Potenzial zur Verbesserung der demografischen Wettbewerbsfähigkeit und damit der Zukunftsfähigkeit der Unternehmens verbirgt.

- Die Unternehmen sollten anfangen, sich ernsthaft darüber Gedanken zu machen, wie sie das interkulturelle Bewusstsein der Mitarbeiter, der Führungskräfte und der Unternehmensleitung stärken können. Außerdem könnten sie gezielt Aktivitäten bis hin zu konsequenten disziplinarischen Maßnahmen initiieren, mit denen die alltägliche Diskriminierung von Mitarbeitern mit Migrationshintergrund spürbar eingedämmt wird.

- Die Unternehmen müssten Ansätze dafür suchen, wie sie allen ihren Mitarbeitern und auch denjenigen mit Migrationshintergrund deutlicher als bisher signalisieren, dass sie froh sind, sie als Mitarbeiter im Unternehmen zu wissen.

- Durch infrastrukturelle und organisatorische Veränderungen im Unternehmen sollte die Realisierung weitergehender Ideen zur Verbesserung der Work-Life-Balance (z. B. erweiterte Teilzeit- und Betreuungsangebote) möglich gemacht werden, die über bisherige Standards hinausgehen.

121 Vgl. ebd., S. 32

- Insbesondere sind die Führungskräfte dahingehend weiterzubilden bzw. dafür zu sensibilisieren, dass versteckte und die Diskriminierung fördernde Praktiken aus dem betrieblichen Alltag verbannt werden.
- Unter Nutzung der breiten und tiefgehenden Erfahrung der älteren Mitarbeiter könnten die Unternehmen sogenannte Mentoringprogramme auflegen, mit deren Hilfe beispielsweise die Entwicklung auch der Nachwuchsfach- und Führungskräfte aktiv unterstützt werden kann.

Auch wenn die angesprochene Untersuchung des Bundesministeriums für Bildung und Forschung in Teilen auf den ersten Blick Betroffenheit auslösen mag: Die offene Darlegung der Probleme, wie sie von jungen und hoch qualifizierten Migrantinnen in deutschen Unternehmen erlebt werden, bietet eine gute Chance, von den Erkenntnissen zu lernen und darauf aufzubauen. Ziel ist, es im eigenen Unternehmen besser zu machen. Insbesondere Mitarbeitern des HR Managements sei deshalb dringend die Lektüre der Untersuchung *Arbeitsmarktintegration hochqualifizierter Migrantinnen – Berufsverläufe in Naturwissenschaft und Technik* und dabei insbesondere des Kapitels „In Deutschland muss man sich seine Position noch erkämpfen" empfohlen. Der 52-seitige Forschungsbericht kann bequem aus dem Internet heruntergeladen werden (über www.bmbf.bund.de/publikationen).

Managementempfehlung

Wenn Sie als Personalverantwortlicher wissen, welche Bereicherung gerade Fach- und Führungskräfte mit ausländischen Wurzeln für Ihr Unternehmen sein können und wie viele verborgenen Potenziale sich in der Gruppe der Migranten verbergen, die diese noch nicht in Ihr Unternehmen einbringen, dann zögern Sie nicht, die sich aus diesen Potenzialen ergebenden Möglichkeiten zur Sicherung des Fach- und Führungskräftenachwuchses zu nutzen.

Dafür ist es wichtig, sich noch erheblich mehr als bisher mit deren besonderen Problemen und Wünschen auseinandersetzen und die betrieblichen Rahmenbedingungen stärker an diesen Menschen ausrichten.

5.6.4 Diversity Management: Silver Ager

Wandel in der Politik und in den Unternehmen

In kaum einem anderen demografischen Handlungsfeld wurden in den vergangenen zehn bis zwanzig Jahren seitens der Politik, aber bevorzugt seitens der Unternehmen so viele Fehler im Hinblick auf den demografischen Wandel gemacht wie bei der Personalpolitik hinsichtlich der sogenannten älteren Mitarbeiter (50+ oder auch 60+). So wurde der vorzeitige Gang in den Ruhestand bis Ende 2009 noch besonders versüßt und in Form von Altersteilzeit sogar vom Staat finanziell gefördert. Erst zu Beginn des Jahres 2010 trat dann eine zunächst umstrittene gesetzliche Änderung in Kraft. Hiernach ist Altersteilzeit zwar auch weiterhin möglich, aber dadurch dass die staatliche Förderung entfällt, müssen die Ruheständler erhebliche finanzielle Abschläge in Kauf nehmen, wenn sie Altersteilzeit für sich in Anspruch nehmen wollen.

Wie das Beispiel zeigt, hat es auch hier erst wieder eines politischen Signals wie der Abschaffung der finanziellen staatlichen Förderung der Altersteilzeit bedurft, bevor viele Unternehmen endlich damit begannen, ihre Personalpolitik hinsichtlich der sogenannten Silver Ager zu überdenken. Beispielsweise gab es in Hightech-Unternehmen noch vor drei oder vier Jahren durchaus folgendes Szenario: Sie brachten mehr oder minder offen ihren Stolz darüber zum Ausdruck, wie niedrig der Altersdurchschnitt der Belegschaft sei und wie wenige 50+ oder gar 60+ Mitarbeiter tatsächlich noch aktiv im Unternehmen tätig wären.

Bedeutung der Silver Ager für Potenzialerschließungskonzepte

Sicher ist, dass viele Unternehmen noch viel stärker von den Silver Agern profitieren könnten. Denn sie haben eine große berufliche Erfahrung und ausgeprägte außerfachliche Kompetenzen. Wenn die Unternehmen nur wollten und Mittel und Wege fänden, könnten sie die Älteren auch über das offizielle Renteneintrittsalter hinaus in irgendeiner kreativen Form an sich binden. Trotzdem soll im Kontext dieses Buches auf einen ganz anderen Aspekt verwiesen werden, nämlich die Bedeutung der erfahrenen Silver Ager für ein Potenzialerschließungskonzept, das darauf zielt, verborgene Talente im eigenen Unternehmen zu entdecken und zu wertvollen Fach- und Führungskräften zu entwickeln.

Vermutlich verschenken noch zu viele Unternehmen völlig unbedacht wertvolles Erfahrungswissen dadurch, dass sie beispielsweise erfahrene ältere

Mitarbeiter viel zu selten den sich entwickelnden Rohdiamanten beratend an die Seite stellen. Natürlich ist Mentoring kein Patentrezept, mit dem der Erfolg eines Personalentwicklungsprogramms für Nachwuchskräfte garantiert werden kann. Und sicher ist das Übernehmen einer aktiven Mentorenrolle nicht jedermanns Sache. Aber dennoch: Erfolg versprechend mit sehr guten Aussichten auf spürbaren Nutzen für alle Beteiligten ist so verstandenes Mentoring zweifellos.

Nutzenfaktoren des Mentoring

Zu den Nutzenfaktoren des Mentoring qualifizierter Nachwuchskräfte durch erfahrene ältere Experten zählt Folgendes:

- Die Nachwuchskräfte können von den umfassenden Erfahrungen ihres Mentors unmittelbar profitieren.
- Sie lernen während des Arbeitsprozesses aus erster Hand u. a. Schwierigkeiten zu antizipieren, zu erkennen und zu meistern.
- Sie empfinden es womöglich als besondere und ihre Bindung ans Unternehmen fördernde Wertschätzung und Motivation, wenn sich erfahrene Experten bereit erklären, sie beratend zu unterstützen.
- Die Mentoren, denen die Nachwuchskräfte für eine gewisse Zeit anvertraut werden, profitieren möglicherweise von zahlreichen innovativen Ideen ihrer Schützlinge und von konstruktiven Diskussionen mit den angehenden Fach- und Führungskräften, wie sie sich im Laufe eines Mentoringprozesses immer wieder entwickeln können und werden.
- Insbesondere die älteren Mentoren, deren Ruhestand schon in mehr oder minder greifbare Nähe gerückt ist, können durch die Annahme der Herausforderung, vor die sie die Betreuung von qualifizierten und talentierten Nachwuchskräften stellen mag, einen zusätzlichen Motivationsschub erhalten. Dieser hilft ihnen höchstwahrscheinlich dabei, sich der besonderen Bedeutung, die sie für ihr Unternehmen haben, bewusster zu werden.
- Die Tatsache, dass gerade ihnen wertvolle Nachwuchskräfte anvertraut werden, dürften auch die älteren Experten überwiegend als eine ganz besondere Form der Wertschätzung empfinden, die vielleicht den Wunsch gar nicht erst aufkommen lässt, doch lieber in Altersteilzeit zu gehen.

- Die Unternehmensleitung bzw. alle Führungskräfte können davon profitieren, weil sie unmittelbar daraus Nutzen ziehen werden, dass die Qualität der Entwicklung der Nachwuchskräfte durch deren mentorielle Betreuung zusätzlich positiv verstärkt wird.
- Auch das gesamte Unternehmen kann wohl davon profitieren, dass umfängliches Erfahrungswissen der Mentoren nicht dadurch verloren geht, dass sie zusammen mit ihrem Expertenwissen in absehbarer Zeit das Unternehmen in den Ruhestand verlassen. Stattdessen werden erhebliche Teile dieses Erfahrungswissens im Verlauf des Mentoring an die Nachwuchskräfte übertragen.
- Die Unternehmensleitung setzt darüber hinaus ein deutliches Signal nach innen wie nach außen, das die Wertschätzung der Mitarbeiter durch das Unternehmen veranschaulicht und die demografische Wettbewerbsfähigkeit des Unternehmens unterstreicht.
- Zu guter Letzt könnte natürlich auch das HR Management zum Profiteur eines solchen Ansatzes werden. Voraussetzung ist, dass das HR Management das Mentoringkonzept aktiv steuert und insbesondere die richtigen Mentoren auswählt, vorbereitet und auf deren besondere Aufgabe einstimmt und dass es passende Tandems aus Mentoren einerseits und Nachwuchskräften andererseits zusammenführt. Dann kann sich ein solches Mentorenprogramm so entwickeln, dass die damit verbundene Betreuung der Nachwuchskräfte durch die Mentoren das HR Management selbst wiederum spürbar entlasten könnte.

Professionell Mentoring, das auf die Kompetenz der älteren Experten in einem Unternehmen setzt, muss durch das HR Management vorbereitet, organisiert und begleitet sein. Dann kann es einen Win-win-Prozess auslösen, aus dem Unternehmensleitung und Führungskräfte, das HR Management selbst, aber ganz besonders die für weiterführende Fach- und Führungsaufgaben vorgesehenen Nachwuchstalente und nicht zuletzt die Mentoren ihren Nutzen ziehen.

So kann auch ein Konzept wie das Mentoring den jungen Nachwuchstalenten wie auch den erfahrenen Experten in besonderer Form die Wertschätzung durch das Management zum Ausdruck bringen und gleichzeitig auch das Management entlasten sowie wesentlich zur demografischen Wettbewerbsfähigkeit des Unternehmens beitragen. Voraussetzung ist, dass es mit der erforderlichen Sorgsamkeit und Qualität umgesetzt wird.

Managementempfehlung

Wenn Sie als Personalverantwortlicher mehr Nachwuchskräfte an weitergehende Fach- und Führungsaufgaben heranführen wollen, dann ist anzuraten, dass Sie unbedingt auf das Wissen und die berufliche Erfahrung der sogenannten Silver Ager zurückgreifen.

Sie können die jungen Nachwuchskräfte möglichst rasch mit ihren zukünftigen Aufgaben vertraut machen, indem Sie die dafür geeigneten älteren und erfahrenen Mitarbeiter als Mentoren gewinnen. Damit sorgen Sie nicht nur für eine hochwertige Vorbereitung der Nachwuchskräfte auf die auf sie zukommenden Herausforderungen, sondern vermitteln den älteren Mitarbeitern darüber hinaus einen zusätzlichen Motivationsschub.

5.7 Wertschöpfung durch Wertschätzung – ein vielschichtiges Thema

Mittels eines überzeugenden Diversity Managements kann es einem Unternehmen gelingen, allen Mitarbeitern glaubwürdig zu vermitteln, dass es unabhängig von deren Geschlecht und Alter, von deren Hautfarbe und Herkunft und auch unabhängig von möglichen physischen und psychischen Einschränkungen auf sie setzt. Damit bringt das Unternehmen über unterschiedliche demografische Handlungsfelder hinweg den Nachweis der Entschlossenheit, die Attraktivität des Unternehmens als Arbeitgeber unter Beweis zu stellen, womit die Arbeit auf dem Weg zu mehr demografischer Wettbewerbsfähigkeit allerdings noch lange nicht getan ist.

Denn schließlich bleibt die Frage: Welche Möglichkeiten, Konzepte und Werkzeuge stehen den Arbeitgebern darüber hinaus ganz konkret zur Verfügung? Ziel ist hierbei, den Mitarbeitern durch sichtbare, aber auch durch individuell spürbare Zeichen und Aktionen ihre Wertschätzung so zu vermitteln, dass damit jeder Einzelne in der Überzeugung gestärkt wird, beim ‚richtigen' Unternehmen zu sein. Abwerbungsversuchen der Konkurrenz können die Mitarbeiter damit leichter widerstehen.

Möglichkeiten zur Vermittlung von Wertschätzung

Einige dieser Möglichkeiten, wie Wertschätzung ganz konkret vermittelt werden kann, wurden ja bereits im Zusammenhang mit Diversity Management im Hinblick auf einzelne demografische Handlungsfelder und spezifische Mitarbeiterbedürfnisse angesprochen. Wir erinnern uns:

- Im Hinblick auf die Motivation von Frauen, sich verstärkt als hoch qualifizierte Fach- und Führungskräfte zu engagieren, kristallisierte sich die besondere Bedeutung von Instrumenten zur Wertschätzung heraus, die positive Einstellungsveränderungen nach sich ziehen. Beispiele: Work-Life-Balance-Konzepte, flexible Arbeitszeitmodelle, Angebote zur Kinderbetreuung, lern- und entwicklungsförderliche Arbeitsumgebung und Zielvereinbarungen.
- Die Diskussion um Teilhabe und Perspektive von Mitarbeitern mit Behinderungen führte dazu, dass es hinsichtlich der Menschen mit Behinderung selbstverständlicher werden sollte, deren Potenzial erheblich stärker in den Fokus zu rücken und auch die Einrichtung behindertengerechter Arbeitsplätze mit größerem Ernst voranzutreiben.
- Auch die Überlegungen zu den Bemühungen, Mitarbeiter mit Migrationshintergrund stärker für Tätigkeiten als Fach- und Führungskräfte zu gewinnen, führte – völlig abgesehen von der eigentlich selbstverständlichen aktiven Unterstützung beim Erlernen der deutschen Sprache – wiederum zu den Stichworten Work-Life-Balance-Konzepte, flexible Arbeitszeitmodelle und Betreuungsangebote für Kinder, aber auch zu spezifischeren Anforderungen wie die zeitweilige Unterstützung bei der Integration in den gesellschaftlichen Alltag, der Beseitigung bzw. Vermeidung diskriminierender beruflicher Alltagssituationen im Unternehmen oder die Installation spezieller auf Menschen mit Migrationshintergrund ausgerichteter Mentoringprogramme.
- Ein Blick auf die Generation der älteren und erfahrenen Mitarbeiter, kurz Silver Ager genannt, machte darauf aufmerksam, welche Bedeutung ihrem Potenzial als erfahrene Experten besonders auch im Hinblick auf die Entwicklung der Nachwuchstalente im Unternehmen beizumessen

ist, die später hoch qualifizierte Fach- und Führungsaufgaben übernehmen sollen. Auch wenn sich Silver Ager im Privatleben seltener der Herausforderung häuslicher Kinderbetreuung gegenübersehen als jüngere Mitarbeiter, stellen z. B. Work-Life-Balance und die Flexibilisierung der Arbeitszeiten Beispiele für wichtige Ansätze dar, mit denen ihre Bindung an das Unternehmen nur verstärkt werden kann. Und dies auch dann, wenn sie nicht der Belastung der häuslichen Pflege eines kranken Familienangehörigen ausgesetzt sein mögen.

- Aber auch der Blick auf die Anforderungen an Arbeitgeber (ich habe bereits davon berichtet), mit denen Studierende im Rahmen einer Diskussion um den Fachkräftemangel die versammelten potenziellen Arbeitgeber konfrontierten, ließ uns feststellen: Auch zukünftige Bewerber sprechen den Faktor Wertschätzung der Mitarbeiter durch ihren Arbeitgeber ganz bewusst und explizit an und fordern ihn auch ein. In diesem Beispiel rückt dabei neben den grundlegenden Faktoren Gehalt und Sozialleistungen besonders der Aspekt der offenen Kommunikation und der offenen Informationspolitik, aber auch die Vermittlung von Entwicklungsperspektiven und die Förderung der Entwicklung der Mitarbeiter in den Fokus.

Mögliche Fehler im Umgang mit Mitarbeitern

In vielen Unternehmen, die die Zeichen der Zeit immer noch nicht erkannt haben, kann man meines Erachtens eine Realität von Personalpolitik beobachten, die mit Wertschätzung nichts zu tun hat. Da müssen beispielsweise Mitarbeiter wie selbstverständlich zahlreiche Überstunden leisten oder die Tagschicht direkt im Anschluss an die Nachtschicht belegen. Auszubildenden werden nach Abschluss der Ausbildung befristete Verträge ohne jede Perspektive angeboten, obwohl man sie doch über mehrere Jahre hinweg ins Unternehmen eingearbeitet hat; langjährige Mitarbeiter erhalten gar die Kündigung, weil sie vielleicht aktuell nicht ins Konzept passen, um dann später wieder gefragt zu werden, ob sie nicht doch wieder im Unternehmen arbeiten wollen, ohne dass die Personaler auch nur annähernd auf den Gedanken kämen, dass konkurrierende Unternehmen eine bessere Alternative für die zwischenzeitlich freigesetzten Mitarbeiter sein könnten. Obwohl wir wissen, dass derartige eher abschreckende als wertschätzende Praktiken in der heutigen Unternehmensrealität immer noch vorkommen, sollten wir uns dennoch davor hüten, zumindest ohne die näheren Zusammenhänge wie z. B. die aktuelle wirtschaftliche Situation und Perspektiven der betreffenden Unternehmen genauer zu kennen, solche Unternehmen in irgendeiner Form als repräsentativ zu bezeichnen.

Zweifellos kann es in jedem Unternehmen unabhängig von der aktuellen wirtschaftlichen und demografischen Gesamtentwicklung zu einem mehr oder minder gravierenden betriebswirtschaftlichen Engpass kommen. Auch können wirtschaftliche Engpässe – trotz der Absicht, möglichst viele Fach- und Führungskräfte längerfristig an das Unternehmen zu binden – dazu führen, dass das Unternehmen die Zahl der Arbeitsplätze der negativen betriebswirtschaftlichen Entwicklung anpassen muss, wenn es nicht das gesamte Unternehmen in seiner Existenz und damit alle anderen Arbeitsplätze gefährden will. Aber auch das sind Prozesse, bei denen nicht zwangsläufig das Prinzip der Wertschätzung der Mitarbeiter über Bord geworfen werden muss. Warum auch? Warum werden trotzdem immer wieder so viele Fehler im Umgang mit Mitarbeitern gemacht, die letztlich dazu führen, dass sich die Mitarbeiterfluktuation überproportional erhöht und Fach- und Führungskräfte, auf die das Unternehmen auch in Zukunft dringend angewiesen sein wird, sich einen neuen Arbeitgeber suchen?

Gerade weil eine zu hohe Mitarbeiterfluktuation nicht nur die Kosten nach oben treibt, sondern die demografische Wettbewerbsfähigkeit eines Unternehmens zusätzlich gravierend gefährdet, sollten die nachfolgenden Anforderungen an die Personalpolitik die tägliche Personalarbeit bestimmen:

- **Respekt vor den individuellen Bedürfnissen der Mitarbeiter:** Ob dieser Respekt vorhanden ist, lässt sich am ehesten an den vielen kleinen Beispielen, die der Unternehmensalltag bietet, ablesen. So darf – auch wenn die aktuelle Auftragslage und die wirtschaftlichen Prioritäten die Personaleinsatzplanung bestimmen müssen – auch noch so großer Stress nicht dazu führen, dass dringende Wünsche einzelner Mitarbeiter ignoriert bzw. einfach übergangen werden. Selbst wenn man beispielsweise vielleicht im Einzelfall einen dringenden Urlaubstag aus betrieblichen Gründen partout nicht genehmigen kann, so sollte der zuständige Personalverantwortliche dennoch und gerade in dieser Situation die erforderliche Sensibilität gegenüber dem betroffenen Mitarbeiter an den Tag legen. Wenn es also nicht möglich sein sollte, den Urlaubstag zu genehmigen, entbindet dies nicht von der Pflicht, sich darum zu bemühen, die rationalen Gründe – falls es diese tatsächlich gibt – dem Mitarbeiter so zu erläutern, dass er die Situation für sich selbst zumindest leichter akzeptieren kann.

- **Realistische Einschätzung der eigenen demografischen Wettbewerbsfähigkeit:** Bevor ein Unternehmen einem Mitarbeiter kündigt oder auch einen Auszubildenden nach Abschluss der Ausbildung nicht übernimmt, wäre es anzuraten, die demografische Wettbewerbsfähigkeit genau einzuschätzen. Vielleicht genügt bereits eine Weiterbildung oder ein Coaching etc., um den Mitarbeiter entsprechend zu qualifizieren, sodass er an anderer Stelle im Unternehmen erfolgreich tätig werden kann.

- **Vermittlung von Arbeitsplatzsicherheit:** Auch wenn wir uns vielleicht daran gewöhnt haben mögen, dass viele Menschen mit befristeten Arbeitsverträgen ausgestattet sind, dass sie als sogenannte Zeitarbeiter tätig sind oder auch als Selbstständige freiberuflich arbeiten, und auch wenn es ein Teil der freiberuflich tätigen Menschen ablehnt, in ein festes Arbeitsverhältnis einzutreten: Ein unbefristeter Arbeitsvertrag ist immer noch das von den meisten Menschen angestrebte Vertragsverhältnis, weil es ihnen zumindest das Gefühl der Arbeitsplatzsicherheit vermitteln mag. Befristete Arbeitsverträge sind immer nur höchsten die zweitbeste Lösung und zur ernsthaften Bindung junger Talente an ein Unternehmen denkbar ungeeignet. Hier bleibt nur zu hoffen, dass der demografische Wandel und dessen befürchtete Folgen das Umdenken vieler Unternehmen dahingehend beschleunigen mögen, dass sie in Zukunft gerade die Nachwuchstalente, die sie vielleicht im Rahmen einer dualen Ausbildung entdeckt haben, nicht leichtfertig durch ein unangemessenes Übernahmeangebot dem nach High Potentials gierenden Markt überlassen. Dass unbefristete Arbeitsverträge den Mitarbeitern noch am ehesten das Gefühl der Arbeitsplatzsicherheit vermitteln können, mag zwar nachvollziehbar sein, eine Garantie für Arbeitsplatzsicherheit können unbefristete Arbeitsverträge natürlich letztendlich auch nicht geben.

- **Glaubwürdigkeit und Kommunikationskultur:** Wenn Personalverantwortliche von dem festen Willen beseelt sind, ihren Mitarbeitern die ihnen gebührende Wertschätzung entgegenzubringen, dann werden sie mit großer Sorgfalt darauf achten, dass bei all ihrem unternehmerischen Handeln ihre Glaubwürdigkeit bei den Mitarbeitern nicht leidet. Hierzu gehört eine offene und ehrliche Kommunikation mit den Mitarbeitern, was zweifellos deren Identifikation mit dem Unternehmen stärken wird. So haben die Mitarbeiter ein Recht darauf, möglichst frühzeitig zu erfahren, wie es um ihr Unternehmen steht und was in den kommenden Wochen, Monaten oder auch Jahren geplant ist. Mitarbeiter erkennen viel schneller, als viele ihrer Vorgesetzten glauben mögen, wenn sie vertröstet bzw. hingehalten werden, was ihre spätere Einbindung in eine wie auch immer begründete und berechtigte Unternehmensstrategie kaum erleichtern dürfte. Zu dem Prinzip der Wertschätzung durch Glaubwürdigkeit gegenüber den Mitarbeitern gehört es deshalb in einer solchen offenen Kommunikationskultur aber auch – so schwierig dies in manchen Fällen umzusetzen sein mag –, sich gegenüber den Mitarbeiten auf solche Aussagen zu beschränken, die sich durch besondere Klarheit und nur wenig Interpretationsspielraum auszeichnen.

- **Bedeutung von Work-Life-Balance:** Im Hinblick auf die demografische Wettbewerbsfähigkeit sollten sich Unternehmen, sofern noch nicht geschehen, mit dem Thema Work-Life-Balance auseinandersetzen. Die Mitarbeiter werden es zu schätzen wissen, wenn ihr Unternehmen ihnen hier entgegenkommt und die Möglichkeit bietet, Privat- und Berufsleben möglichst konfliktfrei miteinander in Einklang zu bringen. Dass dazu viel mehr gehört als die Flexibilisierung der Arbeitszeit, haben gerade viele insbesondere große Unternehmen erkannt und sie haben auch entsprechend reagiert, indem sie sich der Arbeitnehmer mit Kindern oder auch mit pflegebedürftigen Familienangehörigen annehmen. Allerdings bietet eben nur ein Teil der Unternehmen hier entsprechende Konzepte.

Eigentlich ist es höchst bedauerlich, dass etwas Selbstverständliches wie die alltägliche Wertschätzung der Mitarbeiter durch das Management ihres Unternehmens erst im Zuge der Diskussion um den demografischen Wandel und dessen Folgen in den Mittelpunkt rückt und zu einem elementaren Faktor im Wettbewerb um die High Potentials wird.

Sich mehr um Mitarbeiter kümmern, so betitelte Anfang Juli 2012 die in Freiburg erscheinende *Badische Zeitung* einen Artikel, der den Unternehmen aus der Region verdeutlichen sollte, welch wichtige Rolle eine gute Unternehmenskultur, die durch die Wertschätzung der Mitarbeiter geprägt ist, bei der Sicherung der Innovationskraft und des langfristigen Erfolgs eines Unternehmens einnimmt. So heißt es beispielsweise in diesem Artikel: „Die Wertschätzung der Beschäftigten ist wichtig für die Wertschöpfung und Wertschöpfung entsteht durch Arbeit [...] Nicht Arbeitslose würden zukünftig Jobs suchen, sondern Unternehmen Arbeitskräfte [...]."[122]

Eben weil das Selbstverständliche in Wirklichkeit scheinbar doch nicht so selbstverständlich ist, bleibt den HR Managern noch erheblich viel Spielraum, Bedeutung und Prinzip der Wertschätzung der Mitarbeiter der Unternehmensleitung und den Führungskräften nahezubringen und sie im Zweifel auch dazu zu befähigen.

5.8 Über eine Kultur der Wertschätzung zu demografischer Wettbewerbsfähigkeit

Gehalt und Sozialleistungen als Grundvoraussetzungen

Natürlich stellen Sozialleistungen des Arbeitgebers und die Höhe des Gehalts unabdingbare Grundvoraussetzungen dafür dar, dass ein Unternehmen als Arbeitgeber überhaupt erst in Betracht gezogen wird. Attraktiv für die eigenen Arbeitnehmer oder aber auch für Stellensuchende zu sein bedeutet aber – wie wir zwischenzeitlich wissen – weit mehr als die regelmäßige Zahlung eines attraktiven Gehalts und die Zuwendung freiwilliger Sozialleistungen.

Beide Faktoren stellen wichtige Merkmale im Wettbewerb um Fach- und Führungskräfte dar. Hinreichend für die Attraktivität eines Unternehmens und dessen demografische Wettbewerbsfähigkeit sind Gehalt und Sozialleistungen generell gesprochen allerdings nicht: Der Weg zu nachhaltiger demografischer Wettbewerbsfähigkeit führt über eine Kultur der Wertschätzung.

122 Kohlmeyer, B.: Sich mehr um Mitarbeiter kümmern, in: Badische Zeitung vom 05.07.2012, Freiburg 2012, www.badische-zeitung.de/lahr/sich-mehr-um-mitarbeiter-kuemmern--61297908.html

Es ist meines Erachtens zwar sehr verdienstvoll, dass eine sicher von vielen Unternehmen in ihrer Region gelesenen Zeitung in einem Artikel von den Unternehmen fordert, sich mehr um ihre Mitarbeiter zu kümmern, aber letztlich wird damit kaum angesprochen, was dieses ‚sich mehr um Mitarbeiter kümmern' tatsächlich heißt. Insofern weist der Appell der *Badischen Zeitung* zwar in die richtige Richtung, indem er die Unternehmer und ihre HR Manager auf den zentralen Wertschöpfungsfaktor ‚Mitarbeiter' aufmerksam macht. Im Unternehmen eine Kultur der Wertschätzung zu pflegen, ist aber viel konkreter und möglicherweise weit mehr, als sich viele auf Anhieb unter ‚sich mehr um Mitarbeiter kümmern' vorstellen können und auch wollen..

Wie bereits diskutiert gehört zu einer Kultur der Wertschätzung ganz elementar ein zeitgemäßes, glaubwürdiges und umfassendes Diversity Management, das eine prinzipielle Wertschätzung aller Mitarbeiter zum Ausdruck bringt. Es soll allen als lohnenswert erscheinen, genau für dieses Unternehmen tätig zu sein.

Auch die Überlegungen zum Diversity Management haben gezeigt, dass Work-Life-Balance-Konzepte, flexible Arbeitszeitmodelle, Angebote zur Kinderbetreuung, die Bereitstellung einer lern- und entwicklungsförderlichen Arbeitsumgebung und motivierende Zielvereinbarungen, aber auch das Sichtbarmachen der Anerkennung von Erfahrung und Expertise, wie es das Beispiel der Mentoringprogramme zeigt, die Arbeitsplatzsicherheit oder auch eine offene Informationspolitik für einzelne Mitarbeitergruppen mit ganz unterschiedlichen Wertigkeiten belegt werden. So scheinen die genannten Ansätze, ergänzt um den Ansatz eines zunehmend an Bedeutung gewinnenden aktiven betrieblichen Gesundheitsmanagements (BGM), zu den ganz zentralen Instrumenten einer Kultur der Wertschätzung zu zählen, die für das HR Management und die Führungskräfte der Unternehmen zum Hebel dafür werden können, die demografische Wettbewerbsfähigkeit des Unternehmens auf das erforderliche Niveau zu heben. Schauen wir also im Folgenden etwas genauer hin, was sich hinter einzelnen Ansätzen verbergen mag.

Work-Life-Balance – Anspruch und Herausforderung zugleich

Was bedeutet Work-Life-Balance?

Work-Life-Balance als Wertschätzungskonzept, als Konzept zur Mitarbeiterbindung und somit als elementarer Aspekt demografischer Wettbewerbsfähigkeit beinhaltet sicher auch das, was meist zuerst genannt wird, wenn nach Work-Life-Balance in Unternehmen gefragt wird: nämlich das Vorhandensein flexibilisierter Arbeitszeitmodelle. Aber Work-Life-Balance ist gleichzeitig auch noch viel mehr:

Work-Life-Balance heißt für das Unternehmen u. a. auch, dass es sich über die Bereitstellung von Betreuungsmöglichkeiten für die Kinder der Mitarbeiter Gedanken machen muss. Work-Life-Balance bedeutet aber auch, den Mitarbeitern so weit wie möglich Freiräume zu geben, selbst Betreuungsaufgaben in der Familie übernehmen zu können. Es heißt auch, die Eigenverantwortung der einzelnen Mitarbeiter für die Erledigung ihrer Aufgaben zu fördern und zu unterstützen und ihnen dabei die größtmögliche Freiheit innerhalb bestehender Zielvorgaben zu lassen, beispielsweise auch bei der Wahl des Arbeitsortes (Homeoffice etc.).

Work-Life-Balance steht für einen Zustand, in dem sich Arbeits- und Privatleben miteinander in Einklang befinden. Ein Unternehmen, das seinen Mitarbeitern signalisiert, dass es sich Work-Life-Balance auf die Fahnen geschrieben hat, unterstreicht damit den festen Willen, alle Anstrengungen zu unternehmen, einen Arbeitsplatz zu bieten, bei dem die Vereinbarkeit von Familie, Privatleben und Beruf nicht nur nicht auf der Strecke bleibt, sondern auch aktiv gefördert wird.

Ein positives Beispiel

Beispiel: BASF

Was das bedeuten kann, zeigt ein eindrucksvolles Beispiel aus der Rhein-Neckar-Region: Im Februar 2012 war einer Meldung des *Mannheimer Morgen*[123] zu entnehmen, dass der Chemiekonzern BASF AG seine Hilfsangebote an Mitarbeiter massiv ausweitet, die sich in einer Pflegesituation befinden, d. h., die neben ihrer beruflichen Tätigkeit wachsenden Belastungen der häuslichen Pflege von Familienangehörigen ausgesetzt sind:

123 Vgl. BASF weitet Angebot für Mitarbeiter aus, in: Mannheimer Morgen vom 23.02.2012, Mannheim 2012, S. 7

- So hat die BASF eine eigene Pflegeberatungsstelle für diese Mitarbeiter eingerichtet.
- Gleichzeitig kooperiert die BASF mit der Arbeiterwohlfahrt zur Vermittlung von Pflegedienstleistungen.
- Zusätzlich bietet die BASF Informationsveranstaltungen und ein Onlineportal für die Betroffenen an.
- Darüber hinaus gibt es für die Mitarbeiter die Möglichkeit von Teilzeitarbeit und Homeoffice, aber auch von Freistellung für bis zu zwei Jahre.

Ergänzend entwickelt die BASF zurzeit noch ein Modell, nach dem die mit häuslicher Pflege von Familienangehörigen belasteten Mitarbeiter zukünftig sechs statt wie bisher nur zwei Jahre lang ihre Arbeitszeit reduzieren können. Damit werden die im neuen, am 1. Januar 2012 in Kraft getretenen Familienpflegezeitgesetz vorgesehenen Regelungen noch ein ganzes Stück übertroffen.

Familienpflegezeitgesetz

„Das Familienpflegezeitgesetz setzt für Arbeitgeber einen Anreiz, durch einen Entgeltvorschuss das Einkommen von Beschäftigten aufzustocken, die wegen der Pflege eines nahen Angehörigen für einen Zeitraum von maximal 24 Monaten ihre Arbeitszeit auf bis zu 15 Wochenstunden reduzieren. Dadurch wird das Einkommen nur halb so stark reduziert wie die Arbeitszeit. Wenn beispielsweise Vollzeitbeschäftigte ihre Arbeitszeit von 40 auf 20 Wochenstunden verringern, um Angehörige zu pflegen, erhalten sie ein Gehalt von 75 % des letzten Bruttoeinkommens. Zum Ausgleich müssen sie nach Beendigung der Familienpflegezeit wieder voll arbeiten, bekommen dann aber zunächst weiterhin nur 75 % des Gehalts – so lange, bis die durch den Vorschuss vorab vergütete Arbeitszeit nachgearbeitet ist. Der Arbeitgeber kann den Vorschuss durch ein Bundesdarlehen des Bundesamts für Familie und zivilgesellschaftliche Aufgaben zinslos finanzieren. Diese Bundesförderung setzt eine schriftliche Vereinbarung über die Familienpflegezeit zwischen Arbeitgeber und Beschäftigten zu den oben genannten Konditionen voraus.“ [124]

124 Bundesministerium für Familie, Senioren, Frauen und Jugend: Familienpflegezeitgesetz, Mitteilung vom 23.01.2012 (www.bmfsfj.de/BMFSFJ/aeltere-menschen,did=183784.html)

Besondere Beachtung findet darüber hinaus auch das Engagement der BASF für ein neues Projekt des ‚Forums Vereinbarkeit von Beruf und Familie' in der Rhein-Neckar-Region. In diesem Projekt mit dem Titel *Kompetenztraining Pflege* bieten zehn Partner, zu denen Unternehmen wie BASF, Daimler, John Deere, SAP, MVV Energie und die Universität Mannheim zählen, ein in drei Module aufgeteiltes Kompetenztraining an. Für Mitarbeiter der beteiligten Unternehmen ist es kostenlos, während die Arbeitgeber es mit 130 Euro je Teilnehmerplatz unterstützen.

Was Work-Life-Balance noch bedeuten kann

Work-Life-Balance oder auch die sogenannte integrierte Work-Life-Balance, wie sie heute diskutiert wird, geht aber noch weit hinaus über das, was man als familienfreundliche Konzepte bezeichnen würde. So wird immer häufiger beispielsweise auch die Förderung des lebenslangen bzw. lebensbegleitenden Lernens unter der Vorstellung integrierter Work-Life-Balance subsumiert oder auch die Einführung eines modernen Gesundheitsmanagements zur Gesundheitsprävention u. v. a. m.

Work-Life-Balance, Motor für wirtschaftliches Wachstum und gesellschaftliche Stabilität, so lautet der Titel einer Analyse, die das Bundesministerium für Senioren, Frauen und Jugend (BMFSFJ) bereits im Jahr 2005 veröffentlicht hat. Darin wird die ökonomische wie gesellschaftspolitische Bedeutung von Work-Life-Balance unterstrichen:

„Work-Life-Balance bedeutet eine neue, intelligente Verzahnung von Arbeits- und Privatleben vor dem Hintergrund einer veränderten und sich dynamisch verändernden Arbeits- und Lebenswelt. Betriebliche Work-Life-Balance-Maßnahmen zielen darauf ab, erfolgreiche Berufsbiographien unter Rücksichtnahme auf private, soziale, kulturelle und gesundheitliche Erfordernisse zu ermöglichen. Ein ganz zentraler Aspekt in dieser grundsätzlichen Perspektive ist die Balance von Familie und Beruf. Integrierte Work-Life-Balance-Konzepte beinhalten bedarfsspezifisch ausgestaltete Arbeitszeitmodelle, eine angepasste Arbeitsorganisation, Modelle zur Flexibilisierung des Arbeitsortes wie Telearbeit, Führungsrichtlinien sowie weitere unterstützende und gesundheitspräventive Leistungen für die Beschäftigten. Work-Life-Balance ist in erster Linie als ein Wirtschaftsthema zu verstehen. Die dreifache Win-Situation durch Work-Life-Balance resultiert aus Vorteilen für die

Unternehmen, für die einzelnen Beschäftigten sowie einem gesamtgesellschaftlichen und volkswirtschaftlichen Nutzen […].“[125]

Chancen durch Work-Life-Balance-Maßnahmen

Zur zusätzlichen Motivation der HR Manager und der Führungskräfte in den Unternehmen, sich für die Ent- und Weiterentwicklung von Work-Life-Balance-Konzepten zu engagieren, seien die nachfolgenden Chancen zitiert, die sich den Unternehmen durch Engagement für Work-Life-Balance bieten. Sie sind eher in der Terminologie der Betriebswirtschaftslehre formuliert.

„Folglich bieten Work-Life-Balance-Maßnahmen als Investitionen in das Humanvermögen der Unternehmen die Chance:

- die Produktivität der Beschäftigten zu steigern, indem sie die Arbeitsmotivation erhöhen und Fehlzeiten ebenso wie die Personalfluktuation verringern
- eine nachhaltige Unternehmensrendite zu sichern, indem sie die Identifikation der Belegschaft mit dem Unternehmen stärken, die Kundenorientierung verbessern, Verlusten im Bereich der qualifizierten Fachkräfte vorbeugen sowie die Personalrekrutierung durch positive Imageeffekte erleichtern und damit die Innovationsfähigkeit fördern und
- nachhaltig die Akzeptanz des Unternehmens in der Öffentlichkeit zu erhöhen und somit die Attraktivität für potenzielle Investoren zu stärken.

Nicht nur diese verbesserte betriebliche Wettbewerbsposition, sondern auch die Effekte einer besseren Vereinbarkeit von Beruf und Familie, von zusätzlichen Freiräumen für ein ehrenamtliches, politisches oder soziales Engagement sowie einer gesundheitsorientierten Lebensführung strahlen positiv auf die gesamtwirtschaftliche und die gesellschaftliche Entwicklung aus. Die Analyse dieses Zusammenhangs steht im Mittelpunkt dieser Untersuchung.“[126]

125 Bundesministerium für Familie, Senioren, Frauen und Jugend (Hrsg.): Work-Life-Balance, Motor für wirtschaftliches Wachstum und gesellschaftliche Stabilität, Berlin 2005, S. 4 (www.bmfsfj.de/RedaktionBMFSFJ/Broschuerenstelle/Pdf-Anlagen/Work-Life-Balance,property=pdf,bereich=bmfsfj,sprache=de,rwb=true.pdf)

126 Ebd., S. 5

Zweifellos sprechen diese Gründe dafür, dass gerade dadurch, dass sich die Unternehmen den Herausforderungen von Work-Life-Balance stellen, es sich letztlich lohnen wird, die damit verbundenen Anforderungen zu erfüllen.

Dennoch sei an dieser Stelle vor der Gefahr gewarnt, die sich durch den zunehmend inflationären Gebrauch des Wortes ‚Work-Life-Balance' quasi als Allheilmittel ergeben könnte: Zwischenzeitlich versucht man recht undifferenziert fast alle Aspekte des mitarbeiterorientierten Handelns unter dem Sammelbegriff mit der Überschrift ‚Work-Life-Balance' zu subsumieren. Gerade dadurch droht der ursprünglich positive Grundgedanke, nämlich Vereinbarkeit von Familie, Privatleben und Beruf durch die Verschmelzung mit anderen auch gut gemeinten Ansätzen zur Wertschätzung zu einem eher verschwommenem Ganzen zu geraten. Damit verbunden sehe ich die Gefahr, dass Work-Life-Balance losgelöst von ihrem eigentlichem Grundgedanken zu einem Modewort oder einem Buzzword, wie man heute zu sagen pflegt, verkommen könnte, das zwar für eine ganze Menge guter Ideen stehen mag, aber letztlich zu einer personalpolitischen ‚Stopfgans' zu missraten droht.

Aus meiner persönlichen Sicht ist es somit ein ganzes Stück zielführender, wenn wir versuchen, den Begriff Work-Life-Balance nicht zu weit zu fassen und als das zu verstehen, was es seiner ursprünglichen Bedeutung nach war: ein Konzept, das Mitarbeitern trotz möglicher familiärer Vorgaben und Einschränkungen gute Möglichkeiten einer erfüllenden Berufstätigkeit bietet und schließlich auch Karrieremöglichkeiten ganz im Einklang zwischen Familie, Privatleben und Beruf eröffnet.

Dann ist Work-Life-Balance unstrittig aus Sicht nahezu aller Mitarbeiter ein ganz wesentliches Element, sie stärker an das Unternehmen zu binden. Denn gerade die mit einem Work-Life-Balance-Konzept einhergehende Berücksichtigung der persönlichen Situation der Mitarbeiter trägt in hohem Maße dazu bei, das Gefühl zu stärken, von seinem Arbeitgeber wertgeschätzt zu werden. Work-Life-Balance ist somit eine Anforderung, die in einem Unternehmen, das nach einer Wertschätzungskultur und damit nach mehr demografischer Wettbewerbsfähigkeit strebt, nicht mehr wirklich wegzudenken ist.

Dennoch: Wenn wir an die Nachwuchskräfte denken, die es als zukünftige Fach- und Führungskräfte zu entdecken, zu entwickeln und zu motivieren gilt, gilt auch hier wieder: Die Erfüllung von notwendigen Bedingungen ist meist noch nicht gleichbedeutend mit der Erfüllung einer hinreichenden Bedingung.

5.9 Wertschätzung und Motivation durch Perspektiven

So wichtig die durch die Mitarbeiter in ihrem Unternehmen nutzbaren Work-Life-Balance-Konzepte für das individuelle Wohlergehen sind und so unabdingbar spezifische Elemente dieser Konzepte für die einzelnen Mitarbeiter auch sein mögen: Gerade für die Nachwuchskräfte werden sie in aller Regel nicht ausreichen, sie mittel- bis langfristig an das Unternehmen zu binden.

Menschen, die wir vielleicht erst durch ein aufwendiges Potenzialanalyseverfahren im Unternehmen als Talente bzw. als mögliche Nachwuchskräfte entdeckt haben, sind deshalb noch lange nicht überzeugt, dass es für sie der richtige Weg sein wird, sich aus einer scheinbar gesicherten Position herauszubewegen und schließlich an exponierterer Stelle in die Rolle einer Fach- und/oder Führungskraft zu schlüpfen. Wenn wir die Talente für weiterführende Aufgaben im Unternehmen gewinnen wollen, müssen wir dafür sorgen, dass sie einerseits die entsprechende Wertschätzung erfahren und andererseits zur Veränderung der eigenen Position motiviert werden.

Gefahren durch fehlende Perspektiven

Damit ein Mitarbeiter wirklich bereit ist, sich zu verändern, damit er sich bewusst dazu entschließt, zusätzliche Anstrengungen auf sich zu nehmen und in letzter Konsequenz auch persönliche Risiken einzugehen, bedarf es geeigneter kurz-, mittel- und langfristiger Perspektiven. Diese müssen den Menschen aufzeigen, welche Möglichkeiten und Chancen sich ihnen in ihrem Unternehmen bieten, wenn sie sich der Herausforderung stellen, neue Wege zu gehen. Ohne das Erkennen der eigenen Perspektiven im Unternehmen wird sich kaum eine Nachwuchskraft, und sei sie noch so talentiert, auf irgendein ‚mühseliges Abenteuer' einlassen, dessen Nutzen für sie persönlich völlig im Dunkeln bleibt. Der Aufwand, der zum Entdecken von Rohdiamanten als zukünftige Fach- und Führungskräfte geleistet wurde, bliebe vergebens, wenn es nicht gelingt, den Nachwuchskräften Perspektiven im Unternehmen zu vermitteln.

Dann besteht nicht nur die Gefahr, dass die Potenziale der entdeckten Rohdiamanten vergeudet werden, die wohl nur schwerlich ein zweites oder gar drittes Mal zu motivieren sein werden. Darüber hinaus könnten sich die möglichen Nachwuchsfach- und Führungskräfte, die sich ihres eigenen Potenzials zwischenzeitlich erheblich bewusster geworden sind, vom Unternehmen ganz abwenden und sich einen neuen Arbeitgeber suchen bzw. erheblich offener für Abwerbungsversuche aus anderen Unternehmen sein. Eine vielleicht noch größere Gefahr für das Unternehmen könnte aber dadurch heraufziehen, dass fehlende Perspektiven bei den Nachwuchskräften rasch in Frustration und Resignation bzw. resignative Trägheit[127] umschlagen können, mit allen negativen Konsequenzen hinsichtlich der individuellen Leistungsfähigkeit, der Loyalität, des Unternehmensklimas etc.

Entwickeln und Vermitteln von Perspektiven als wesentliche Voraussetzung

Das Entwickeln und das Bereithalten sowie das Vermitteln von Perspektiven stellen somit ganz wesentliche Voraussetzungen dafür dar, dass es dem HR Management zusammen mit der Unternehmensleitung und den Führungskräften gelingt, die entdeckten Rohdiamanten für Tätigkeiten mit größerer Verantwortung zu gewinnen, und dazu, dass sie mit Überzeugung die erforderlichen Mühen auf dem Weg dorthin auf sich nehmen.

Auch wenn Perspektiven natürlich keine rechtlich bindenden Zusagen des Unternehmens sein können, so müssen sie doch ganz wesentlichen Anforderungen genügen, wenn sie ihren Zweck der Mitarbeitermotivation und auch der Wertschätzung erfüllen sollen:

- Perspektiven müssen persönliche Anreize bieten.
- Perspektiven müssen herausfordernd sein.
- Perspektiven benennen neben den objektiven Chancen auch die Risiken.
- Perspektiven bedürfen kurz-, mittel- und langfristiger Aspekte.

127 Vgl. Bruch, H., Menges, J.: Von emotionalem Kapital zu organisationaler Energie, in: Ebersbach, L., Menges, J., Welling, C. (Hrsg.): Erfolgsfaktor emotionales Kapital – Menschen begeistern, Ziele erreichen, Bern 2008, S. 144

- Perspektiven müssen glaubwürdig sein.
- Perspektiven müssen nachvollziehbar sein.
- Perspektiven müssen die Realität im Blick haben.

Als ganz wesentlich erscheint es mir in diesem Zusammenhang darauf hinzuweisen, dass die individuellen Perspektiven sich zwar prinzipiell in irgendeiner Weise auch aus den Gesamtperspektiven des Unternehmens ableiten lassen. Sie sind aber dennoch keine wie auch immer gearteten Vorgaben, die an ‚grünen Tischen' erarbeitet werden, sondern sie sind möglichst im engen Dialog zwischen den jeweiligen Nachwuchskräften, deren Vorgesetzen und dem HR Management zu entwickeln.

Ob es an dieser Nahtstelle zur mittel- bis langfristigen Bindung der Nachwuchskräfte gelingen wird, die Rohdiamanten für eine zukünftige und verantwortungsvollere Aufgabe im Unternehmen und für die erforderlichen Schritte auf dem Weg dorthin zu motivieren oder vielleicht sogar zu begeistern, wird ganz wesentlich davon abhängen, wie sich das HR Management und die jeweiligen Führungskräfte mit ihrem Fachwissen und ihrer Erfahrung, aber auch mit ihrer emotionalen Intelligenz einbringen. Das HR Management wird also bei jeder einzelnen Führungskraft zu überprüfen haben, ob sie dieser recht komplexen Aufgabe tatsächlich auch gewachsen ist und ob und wie die Führungskräfte darauf vorbereitet (Weiterbildung, Beratung etc.) bzw. begleitend unterstützt werden können (Coaching, Beratung etc.).

Managementempfehlung

Wenn Sie als Personalverantwortlicher die oft mit großem Aufwand ‚entdeckten' und geförderten Rohdiamanten zumindest mittelfristig an das Unternehmen binden wollen, ist Ihnen sicher bewusst, welch wichtiges Signal der individuellen Wertschätzung davon ausgeht, wenn Sie Ihren Nachwuchskräften interessante berufliche Perspektiven vermitteln können. Auf keinen Fall dürfen aber fahrlässig von vornherein nicht haltbare Versprechungen gemacht werden. Perspektiven aufzuzeigen ist zwar nicht zu vergleichen mit vertraglich bindenden Zusagen, dennoch sollten sie strengen Kriterien genügen, um spätere unnötige Frustrationen und Vertrauenskrisen zu vermeiden.

5.10 Perspektiven durch Weiterbildung

Weiterbildung als Kernprozess der Personalentwicklung

„Die gute, alte Weiterbildung! Das ist doch ein alter Hut“, das werden jetzt vielleicht einige denken oder sagen. Dennoch: Weiterbildung stellt – das können wir drehen und wenden, wie wir wollen – einen der Kernprozesse der Personalentwicklung dar. Ohne sie blieben die meisten Entwicklungsperspektiven, insbesondere auch die der angehenden Fach- und Führungskräfte, einfach nur Makulatur.

Das Verfolgen neuer beruflicher Perspektiven scheint ohne zielorientierte und den individuellen Bedürfnissen angepasste Weiterbildung kaum vorstellbar. Diese Tatsache ist Grund genug, näher auf diesen Kernprozess der Personalentwicklung und seine Bedeutung für die Entwicklung des Fach- und Führungskräftenachwuchses einzugehen.

Ambivalentes Verhältnis der Unternehmen zur Weiterbildung

Bei den Unternehmen bzw. bei deren HR Managern und Führungskräften lässt sich oft ein höchst ambivalentes Verhältnis zur Weiterbildung feststellen.

- So wird Weiterbildung von vielen als Kostenfaktor gesehen, während es sich doch bei einer zunehmenden Zahl von Unternehmen herumgesprochen hat, dass Weiterbildung eigentlich eine Investition in die Mitarbeiter und damit in die Zukunft des Unternehmens darstellt.
- Nach Ansicht immer noch vieler Führungskräfte verschlingt Weiterbildung einen Teil der sonst ‚produktiv‘ einsetzbaren Arbeitskraft der Mitarbeiter. Andere wiederum sehen in der Weiterbildung einen ganz wesentlichen Hebel, den man ansetzen sollte, damit mit dessen Hilfe die Mitarbeiter ihre Kompetenzen weiterentwickeln und dadurch letztlich ihre Produktivität steigern.
- Ein Teil der Verantwortlichen in den Unternehmen sieht Weiterbildung noch immer als eine Art Incentive an, für das bei guter Auftragslage keine Zeit und bei schlechter Auftragslage kein Geld übrig bleibt, während andere Weiterbildung als überlebensnotwendig für das Unternehmen erachten, um dessen Leistungs- und Wettbewerbsfähigkeit zu erhalten.
- Ein Teil der Führungskräfte fürchtet sich regelrecht davor, den Mitarbeitern die Beteiligung an zielgerichteten Weiterbildungsprogrammen zu ermöglichen. Sie begründen dies mit der Sorge (in diesem Zusammen-

hang scheint die Problematik des demografischen Wandels doch in den Köpfen angekommen zu sein), dass sie damit nur die Gefahr erhöhen, dass die Mitarbeiter von der Konkurrenz abgeworben werden könnten. Andere wiederum nehmen diese Gefahr als notwendiges Übel bewusst in Kauf. Sie lassen sich lieber auf das Risiko ein, dass ihre Mitarbeiter aufgrund gesteigerter Kompetenz abgeworben werden können, als Mitarbeiter im Team zu haben, die keinerlei Interesse an ihrer persönlichen Weiterentwicklung haben.

Weiterbildung wird bei einem zunehmenden Teil der Unternehmen zumindest als Notwendigkeit erkannt und es hat die Erkenntnis Oberhand gewonnen, dass, je höher die Anforderungen an die Produkte und Dienstleistungen eines Unternehmens sind, desto höher der Bedarf an hoch qualifizierten Fach- und Führungskräften ist. Trotzdem könnten wir derzeit vor dem Hintergrund der Herausforderungen des demografischen Wandels und der wachsenden Sorge um das Potenzial an Fach- und Führungskräften mit der Entwicklung der Weiterbildungsbeteiligung in Deutschland und speziell in deutschen Unternehmen und Organisationen überhaupt nicht zufrieden sein.

Es mag ja auf den ersten Blick positiv stimmen, dass im Datenreport des Bundesinstituts für Berufsbildung (BIBB) zum Berufsbildungsbericht 2012 dokumentiert ist, dass bei der betrieblichen Weiterbildung die Weiterbildungsaktivität in der Zeit von 2001 bis 2008 leicht, aber stetig zugenommen hat und in dieser Zeit insgesamt um fast 13 Prozentpunkte gestiegen ist. Letztlich kann das kaum darüber hinwegtrösten, dass ein zweiter Blick, der die Entwicklung in den Krisenjahren 2009 und 2010 in den Fokus nimmt, ein ganz essenzielles Problem der beruflichen Weiterbildung im Allgemeinen und der betrieblichen Weiterbildung im Besonderen zutage fördert: In den Krisenjahren 2009 und 2010 sank die Beteiligung an betrieblicher Weiterbildung rasch wieder unter das Niveau des Jahres 2008, ja sogar unter das Niveau des Jahres 2007 ab.[128]

Das mag darauf hindeuten, dass betriebliche Weiterbildung bzw. die dafür budgetierten finanziellen Investitionen in vielen Unternehmen immer noch

128 Vgl. Bundesinstitut für Berufsbildung (BIBB) (Hrsg.): Datenblatt zum Berufsbildungsbericht 2012, Bonn 2013, S. 294

in der Priorität ganz weit oben stehen, wenn es gilt, Einsparungen zu realisieren. Dies führt aber auch zu Irritationen, wenn man weiß, dass viele Unternehmen, die während des Krisenjahrs 2009 nicht alle Mitarbeiter auslasten konnten, trotzdem (natürlich meist aus Kostengründen) diese Zeit nicht genutzt haben, um die Mitarbeiter weiterzubilden. Es versetzt geradezu in Erstaunen, wenn man sich vor Augen führt, dass die Unternehmen, die sich zur Vermeidung eines Stellenabbaus mit Unterstützung der Bundesagentur für Arbeit des Instruments der Kurzarbeit bedienten, nur zu einem kleinen Teil das darüber hinausgehende Angebot der Bundesagentur nutzten, die Mitarbeiter während der Kurzarbeitsphasen mit finanzieller Unterstützung durch die Bundesagentur weiterzubilden. Insofern ist es geradezu erschreckend, dass trotz der temporären zusätzlichen finanziellen Unterstützungsmöglichkeit für entsprechend anspruchsberechtigte Unternehmen die betriebliche Weiterbildungsquote tatsächlich so deutlich zurückging.

Das Bekenntnis zum lebenslangen Lernen und zur Weiterbildung – das zeigt sich eben gerade in Krisenzeiten – ist eben doch immer noch eher ein Thema für Sonntagsreden und scheint in Umfang und Anspruch ständig durch Entwicklungen des ökonomischen betrieblichen Alltags bedroht zu sein. Eine sich verstetigende und zukunftsorientierte Investition in die Kompetenzentwicklung der Mitarbeiter sieht anders aus.

Weiterbildungsquote in Deutschland im internationalen Vergleich

Dass wir uns hinsichtlich der Weiterbildungsquote bei der betrieblichen Weiterbildung in Deutschland auch nicht mit einem internationalen Vergleich trösten können, führt uns darüber hinaus der jährlich erscheinende OECD-Report *Bildung auf einen Blick* immer wieder aufs Neue vor Augen: So zeigt eine Statistik der OECD[129], dass Deutschland bei der Beteiligung an formalen und nicht formalen Bildungsprogrammen[130] nach Schweden, Neuseeland, der Schweiz, Finnland, Norwegen, Großbritannien und den USA erst an 8. Stelle knapp vor den Niederlanden rangiert, während Deutschland hinsichtlich der Anzahl der Unterrichts- bzw. Weiterbildungs-

129 Die Statistik bezieht sich je nach untersuchtem Staat auf Referenzjahre zwischen 2005 und 2009.

130 Die OECD definiert formale Bildung als Bildung, die durch das System der Schulen, Universitäten und anderen Bildungseinrichtungen des formalen Bildungssystems vermittelt wird, während nicht formale Bildung als organisierte und fortgesetzte Bildungsmaßnahme definiert wird, die nicht der Definition der formalen Bildung genügt.

stunden pro beschäftigtem Teilnehmer an berufsbezogener nicht formaler Bildung erst auf dem 12. Rang hinter Dänemark, Ungarn, Belgien, Österreich, Spanien, Norwegen, Finnland, Portugal, Griechenland, Polen und Schweden wiederum knapp vor den Niederlanden liegt.[131]

Auch wenn sich angesichts der aktuellen Banken- und Eurokrise die Messwerte in Ländern wie Spanien, Portugal und Griechenland möglicherweise verschlechtert haben können: Solche schlechten internationalen Platzierungen Deutschlands lassen den Betrachter doch mit der Frage zurück, wie die verbesserungswürdige Weiterbildungsbeteiligung mit dem Anspruch Deutschlands, eine der führenden Wirtschaftsnationen der Welt zu sein, in Einklang zu bringen ist.

Doch sind wir lieber optimistisch und hoffen darauf, dass gerade die Diskussion um den demografisch bedingten zunehmenden Bedarf an Fach- und Führungskräften den erforderlichen Bewusstseinswandel in Politik, Verbänden, Unternehmen und natürlich auch bei den Arbeitnehmern im Hinblick auf die notwendige Steigerung der Beteiligung an beruflicher Weiterbildung beschleunigen wird.

Managementempfehlung

Wenn Sie als Personalverantwortlicher um den Erhalt der Leistungsfähigkeit Ihres Unternehmens bemüht sind, wenn Sie Ihre Mitarbeiter stärker ans Unternehmen binden und insbesondere den Nachwuchskräften Perspektiven aufzeigen wollen, ist es sinnvoll, offensiv in die Weiterbildung zu investieren und sich dabei auch allmählich von tradierten Vorstellungen von Weiterbildung zu verabschieden. Denn Weiterbildung kommt heute in vielen Formen und Möglichkeiten daher. Scheuen Sie sich also nicht davor, externe Beratung bei der Erarbeitung der geeignetsten Form und Methodik sowie der passenden Inhalte in Anspruch zu nehmen.

131 Vgl. Bundesministerium für Bildung und Forschung (verantw. f. die deutsche Übersetzung): Bildung auf einen Blick 2011, OECD-Indikatoren, Berlin 2011, S. 454 f.

Weiterbildung im 21. Jahrhundert

Weiterbildung im Wandel

Wenn wir auf die Zielgruppe der angehenden Fach- und Führungskräfte schauen, dann stellt gerade die Weiterbildung ein unverzichtbares Element eines Personalentwicklungskonzepts dar, mit dessen Hilfe die Rohdiamanten auf ihre zukünftigen Aufgaben als Fach- und Führungskräfte vorbereitet werden. Weiterbildung hat aber, wie wir alle wissen, recht viele Gesichter. Trotz des ersten Eindrucks, dass wir es bei Weiterbildung mit einer ‚alten Bekannten' zu tun haben, hat sich Weiterbildung in den vergangenen Jahren immer stärker gewandelt und diversifiziert – nicht zuletzt auch aufgrund der sich verändernden Anforderungen in der Arbeitswelt und auch im Zuge der Entwicklung der Möglichkeiten, die der Einsatz sogenannter neuer Medien bietet.

Im Detail unterliegt berufliche Weiterbildung den sich aus der Entwicklung auf europäischer und nationaler oder auch sektoraler Ebene ergebenden Anforderungen beispielsweise durch die Einbettung in sogenannte Kompetenz- oder Qualifikationsrahmen bzw. durch das damit verbundene Prinzip der Lernergebnisorientierung.

Berufliche Weiterbildung ändert sich aber auch dadurch, dass sie durch den zunehmenden Fachkräftebedarf in immer mehr Wirtschaftssektoren eine ständige Portfolioerweiterung erfährt. So muss sie in zunehmendem Maße grundlegenden Entwicklungen wie der Globalisierung der Arbeit und den damit verbundenen Anforderungen gerecht werden. Das bedeutet u. a., dass berufliche Weiterbildung sich stärker an globalen Handlungskontexten oder auch an der Arbeit in Prozessen zu orientieren hat und dabei die Lernenden an sogenannte kommunikative Fachlichkeit heranführen und auf kollektives Lernen vorbereiten soll.[132]

Neben den oben genannten bildungspolitischen Trends und neben den eher die Weiterbildungsinhalte betreffenden Trends zeigen die Entwicklungen auf der Ebene der sich verändernden didaktischen und methodischen Ansät-

132 Boes, A., Bukrowitz, A., Kämpf, T., Marrs, K. (Hrsg.): Qualifizieren für eine global vernetzte Ökonomie. Vorreiter IT-Branche: Analysen, Erfolgsfaktoren, Best Practices, Wiesbaden 2012, S. 48 ff.

ze erheblich deutlicher, welcher Wandel sich im Bereich der Weiterbildung während der vergangenen zehn bis zwanzig Jahre vollzogen haben mag.

Im Jahr 1996 (d. h. im 20. Jahrhundert!) im Rahmen der Vorstellung der Studie *Die Klugen fressen die Dummen*[133] habe ich mich noch zu der damals vielleicht recht gewagten These hinreißen lassen, dass das klassische Seminar tot sei. Heute zeigt sich, dass diese Aussage zwar etwas frühzeitig kam, aber aus heutiger Sicht gar nicht so falsch war. Dass diese These auch schon aus der damaligen Perspektive heraus durchaus begründet war, beruht auf den Ergebnissen der oben genannten Studie zur Diskussion um lernende Unternehmen in Deutschland. So zeigten die Ergebnisse dieser Studie, dass sich aus Sicht der befragten Personalverantwortlichen damals schon ein spürbarer Wandel im Hinblick auf die präferierten Lernformen abzeichnete – und das noch ein ganzes Stück vor Einsetzen des eigentlichen E-Learning-Hypes.

Neue methodische Ansätze

Natürlich gibt es auch heute noch das eher dozentenzentrierte Seminar, aber diese ‚klassische' Form der Weiterbildung ist tatsächlich mehr und mehr auf dem Rückzug. Denn sie hat durch zahlreiche methodische Ansätze Konkurrenz bekommen, die modernen didaktischen Anforderungen erheblich gerechter werden (können). Außerdem haben sich gleichzeitig viele Personalentwickler, aber auch viele potenzielle Lerner an die neue methodische Vielfalt gewöhnt und sich für methodische Ansätze geöffnet, die im Einzelfall auch besser den individuellen Bedürfnissen gerecht werden (können).

Entschulung der Weiterbildung

Die Rückläufigkeit der klassischen Seminarform und die Hinwendung zu Lernarrangements, die durch die geeignete Kombination unterschiedlicher Methoden, Lernorte, Medien usw. entstehen können, bietet u. a. die einmalige Chance, die Weiterbildung nicht weiter in ausschließlich verschulter Form anzubieten. Stattdessen wird die Weiterbildung in der Tat entschult, wie ich es frei nach Ivan Illich formulieren will, der vor nunmehr gut vierzig Jahren mit Blick auf das Schulwesen gar die Entschulung der Gesellschaft[134] gefordert hat.

133 Littig, P.: Die Klugen fressen die Dummen: „Das lernende Unternehmen". Ergebnisse einer Marktstudie, Bielefeld 1996

134 Vgl. Illich, I.: Entschulung der Gesellschaft. Eine Streitschrift, München 1985 (Erstauflage 1972)

In diesem Sinn muss sich berufliche Weiterbildung meines Erachtens noch viel stärker von ihrer bisher häufig anzutreffenden Orientierung am Schulwesen zu lösen versuchen. So vermeiden wir es, dass die Vorstellung von Schule mit all den Erfahrungen und Erinnerungen an Schule, die jeder individuell in sich trägt, uns den Blick auf die sich der beruflichen Weiterbildung bietenden methodischen und perspektivischen Möglichkeiten verstellen könnte.

Entschulung fängt allerdings bereits bei der passenden Wortwahl an: So wird in vielen Unternehmen viel zu oft von ‚Schulung' gesprochen, wenn Weiterbildung gemeint ist. Wenn wir es mit der Weiterbildung und auch mit ihrer Entschulung aber ernst meinen, dann sollten wir uns bemühen, den Gleichklang zwischen Schulung und Weiterbildung radikal aufzulösen und uns von allen Begrifflichkeiten trennen, die in irgendeiner Form unmittelbar an Schule erinnern. Welche Führungskraft und welcher Personalentwickler weiß denn schon, wie viele der Mitarbeiter er mit den Traumata ihrer Jugend konfrontiert, wenn sie wieder einmal eine ‚Schulung' besuchen dürfen?

Neue Anforderungen an Weiterbildung

In den vergangenen Jahren ist die Erkenntnis gewachsen, dass sich erwachsene Lerner durch gewachsene Lernbiografien auszeichnen, die erheblichen Einfluss auf ihre Lernmotivation, auf ihr Lernverhalten und schließlich auch auf ihren Lernerfolg haben. Gerade vor diesem Hintergrund dürfte es sich lohnen, etwas mehr darüber nachzudenken, wie wir allein durch den Einsatz des richtigen Vokabulars emotionale Hürden bei der Weiterbildung vermeiden. Die großen Schlagworte, die zurzeit als zentrale Trends die berufliche Aus- und Weiterbildung beherrschen, lauten Lernergebnisorientierung, Lernerorientierung, Individualisierung, Kompetenzentwicklung und Arbeitsprozessorientierung. Sie sollen durch methodische Ansätze wie Coaching, Lernprozessbegleitung, Social Learning, Virtualisierung des Lernens, Blended Learning, Mobile Learning u. v. a. m. realisiert werden. Zum Teil gehen diese Trends sogar Hand in Hand, wie beispielsweise die Forderung nach mehr Lernergebnis- und Lernerorientierung auf der einen Seite und nach mehr Individualisierung auf der anderen Seite.

Beispielsweise geht die These, die zu der Forderung nach mehr Individualisierung des Lernens führt, davon aus, dass Lernprozesse dann am erfolgreichsten sind, wenn sie dem ambivalenten Charakter des Lernens gerecht werden:

- Einerseits ist Lernen ein durch und durch sozialer Prozess, der davon lebt, dass Lernende mit anderen Lernenden, aber auch mit den Lehrenden kooperieren, reflektieren, arbeiten etc.
- Andererseits hat man auch genauso der Erkenntnis Rechnung zu tragen, dass Lernen ein individueller Prozess ist, dessen Ergebnisse zweifelsfrei auch durch den Kontext beeinflusst werden, in dem ein Mensch lernt.

Letztlich werden die Ergebnisse individuell so unterschiedlich sein wie die Lernenden selbst.

Selbstlernen vs. kollaboratives Lernen

Lernen ist immer aktives individuelles Tun des Lernenden, d. h., Lernen ist in diesem Sinne auch immer Selbstlernen. Insofern sind die vielfältigen Versuche der E-Learning-Industrie, Selbstlernkonzepte verkaufen zu wollen, denen wir immer noch häufig begegnen, in das große Reich der sinnlosen Marketingversprechen zu verweisen. Grund genug, als Personalverantwortlicher den Fehler zu vermeiden, den Mitarbeitern irgendwelche Konzepte zum ‚Selbstlernen' anzubieten, wenn man sein Personalentwicklungskonzept nicht durch mangelnde Glaubwürdigkeit untergraben will.

Versuchen Sie eher in Erwägung zu ziehen, dass es gerade im Hinblick auf die Vorbereitung der Rohdiamanten und deren spätere Fach- und Führungsaufgaben die Mühe wert sein könnte, zusammen mit Fach- und Bildungsexperten Lernarrangements zu entwickeln, die sich an vorab klar formulierten zu erreichenden Lernergebnissen orientieren und die in fachlicher Hinsicht auf dem Wissen, den Fertigkeiten sowie den Fähigkeiten der Nachwuchskräfte aufbauen. Wenn es dann noch mithilfe dieser Lernarrangements gelingen sollte, die Lernenden methodisch so individuell wie irgend möglich anzusprechen, erhöht das die Erfolgswahrscheinlichkeit der Lernarrangements überproportional. Dabei sollten aber alle Möglichkeiten des kollaborativen Lernens mit anderen Lernenden, mit anderen Kollegen und Führungskräften etc. gezielt genutzt werden.

Doch trotz aller Investitionen in die Weiterbildung und trotz allem Bemühen um die Entwicklung und Bereitstellung von Lernarrangements, die auf die individuellen Bedürfnisse der Lernenden abgestimmt sind, sei vor falschen Erwartungen gewarnt: Auch die Vielfalt an neuen methodischen Konzepten und Lernmedien wird uns nicht den Lernerfolg gewährleisten können. Wir müssen auch weiterhin der Tatsache ins Auge blicken, dass es keine gesicherte Methode gibt, die den Lernerfolg eines Menschen garantieren kann.

Trotz der verbleibenden Unsicherheit hinsichtlich des angestrebten Lernerfolgs sollten wir alle Anstrengungen unternehmen, ein für die Lernenden besonders gut geeignetes Lernarrangement bereitzustellen – ein Lernarrangement also, zu dem auch die Auswahl einer angenehmen Lernumgebung gehört, die den Lernerfolg möglichst positiv beeinflussen wird. Was ein gut gemachtes Lernarrangement jedenfalls leisten kann, ist, den Lerner neugierig auf die Lerninhalte und die sich daraus ergebenden Zusammenhänge zu machen, aber auch, ihn für den weiteren Lernprozess zu motivieren. Nicht mehr – aber auch nicht weniger!

Arbeitsprozessorientierung

Ein ganz besonderes Schlagwort, das in den vergangenen Jahren Einzug in die Diskussion um betriebliche Weiterbildung gehalten hat, ist ‚Arbeitsprozessorientierung'. Damit ist aber nicht das eher informelle Learning by doing gemeint oder das, was häufig unter der Überschrift ‚Training on the Job' subsumiert wird, sondern bewusst ‚organisiertes' und begleitetes Lernen unmittelbar am Arbeitsplatz und auch unmittelbar im Arbeitsprozess selbst.

Beispiel: EUCAM

Was die konsequente Umsetzung eines Ansatzes zum arbeitsprozessorientierten Lernen bedeuten kann, lässt sich am besten anhand eines praktischen Beispiels schildern: Im Rahmen eines europäischen Projekts, abgekürzt EUCAM (= Multilingual Communication in European Car Manufactoring[135]), an dem die DEKRA Akademie als einer von insgesamt sieben Projektpartnern der Daimler AG beteiligt war[136] und das über das Programm eContent der Europäischen Kommission gefördert wurde, konnte gezeigt werden, wie arbeitsprozessorientiertes Lernen (genau genommen: produktionsprozessorientiertes Lernen) tatsächlich aussehen und funktionieren kann und zu

135 = Multilinguale Kommunikation in der Europäischen Automobilherstellung

136 Partner des EUCAM Projekts in alphabetischer Reihenfolge: Daimler AG, DEKRA Akademie GmbH, Engeneering + Design AG / EDAG Hungary Kft., European Metalworker's Federation (EMF), Industriegewerkschaft Metall, Information Management GmbH (Infoman), Language Technology Centre Ltd. (LTC), UAB LKSoft Baltic

welchen Veränderungen der Weiterbildung von Facharbeitern ein solcher Ansatz führen kann.[137]

Arbeitsprozessorientiertes Lernen hat in der Automobilproduktion an besonderer Relevanz gewonnen. Der Grund dafür kann unmittelbar als Konsequenz aus der Tatsache abgeleitet werden, dass immer kürzere Produktlebenszyklen und immer komplexere Produktionsprozesse hohe Ansprüche an das Wissen, die Fertigkeiten und Fähigkeiten der Mitarbeiter in der Produktion stellen, was die Bedeutung gut qualifizierter Fachkräfte für die Qualität der Produktion in der Automobilindustrie unterstreicht.

Arbeitsprozessbegleitendes multilinguales Lernsystem

Da für die Arbeit in der Montage, in der Fertigung und in der Instandhaltung einfaches und handlungsorientiertes Lernen während des Produktionsprozesses daher eine zunehmend wichtigere Rolle spielen, wurde mit EUCAM ein arbeitsprozessbegleitendes multilinguales Lernsystem für den Bereich der industriellen Fertigung mit dem Ziel implementiert, lebenslanges Lernen und Wissensmanagement in der Produktion konsequent umzusetzen. Dadurch, dass EUCAM arbeitsprozessorientiertes Lernen, Wissensmanagement in der Fertigung sowie die Funktion der Mehrsprachigkeit miteinander verbindet, ermöglicht EUCAM unmittelbar die Bereitstellung einer Infrastruktur für lebenslanges Lernen von Produktionsfacharbeitern auf gesamteuropäischer Ebene.

EUCAM erweitert als ganzheitliche Lerninfrastruktur den Lerninhalt (Content) auf die gesamte Wertschöpfungskette des Produktionsprozesses und ermöglicht somit, dass das Wissen von Zulieferern und Maschinenherstellern kontinuierlich und stets hochaktuell integriert werden kann. Die technische Zusammenarbeit von Automobilproduzenten, Maschinenherstellern und Zulieferern verbessert sich dabei schon durch die Nutzung einer gemeinsamen (auch mehrsprachigen) Lerninfrastruktur. Durch den Effekt der Multilingualität kann über die Vermittlung der fachlichen Lerninhalte hinaus auch die interkulturelle Zusammenarbeit zwischen Produktionsstandorten und -strukturen optimiert werden.

137 Vgl. Littig, P.: eLearning – Qualität und Evaluation von Konzepten in der Praxis, in: Mayer, H. O., Kriz, W.: Evaluation von eLernprozessen, München 2010, S. 119–133

Besonders für international tätige Unternehmen mit mehreren Produktionsstandorten in verschiedenen Ländern steht mit EUCAM ein Qualifizierungstool zur Verfügung, das es ermöglicht, im gesamteuropäischen Raum und darüber hinaus berufliche Weiterbildung am Arbeitsplatz so umzusetzen, dass die Kompatibilität der Weiterbildung an den einzelnen Standorten gewahrt bleibt. EUCAM bietet den großen Vorteil, dass Erst- und Weiterqualifizierungen direkt während und im Rahmen des Arbeitsprozesses erworben und direkt im Lernsystem dokumentiert werden können.

Charakteristische Merkmale von EUCAM

Welches sind nun die besonders charakteristischen Merkmale eines Lernmodells wie EUCAM, das als arbeitsprozessorientiertes bzw. produktionsprozessorientiertes Blended-Learning-Konzept beschrieben werden kann?

- Unmittelbar am Arbeitsplatz haben die Unternehmensmitarbeiter über Computerterminals stets Zugriff auf das gesamte Produktionswissen, das entsprechend der Bedürfnisse und Anforderungen der Lerner aufbereitet wurde. So werden im Falle des Bedienungs- und Instandhaltungspersonals Arbeits- und Instandhaltungsanweisungen entsprechend aktuellster didaktischer Erkenntnisse aufbereitet und in Form standardisierter Lerneinheiten angeboten.
- Eine ganz besondere Rolle spielt der Lernprozessbegleiter, mit dessen Hilfe die Fachkräfte in der Produktion eigenständig neue Arbeitsschritte aktiv an ihrem Arbeitsplatz lernen. Dabei erhalten sie immer auch einen Überblick über die anderen Produktionsschritte, mit denen ihre Arbeitskollegen in ihrer Arbeitsgruppe befasst sind.
- Die zentrale Aufgabe der Lernprozessbegleiter besteht darin, die (individuellen) Qualifizierungsprozesse ihrer Kollegen ganzheitlich zu betreuen. Somit sind sie, die gleichzeitig auch Arbeitskollegen der Lernenden sind und die durch eine spezielle Weiterbildung auf dieses Aufgabe vorbereitet wurden, die unmittelbaren Ansprechpartner für die Lernenden für alle Fragen und Probleme rund um das Lernsystem.
- Dadurch, dass sich die Qualifizierung ausschließlich an der betrieblichen Prozesskette orientiert, ist gewährleistet, dass die Weiterbildung dem unmittelbaren Nutzen für das Unternehmen dient.

- Die orientierungsgebende Prozesskette ist nicht ausschließlich auf den innerbetrieblichen Bereich beschränkt, zumal durch die Einbindung von Zulieferern bzw. Maschinenherstellern in den Informationsfluss die technische Zusammenarbeit zwischen Zulieferern/Maschinenherstellern und den Produktionsbetrieben optimiert werden soll. Dadurch wird das Wissen der Zulieferer und der Maschinenhersteller miteinander verknüpft und auf die gesamte Wertschöpfungskette erweitert, während das Kommunikations- und Lernsystem EUCAM den Informationsfluss auch im Rahmen eines im Mehrschichtbetrieb funktionierenden Produktionsprozesses gewährleistet.
- Bei einem konstruktivistischen Lernansatz, wie er EUCAM zugrunde liegt, haben die Lernenden die Möglichkeit bzw. die Verpflichtung, ihr fachliches Know-how in Form eines qualifizierten Feedbacks in das Lernsystem hineinzugeben, was dazu führt, dass sich das Lernsystem stetig und ständig zum Vorteil aller Beteiligten weiterentwickelt.
- Für international tätige Produktionsunternehmen bietet das EUCAM-Lernsystem darüber hinaus den Vorteil, dass es mehrsprachig zur Verfügung steht, was eine gute Grundlage dafür bildet, die interkulturelle Zusammenarbeit zwischen verschiedenen Produktionsstandorten eines Unternehmens, das in mehreren Ländern tätig ist, weiterzuentwickeln.

Für alle, die noch mehr über EUCAM wissen wollen, stehen im Internet noch weitere umfangreiche und vertiefende Informationen auf der Projekthomepage www.eucam.org zur Verfügung.

Aus meiner Sicht liefert das Beispiel des arbeitsprozessorientierten Lernens in der Automobilproduktion bei der Daimler AG einen besonders guten Beleg dafür, dass Weiterbildung im 21. Jahrhundert an Vielfalt gewonnen hat und dass durch die vielen Gesichter, die Weiterbildung mittlerweile hat, Weiterbildung auch den unterschiedlichsten Anforderungen der Unternehmen gerecht werden kann.

Lernprozessbegleitung

Bevor ich auf ein zweites Beispiel eingehe, möchte ich nochmals auf einen spezifischen methodischen Ansatz hinweisen, dem wir auch bei dem zuvor beschriebenen Beispiel der arbeitsprozessorientierten Weiterbildung in der

Automobilwirtschaft begegnet sind, nämlich auf den Ansatz der Lernprozessbegleitung.

Die Erfahrungen mit Projekten wie EUCAM oder auch mit anderen Weiterbildungskonzepten, in denen Lernprozessbegleitung als zentraler Ankerpunkt für das gesamte Konzept fungiert, haben gezeigt, dass es natürlich Grundlage für die erfolgreiche Umsetzung eines Lernarrangements ist, ...

- eine geeignete und funktionierende technische Infrastruktur (IT) zu haben,
- dass Lernergebnisse zur Zielorientierung mit den Lernenden vereinbart sind,
- dass qualitativ hochwertige Lernmedien bereitstehen,
- dass ausreichend viele passende und plausible praktische Beispiele sowie Übungs- bzw. Trainingsaufgaben zum Einsatz kommen,
- dass die Lernprozessbegleiter auf praktikable curriculare Empfehlungen zurückgreifen können u. v. a. m.

Allerdings lehrt die Erfahrung auch, dass alles zur Makulatur wird, wenn der sogenannte menschliche Faktor zu wenig Berücksichtigung findet, wenn die beteiligten Menschen (Lernende und Lehrende) nicht adäquat auf diese für viele noch recht ungewohnte Form des Lernens vorbereitet sind.

Lernprozessbegleiter als ‚Schnittstelle' zwischen Weiterbildungsveranstalter und Lernern

Schauen wir zunächst auf die Lehrenden, die im Sinne des Konzepts der Lernprozessbegleitung die Rolle des Lehrenden verlassen und in die Rolle des Beratenden schlüpfen. Zunächst bilden Lernprozessbegleiter – wie in der Rolle der Lehrenden in herkömmlichen Lernformen auch – die entscheidende ‚Schnittstelle' zwischen dem Weiterbildungsveranstalter und den Lernern. Sie bilden sozusagen die Anlaufstelle für die Lernenden in allen Fragen rund um das Lernarrangement. Allerdings sind sie im Gegensatz zu beispielsweise Dozenten keine ‚Lehrkräfte' im traditionellen Sinn: Ihre Aufgabe besteht nicht in erster Linie darin, fachliche Inhalte oder Lehrstoff zu vermitteln. Ihre Aufgabe besteht vielmehr überwiegend darin, die Lernenden zu beraten, sie anzuleiten, sie auf ihrem Lernweg zu begleiten und entsprechend ihrer Lernfortschritte zu unterstützen. Die Unterstützung kann beispielsweise darin bestehen, den Lernenden zu helfen, Lernchancen und Lernnotwendigkeiten zu erkennen und letztlich auch für sich zu nutzen.

Lernvereinbarungen/Lernergebnisse

Damit die Lernenden die vorgegebenen Lernergebnisse einer Weiterbildung erreichen, treffen Lernprozessbegleiter mit den Lernenden sogenannte Lernvereinbarungen, in denen beispielsweise Zwischenziele auf dem Weg zu den angestrebten Lernergebnissen verabredet werden können. Vor dem Hintergrund der Lernvereinbarung beobachten, beraten und motivieren Lernprozessbegleiter die Lernenden ‚begleitend' auf dem von den Lernenden eingeschlagenen Weg zum vereinbarten Ziel. Natürlich sollten die Lernprozessbegleiter insbesondere dann beratend eingreifen, wenn sich die Lernenden ihrer Einschätzung nach so zu verirren drohen, dass das Erreichen des gemeinsam verabredeten Ziels verfehlt werden könnte. In diesem Sinne geben Lernprozessbegleiter Tipps, wenn dies nützlich und geboten scheint, sie geben den Lernenden Input, beispielsweise wenn komplexe Zusammenhänge und deren Hintergründe verstanden und systematisiert werden müssen.

Wenn Lehrende bereit und in der Lage sind, zukünftig in die Rolle von erfolgreichen Lernprozessbegleitern zu schlüpfen, müssen sie zuallererst eine ganz besondere mentale Herausforderung meistern: Sie müssen lernen, sich als Personen und auch als Experten zurücknehmen zu können, und sich vom allwissenden Dozenten, Lehrer, Instruktor oder Trainer zum beratenden Experten für das Lernen wandeln. Ein wesentlicher Erfolgsfaktor für den Erfolg eines Lernarrangements, falls es auf dem methodischen Ansatz der Lernprozessbegleitung basiert, besteht darin, dass es gelingt, die Lernenden dazu zu bringen, sich die angestrebten Ziele Schritt für Schritt immer selbstständiger zu erarbeiten. Ob das gelingt, hängt wiederum ganz entscheidend vom Geschick und vom Können der Lernprozessbegleiter ab, die Lernenden so zu beraten, dass diese sich beispielsweise die Lösung einer Aufgabenstellung tatsächlich selbst erarbeiten, ohne den Lernprozess durch das vorschnelle ‚Verraten' von Lösungen infrage zu stellen.

Hauptaufgaben von Lernprozessbegleitern

Zusammengefasst: Zu den Hauptaufgaben von Lernprozessbegleitern zählt nicht – auch wenn sie zweifelsfrei über den geeigneten fachlichen Hintergrund verfügen müssen – die unmittelbare Vermittlung von Fachwissen. Lernprozessbegleiter haben als Experten für das Lernen folgende Aufgaben:

- Sie helfen den Lernenden, deren Ziele zu verfolgen – d. h. ‚dranzubleiben' und die Ziele nicht aus den Augen zu verlieren.

- Sie unterstützen die Lernenden bei der Strukturierung von Lernaufgaben und bei der Beschreibung eines möglichen Lösungswegs.
- Sie beraten die Lernenden dabei, Fragen zu entwickeln und diese zu konkretisieren.
- Sie helfen den Lernenden, die Lernergebnisse bzw. mögliche Zwischenergebnisse zu sichern.
- Sie beraten die Lernenden dabei, ihre Lernergebnisse, aber auch den Lernweg, der zu diesen Ergebnissen geführt hat, zu reflektieren. Das heißt, sie diskutieren u. a. mit den Lernenden die Erfahrungen, die auf dem bisherigen Lernweg gemacht wurden, und bewerten die gemachten Schritte gemeinsam mit den Lernenden.
- Sie unterstützen die Lernenden dabei, Kompetenzen, von denen die Lernenden glauben, sie während eines Lernprozesses entwickelt zu haben, herauszuarbeiten, zu beschreiben und zu dokumentieren. Dies können sowohl fachbezogene Kompetenzen als auch außerfachliche Kompetenzen wie beispielsweise ‚Problemlösungskompetenz' sein.

Wenn wir uns diesen Strauß an Aufgaben vor Augen führen, die Lernprozessbegleiter zu erfüllen haben, und wenn wir wollen, dass die Lernprozesse der ihnen anvertrauten Lerner erfolgreich verlaufen, dann wird rasch deutlich: Es ist dringend erforderlich, auch erfahrene Dozenten sowie Trainer auf die verantwortungsvolle Aufgabe als Lernprozessbegleiter gezielt vorzubereiten. Eine äußerst fahrlässige Annahme wäre, dass gute Dozenten bzw. Trainer automatisch und ohne weiteres Zutun auch gute Lernprozessbegleiter sein werden. Im Rahmen der Vorbereitung der zukünftigen Lernprozessbegleiter sollten somit Lern- und Entwicklungsziele im Vordergrund stehen, die darauf ausgerichtet sind, dass die Lernprozessbegleiter zur Bewältigung der oben beschrieben Aufgaben befähigt werden.

Anforderungen an Lernprozessbegleiter

Zu den Anforderungen, die an Lernprozessbegleiter nach einer geeigneten Vorbereitung zu richten sind, zählen u. a. ...

- dass sie über eine hohe kommunikative Kompetenz als zentrale Kernkompetenz verfügen,

- dass sie die erforderliche psychologische und Lernberatungskompetenz belegen können,
- dass sie Grundkenntnisse der Analyse menschlichen Verhaltens in Lernprozessen besitzen,
- dass sie in der Lage sind, individuell nutzbare methodische Hilfen zur Entwicklung praktikabler Lern- und Lösungsstrategien in Zusammenarbeit mit den Lernenden anzuwenden,
- dass sie befähigt sind, individuelle und gruppenorientierte Lernprozesse beispielsweise im Rahmen sogenannter Blended-Learning-Prozesse [138] erfolgsorientiert zu steuern,
- dass sie über geeignete Präsentations- und Moderationstechniken verfügen und diese im Rahmen von Blended-Learning-Konzepten richtig einsetzen können,
- dass sie sich mit dem Rollenkonzept, das der Tätigkeit der Lernprozessbegleitung zugrunde liegt, identifizieren können,
- dass sie die Befähigung zum Umgang mit kritischen Lernern und Lerngruppen besitzen,
- dass sie sicher im Umgang mit einem Lernmanagement-system (LMS) sind,
- dass sie in der Lage und bereit sind, ihre eigene Arbeit und ihre eigenen Erfahrungen als Lernprozessbegleiter bewusst kritisch zu reflektieren,
- dabei auch offen gegenüber kollegialem Erfahrungsaustausch (auch: kollegiales Supervising) sind, um von den Kollegen zu lernen,
- dass sie die Bereitschaft zur ständigen und zielgerichteten Erweiterung ihres methodischen Spektrums besitzen,
- dass sie motiviert dazu sind, sich der Herausforderungen bewusst anzunehmen, mit denen sie in ihrer Rolle als Lernprozessbegleiter konfrontiert werden.

138 Blended Learning steht in der Regel für eine Lernform, die Präsenzlernen und E-Learning miteinander ‚vermischt' bzw. kombiniert.

Wenn wir über die Bedeutung des sogenannten menschlichen Faktors für den Erfolg von Lernprozessen nachdenken, die auf dem Konzept der Lernprozessbegleitung basieren, wird rasch deutlich, wie wichtig und erfolgskritisch es ist, nicht nur für gut vorbereitete Lernprozessbegleiter Sorge zu tragen, sondern auch dafür, dass die Lernenden vor Beginn einer Weiterbildung auf diese für die meisten doch noch recht ungewohnte Form des Lernens gezielt vorbereitet werden. So sollten Lernwillige vorab erfahren, was sie in einem solchen Lernarrangement erwartet und insbesondere was von ihnen erwartet wird sowie welche Eigenverantwortung sie selbst für den Lernerfolg tragen. Das heißt, sie sollten erfahren, dass sie sich nicht in einer Art Konsumenthaltung zurücklehnen sollen, sondern dass sie selbst den aktivsten Part im Rahmen des Lernprozesses zu übernehmen haben. Genauso wie die Lernprozessbegleiter müssen die Lernenden bewusst die Herausforderungen eines solchen Konzepts akzeptieren, damit sie in der Lage sind, aktiv und motiviert zu ihrem eigenen Lernerfolg beizutragen.

Anfänglich habe ich von der Notwendigkeit der Entschulung der Weiterbildung gesprochen, was letztlich bedeuten muss, in der beruflichen Weiterbildung tradierte Pfade des schulischen Lernens zu verlassen, wie sie die meisten Erwachsenen während ihrer Kindheit und Jugend durchlaufen haben. Die vorangehenden Beispiele zeigten dann, dass die Entschulung der Weiterbildung tatsächlich auch machbar und der Lernerfolg dabei positiv zu beeinflussen ist: Sowohl das Konzept der arbeitsprozessorientierten Weiterbildung in der Automobilindustrie wie auch die Überlegungen zu Aufgaben und Anforderungen an Lernprozessbegleiter mögen Wege aufzeigen, wie die Entschulung von Weiterbildung vorangetrieben werden kann – Wege, die darüber hinaus heute kaum noch ohne die Nutzung der Möglichkeiten des digitalen Lernens vorstellbar sind.

Digitales Lernen

Wie das Beispiel des arbeitsprozessorientierten Lernens gezeigt hat, ist der Einsatz neuer Medien und die Nutzung der Informationstechnologie zur Unterstützung von Lernprozessen in der beruflichen Weiterbildung zwischenzeitlich fast zu einer Selbstverständlichkeit geworden. Für Lehrende und Lernende wird der Einsatz und die Nutzung von Elementen des sogenannten digitalen Lernens mehr und mehr zum Normalfall.

Blended Learning

Sicher gibt es bei einem (kleiner werdenden) Teil der Lernwilligen und der Lehrenden immer noch Vorbehalte gegenüber dem digitalen Lernen. Und gerade der anfängliche E-Learning-Hype, der mit dem Ziel einherging, Lernprozesse möglichst vollständig zu virtualisieren, erfuhr nicht die von den E-Learning-Machern versprochene Resonanz bei den Lernenden. Trotzdem stießen in den letzten Jahren Ansätze, bei denen E-Learning-Elemente zunehmend mit Elementen des Präsenzlernens sinnstiftend vermischt bzw. verbunden werden, auf immer größere Akzeptanz.

Mit solchen hybriden Lernformen, die heute weithin unter dem Namen Blended Learning firmieren, wurde ein Grundstein dafür gelegt, dass die Vermischung von digitalem und analogem Lernen in den unterschiedlichsten Blended-Learning-Kombinationen immer größere Beliebtheit gewann.

Vorteile digitalen Lernens

Zu den Vorteilen digitalen Lernens zählt zweifelsfrei Folgendes:

- Durch die Möglichkeit, via Internet zu lernen, eröffnen sich zusätzliche Chancen zur Weiterbildung für Frauen und Männer, die sich bisher aus gesundheitlichen, aus familiären, aus geografischen oder anderen Gründen kaum in der Lage sahen, regelmäßig an ausschließlich in Präsenzform organisierter Weiterbildung teilzunehmen.
- Lernen kommt so zu den Lernern und gewinnt dadurch an Attraktivität, dass sich die Lernenden ohne großen persönlichen Aufwand vom Arbeitsplatz aus oder auch von zu Hause aus an einer Weiterbildung beteiligen können.
- Durch die Nutzung der Möglichkeiten, die im virtuellen Lernraum zur Verfügung stehen, steht für die Lernenden eine erheblich größere Methodenvielfalt bereit, die sie zum Erreichen ihrer individuellen Lernziele nutzen können.
- Zusätzlich kommt meines Erachtens der nicht ganz unwichtige Aspekt ins Spiel, den Lernenden im Rahmen des Lernprozesses ‚individuelle Sicherheitszonen' zur Verfügung zu stellen, wie es sonst im Rahmen von Präsenzphasen kaum machbar ist.

Aktuelle Trends

Dass der Trend zur Virtualisierung des Lernens in den Unternehmen auch im Jahr 2012 ungebrochen ist, zeigt beispielsweise der MMB-Trendmonitor I/2012 des Instituts für Medien- und Kompetenzforschung, dessen Ergebnisse auf einer Befragung von Experten aus Deutschland, Österreich und der Schweiz im Frühjahr 2012 beruhen. So wurden die Experten danach gefragt, wie Weiterbildung in den kommenden drei Jahren aussehen wird und welche Trends bis dahin das digitale Lernen bestimmen werden. Eines der wichtigsten Ergebnisse des Trendmonitors lautet: „Unternehmen werden auch zukünftig vor allem auf die Mischung von traditionellen Lernformen und Digitalem Lernen (‚Blended Learning‘) setzen. Auch die räumliche Entgrenzung der klassischen synchronen Unterrichtssituation über den Einsatz ‚Virtueller Klassenräume‘ hat eine große Zukunft.“[139]

Darüber hinaus stellt der MMB-Trendmonitor ganz besonders in den Vordergrund, dass sich aus Sicht der befragten Experten sogenanntes ‚Mobile Learning‘, bei dem die Lerninhalte über Smartphones und Tablet-PCs zu den Lernern kommen, bis zum Jahr 2015 zur Umsatzlokomotive entwickeln dürfte, während die Experten Social-Media-Elementen auch weiterhin nur geringes Potenzial für attraktive E-Learning-Geschäftsmodelle einräumen.[140]

Wenn wir auf das schauen, was aktuell in der beruflichen Weiterbildung möglich ist, dann dürfen wir uns nicht durch die ‚schöne neue Lernwelt‘ täuschen lassen. Modelle, wie wir sie beispielsweise in der Automobilindustrie als arbeitsprozessorientierte Form der Weiterbildung wahrnehmen, oder auch die vielen neuen Entwicklungen und Trends, wie sie alljährlich auf Messen wie der Learntec in Karlsruhe[141] zu bewundern sind, zeigen eher auf, wo es noch hingehen kann, und nicht, wo wir schon sind: Noch immer ist berufliche Weiterbildung überwiegend von tradierten didaktischen Ansätzen und tradierten methodischen Umsetzungen dominiert. Noch immer ist berufliche Weiterbildung weitgehend verschult, ist über-

139 MMB-Institut für Medien- und Kompetenzforschung (Hrsg.): MMB-Trendmonitor I/2012, Essen 2012, S. 2

140 Vgl. ebd.

141 Die Learntec bezeichnet sich selbst als die „Internationale Fachmesse und Kongress für Lernen mit IT“ und findet jährlich in der ersten Februarwoche in Karlsruhe statt.

wiegend auf Wissensvermittlung und viel seltener auf individuelle Kompetenzentwicklung ausgerichtet. Aber es besteht in der Tat Hoffnung: Vieles ist in der beruflichen Weiterbildung in Bewegung geraten, viele neue Konzepte und Modelle sind entstanden, die anregend und beispielgebend sein können, die aber auch die Kreativität der Lernenden wie der Lehrenden beflügeln können.

Beispiel: FuTEx

Wie heute Modelle zur Kompetenzentwicklung von Fachkräften auch unter starker Einbindung virtueller Lernformen aussehen können, soll deshalb noch das folgende Beispiel beleuchten. Das Weiterbildungskonzept, von dem nachfolgend die Rede ist, wurde unter dem Namen FuTEx[142] bekannt und im Jahr 2012 im Rahmen der Karlsruher Learntec mit dem European E-Learning Award ‚Eurelea' (European Award for Technology Supported Learning) ausgezeichnet. Es vereinbart vorbildlich fast all das, was moderne berufliche Weiterbildung im 21. Jahrhundert ausmachen sollte:

- Lernerorientierung
- Lernprozessbegleitung
- Arbeitsprozessorientierung
- Blended Learning
- Verknüpfung von Individualisierung und sozialem Lernen
- individuelle Kompetenzentwicklung
- Entwicklung von Fachkräften für eine globalisierte Wirtschaft

Qualifizierung am virtuellen Arbeitsplatz für IT-Spezialisten

FuTEx, das als Konzept im Frühjahr des Jahres 2010 erstmalig pilotiert wurde, soll die Qualifizierung am virtuellen Arbeitsplatz für IT-Spezialisten ermöglichen, die eine Spezialistenzertifizierung als Softwareentwickler, als IT-Tester oder IT-Projektkoordinator[143] anstreben. U. a. soll mithilfe von FuTEx gezeigt werden, dass die Verbindung Arbeiten und Lernen auch für

142 Das Akronym FuTEx steht für Future Technologies for Expertise Development.

143 Softwareentwickler, IT-Tester und IT Projektkoordinator sind IT-Spezialistenprofile, wie sie im deutschen IT-Weiterbildungssystem beschrieben sind. Weitere Informationen zum IT-Weiterbildungssystem finden sich beispielsweise beim Bundesinstitut für Weiterbildung (www.bibb.de/de/1318.htm).

IT-Fachkräfte möglich ist, die diese Weiterbildung nicht unmittelbar von einem festen Arbeitsplatz aus absolvieren können.

Elemente von FuTEx

Der Name FuTEx Corp. steht für ein virtuelles Unternehmen, in dem über eine netzbasierte Arbeits- und Lernplattform gearbeitet, gelernt und kommuniziert wird. Die methodische Grundstruktur, an der sich das FuTEx-Konzept orientiert, besteht im Wesentlichen aus den folgenden Elementen:

- Blended-Learning-Ansatz
- Präsenzphasen zum Auftakt, während und auch zum Abschluss der Qualifizierung, wobei die Präsenzphasen ca. 20 % der veranschlagten Lernzeit ausmachen. Beispielsweise steht im Mittelpunkt der Auftaktpräsenzphase, dass sich die Lerner miteinander bekannt machen, dass sie ihre Lernprozessbegleiter kennenlernen, dass sie mehr Details zur Gesamtstruktur der Weiterbildung und zu den Lerninhalten erfahren, dass sie sich ein erstes Mal mit der Projektaufgabe vertraut machen und dass sie eine erste Einweisung in das Lernen und Arbeiten mit der zur Verfügung stehenden Lern- und Arbeitsplattform erhalten etc.
- Eine ca. einen Monat dauernde sogenannte Einstiegslernphase, in der die Lernenden das Weiterbildungsprojekt besser kennenlernen und eventuell noch fehlendes Basiswissen erwerben sollen sowie erste Erfahrungen der virtuellen Kooperation mit anderen Lernern machen können.
- Eine ca. dreimonatige Projektarbeitsphase, bei der die Lernenden in Arbeitsgruppen an echten Aufträgen aus echten Unternehmen arbeiten, wobei in die Projektarbeitsphase weitere Lernphasen eingebettet sind, in denen projektspezifisches Wissen vermittelt wird.
- Eine mindestens einen Monat dauernde Phase, während der das Projekt und die Lernfortschritte dokumentiert werden und nach entsprechender Vorbereitung eine abschließende Prüfung zur Zertifizierung nach DIN ISO 17024 [144] abgelegt wird.

144 DIN ISO 17024 ist die im Normenbuch vorgesehene Norm zur Personenzertifizierung.

Seinem gesamten Charakter nach stellt das FuTEx-Konzept einen Blended-Learning-Ansatz dar, der dem Adjektiv ‚blended' aus heutiger Sicht in vollem Umfang gerecht wird:

- FuTEx enthält sich sinnvoll ergänzende Präsenz- und Distanzphasen, wobei die erforderliche Anwesenheitszeit der Lernenden auf ein Minimum reduziert wurde.
- Die für das erforderliche Wissensupdate notwendigen Lernprozesse werden (arbeitsprozessorientiert) mit Projektarbeit (Arbeit an einem realen Projektauftrag) kombiniert.
- Formelles, nonformales und informelles Lernen ergänzen sich lernergebnisorientiert.
- Traditionelle (analoge) und digitale Medien kommen den Anforderungen der Lernenden entsprechend zum Einsatz.
- Den Lernenden steht eine breite Auswahl digitaler Arbeits-, Lern- und Kommunikationsmedien (wie z. B. Videoconferencing, Mobil- und Festnetztelefon, Audio- und Video-Skype) zur Verfügung.
- Zur Erarbeitung spezifischer Lerninhalte können diverse computer- und webgestützte Lernprogramme, Simulationen, Planspiele, E-Learning etc. genutzt werden.
- Die Lernenden werden durch Lernprozessbegleiter auf ihrem Lernweg unterstützt.
- Die Lehrenden nutzen eine breite Palette an Lehrformen wie Seminare, Vorträge, Workshops, Training, Übungen, Erfahrungsaustausch, Coaching etc.

Mit FuTEx ist nach den Erfahrungen, die mit diesem Ansatz während zweier Pilotphasen gemacht werden konnten, ein nachahmenswertes Weiterbildungskonzept entstanden. Für den Bereich der IT-Fachkräfte zeigt es beispielhaft, wie eine Weiterbildung heute aussehen kann, mit der Menschen innerhalb eines überschaubaren Zeitrahmens für spezifische Fachaufgaben qualifiziert und auf entsprechend verantwortungsvolle Tätigkeiten vorbereitet werden können.

Obwohl es sich bei FuTEx um ein Konzept handelt, das für die Weiterbildung von IT-Fachkräften bis hin zur Spezialistenzertifizierung entwickelt wurde, gibt es meines Erachtens keine Gründe, die dagegen sprechen, einen methodischen Ansatz, wie er FuTEx zugrunde liegt, nicht auf andere Berufsfelder und auf andere Wirtschaftssektoren zu übertragen.

Allen, die sich für weitergehende Informationen zu FuTEx und den Erfahrungen mit FuTEx interessieren, sei angesichts der beispielgebenden methodischen Bedeutung eines solchen Konzepts für die berufliche Weiterbildung von Fach- und Führungskräften der Link zur Homepage der FuTEx Corp. empfohlen: www.futexcorp.de.

Trotz der überwiegend eher noch der Tradition verhafteten Realität der beruflichen Weiterbildung, wie wir ihr immer noch begegnen, mag auch das Beispiel FuTEx die These stützen, dass berufliche Weiterbildung in Deutschland durchaus in Bewegung geraten ist – möglicherweise während der vergangenen zehn Jahren erheblich stärker als in vierzig oder mehr Jahren zuvor.

Weiterbildung als Chance und Herausforderung

Dass Weiterbildung heute in so vielen unterschiedlichen Facetten daherkommt, ist für die Unternehmen und deren HR Management Chance und Herausforderung zugleich:

Weiterbildung als Chance

- Weiterbildung ist eine Chance, weil sie insbesondere unter dem Aspekt der wachsenden Probleme, qualifizierte Fach- und Führungskräfte zu gewinnen, eine reelle Möglichkeit bietet, das Qualifikationsniveau der aktuellen Fach- und Führungskräfte ständig weiterzuentwickeln und auf den Stand zu bringen, der für die Innovationsfähigkeit des Unternehmens unabdingbar ist.
- Weiterbildung ist eine Chance, weil sie eines der geeignetsten Mittel der Wertschätzung und der Mitarbeiterbindung darstellt. So würde eine Verweigerung von Weiterbildung nicht nur dem Unternehmen unmittelbar durch den damit einhergehenden Verlust an Innovationspotenzial schaden, sondern auch mittelbar durch das letztlich verheerende Signal, das damit nach innen auf das Wertschätzungsempfinden der Mitarbei-

ter zielte, das aber auch in der Außenwirkung recht bald einen enormen Imageschaden nach sich zöge. Ein Beitrag zur demografischen Wettbewerbsfähigkeit wäre eine zu große Zurückhaltung in Sachen Weiterbildung deshalb sicher nicht.

- Weiterbildung ist eine Chance, weil sie den Lernenden und auch deren Führungskräften helfen kann, sich zu erproben, sich zu orientieren und letztlich auch individuelle Entwicklungsperspektiven zu entwickeln.

Weiterbildung als Herausforderung

- Weiterbildung ist eine Herausforderung für das HR Management, weil die Beurteilung unterschiedlicher methodischer Ansätze zur Weiterbildung vom HR Management eine hohe fachliche wie methodische Kompetenz verlangt, die weit über die meist üblichen rein betriebswirtschaftlichen Kostenbetrachtungen hinausgeht.
- Weiterbildung ist eine Herausforderung für das HR Management, weil Weiterbildung zwar zu einem absolut unverzichtbaren Element der Personalentwicklung geworden ist, aber ständig im Spannungsfeld von Kostendruck und Qualität steht. Auch gegen die in Deutschland noch weitverbreitete Annahme, dass Bildung ein Gut sei, das die einzelnen Menschen möglichst kostenlos nutzen können, hat sich am Weiterbildungsmarkt allmählich die Erkenntnis durchgesetzt, dass gute Qualität in der Weiterbildung unter einem bestimmten Preisniveau nicht zu haben ist. So mussten viele HR Manager schon auf leidvolle Art erfahren, dass eine zu günstig eingekaufte Weiterbildung natürlich auch immer die Gefahr in sich birgt, dass das gesamte für eine scheinbar kostengünstige Weiterbildung aufgewandte Geld – und war es auch noch so wenig – eigentlich besser ganz eingespart worden wäre. Die Erkenntnis, Geld in eine sinnlose, weil qualitativ minderwertige Weiterbildung investiert zu haben, ist dabei noch die eher harmlose Variante von Konsequenzen aus möglichen Fehlinvestitionen. Dramatischer wäre es, was sicher nicht auszuschließen ist, wenn die Mitarbeiter, die an einer qualitativ minderwertigen Weiterbildung teilgenommen haben, nicht nur frustriert und enttäuscht sind, sondern zu der Erkenntnis gelangen, dass sie ihrem Unternehmen das Geld für eine qualitativ bessere Weiterbildung nicht wert sind.

Weiterbildung als unverzichtbares Element der Personalentwicklung

Weiterbildung ist ein unverzichtbares Element der Personalentwicklung, wenn es gilt, die Rohdiamanten im Unternehmen auf ihrem Weg zu den angestrebten Tätigkeiten als Fach- und Führungskräfte aktiv zu begleiten. Sie muss letztlich qualitativen Kriterien genügen, die mit denen vergleichbar sind, die ein Unternehmen für seine eigenen Produkte oder Dienstleistungen gegenüber seinen Kunden reklamiert bzw. die die Kunden von dem Unternehmen einfordern. Ansonsten muss Weiterbildung als Fehlinvestition mit riskanten Folgewirkungen verbucht werden.

Allerdings will ich damit nicht zum Ausdruck bringen, dass nur teure Weiterbildung gut sein kann – der Preis allein ist sicher kein Maßstab. Hier ist der Sachverstand der HR Manager bzw. der Personalentwickler ganz besonders gefragt. Ihnen sollte bewusst sein, dass gute Weiterbildung nicht zu jedem Preis zu haben ist, und sie können beurteilen, was wirklich erforderlich ist und ob ein Weiterbildungsangebot wirklich das verlangte Geld wert ist.

Wenn berufliche Weiterbildung als Personalentwicklungsinstrument zur Sicherung des Potenzials an Fach- und Führungskräften taugen soll, muss sie allerdings viel weiter zielen als auf die ausschließliche Deckung des unmittelbaren Bedarfs am aktuellen Arbeitsplatz. Weiterbildung als Personalentwicklungsinstrument kommt in diesem Sinne nicht umhin, dazu beizutragen, Qualifikationen zu vermitteln und die Entwicklung von Kompetenzen zu unterstützen, die über die Anforderungen am aktuellen Arbeitsplatz weit hinausgehen und die überwiegend auf die persönliche Weiterentwicklung einzelner (angehender) Fach- und Führungskräfte zielen. Das zeigen auch viele Beispiele, meist aus großen oder größeren Unternehmen und Organisationen. Sie wollen ausgewählten Fach- und Führungskräften zusätzliche Perspektiven dadurch bieten, dass sie ihnen ein berufsbegleitendes Aufbaustudium oder gar eine berufsbegleitende Promotion ermöglichen.

Berufsbegleitende Master-Online-Studiengänge

Eines der Beispiele, das zeigt, was heute an Möglichkeiten existiert, beschreibt der in einigen Hochschulen Baden-Württembergs vorangetriebene Ansatz berufsbegleitender sogenannter Master-Online-Studiengänge. Sie eröffnen Fach- und Führungskräften mit entsprechender akademischer Vorbildung (Diplom oder Bachelor) den Weg, neben ihrer Berufstätigkeit einen

Masterabschluss auf einer hohen Spezialisierungsebene in ihrem Fachgebiet zu erlangen.

Sicher besteht für den Arbeitgeber das nicht wegzudiskutierende Risiko, dass Fach- und Führungskräfte durch eine solch hochkarätige Weiterbildung geradezu in die Hände der lauernden Konkurrenz getrieben werden könnten. Die Erfahrung mit diesen neuen Aufbaustudiengängen hat aber gezeigt, dass zahlreiche Unternehmen letztlich dennoch bereit sind, ihren Fach- und Führungskräften diese zusätzliche, anspruchsvolle Qualifikation zu ermöglichen. Das lässt sich daran festmachen, dass einige ihren studieninteressierten Fach- und Führungskräften Teile der Arbeitszeit für das Studium zur Verfügung stellen oder dass sie sich teilweise an den nicht geringen Studiengebühren beteiligen und diese in Ausnahmefällen sogar vollständig übernehmen.

Aufbau des Studiums

Die Master-Online-Studiengänge sind modular aufgebaut. Die Lerninhalte stehen über eine Lernplattform wie ILIAS (Integriertes Lern-, Informations- und Arbeitskooperationssystem) via Internet zeit- und ortsunabhängig zur Verfügung. Grundsätzlich liegt den berufsbegleitenden Master-Online-Studiengängen eine Blended-Learning-Struktur zugrunde, bei der – abgesehen von geringen Abweichungen von Studiengang zu Studiengang – 20 % der Lernzeit für Präsenzphasen und 80 % für Onlinephasen vorgesehen sind. Die Gesamtstudiendauer ist auf vier Semester (inkl. Masterthesis und Prüfung) angelegt. Bei den Studiengängen ist ein für die Studierenden herausfordernder Arbeitsaufwand von 20 Stunden pro Woche während der Onlinephasen vorgesehen. Dabei steht den Studierenden eine professionelle Betreuung zur Klärung fachlicher, technischer und organisatorischer Fragen zur Seite. Zusätzlich zu den Onlinephasen sind maximal 10 Präsenztage (meist an Samstagen) pro Semester an der Hochschule vorgesehen.

Während der vergangenen fünf Jahre sind in Baden-Württemberg mit finanzieller Unterstützung des Landes bzw. des Ministeriums für Wissenschaft, Forschung und Kunst Baden-Württemberg an den Hochschulen des Landes eine ganze Reihe interessanter Master-Online-Studiengänge in ganz unterschiedlichen Fachgebieten entstanden (Architektur, Physik, Medizin, Kriminologie etc.):

Master-Online-Studiengänge

- Hochschule Albstadt-Sigmaringen:
  - Digitale Forensik: www.digitaleforensik.com
- Universität Freiburg:
  - Estate Planning: www.mba-estateplanning.de
  - Intelligente eingebettete Mikrosysteme IEMS: www.masteronline-iems.de
  - Palliative Care: www.palliativecare.uni-freiburg.de
  - Parodontologie & Periimplantäre Therapie: www.masteronline-parodontologie.de
  - Photovoltaics: www.pv-master.de
  - Physikalisch-Technische Medizin: www.masteronline-ptm.uni-freiburg.de (in Kooperation mit der Hochschule Furtwangen)
- Universität Heidelberg:
  - Advanced Physical Methods in Radiotherapy APMR: www.apmr.uni-hd.de
- Universität Stuttgart:
  - Bauphysik: www.master-bauphysik.de
  - Integrierte Gerontologie: www.moig.uni-stuttgart.de
  - Logistikmanagement: www.loma.uni-stuttgart.de
- Universität Ulm:
  - Advanced Oncology: www.uni-ulm.de/med/masteroncology.html

Die Hochschulen scheinen mit Konzepten wie den berufsbegleitenden Master-Online-Weiterbildungsstudiengängen auf dem richtigen Weg zu sein und haben damit wohl den ‚Nerv der Zeit' getroffen. Das zeigt das Interesse, auf das die Studiengänge bisher in der Öffentlichkeit gestoßen sind. Es gipfelte darin, dass der Master-Online-Studiengang Physikalisch-Technische Medizin, der von der Universität Freiburg angeboten wird, durch das Haus der Technik e. V. in Essen im Februar 2012 mit dem deutschen Weiterbildungspreis ausgezeichnet wurde.

Wer hierzu noch zusätzliche Hintergrundinformationen auch zum Förderprogramm benötigt, aus dem heraus die genannten Studiengänge entstanden sind, findet sie auf der Homepage des Ministeriums für Wissenschaft, Forschung und Kunst Baden-Württemberg: http://mwk.baden-wuerttemberg.de/studium/wissenschaftliche-weiterbildung/master-online/

Berufsbegleitende Promotion

Ein anderer Ansatz, der sich zurzeit zunehmender Beliebtheit bei Fach- und Führungskräften, aber auch bei Nachwuchstalenten erfreut, ist die Möglichkeit der berufsbegleitenden Promotion.

Doctor of Business Administration

Der Doctor of Business Administration (DBA) beispielsweise wird von der britischen University of Gloucestershire (in Cheltenham in Südengland gelegen) in Kooperation mit deutschen Bildungseinrichtungen wie der Fachhochschule des Mittelstandes in Bielefeld oder dem Deutschen Institut für Betriebswirtschaft (dib) in Frankfurt/Main angeboten. Er wurde speziell für Führungskräfte konzipiert, die durch praxisbezogene Forschungsarbeit ihre Kenntnisse und Fähigkeiten im Bereich Management, Führung und Business Administration vertiefen und weiter professionalisieren wollen.

Das Doktoratsprogramm ist insgesamt auf eine Studiendauer von drei Jahren angelegt. Während der ersten 18 Monate werden an insgesamt acht Präsenzwochenenden Methoden des wissenschaftlichen Arbeitens vorgestellt, unterschiedliche Untersuchungsdesigns diskutiert und bewertet, Recherchemethodiken und -philosophien hinterfragt etc. Die zweiten 18 Monate stehen für die eigenständige Recherche zur Verfügung, wobei die Doktoranden durch ein sogenanntes Research Panel der University of Gloucestershire und jeweils zwei Doktorväter betreut werden. Nach erfolgreicher Abfassung der Dissertation und Verteidigung der Thesis vor dem Research Panel wird der Titel ‚Doctor of Business Administration (DBA)' durch die University of Gloucestershire verliehen. Der DBA ist nach Beschluss der Kultusministerkonferenz dem deutschen Doktorgrad gleichgestellt.

Weitergehende Informationen hierzu finden sich u. a. auf der Homepage der deutschen Agentur der University of Gloucestershire: www.gbsgo.com

5.11 Wertschätzung und Mitarbeiterbindung – wichtig und nahezu unerschöpflich

Ob attraktive Gehalts- und Beteiligungsmodelle, ob die Vermittlung von Arbeitsplatzsicherheit, ob das Aufzeigen interessanter Karriereperspektiven, ob Weiterbildung, ob Work-Life-Balance, ob Diversity Management, ob flexibilisierte Arbeitszeitmodelle, ob Homeoffice, ob präventives Gesundheitsmanagement, ob Unterstützung bei der Kinderbetreuung oder bei der Betreuung pflegebedürftiger Familienmitglieder u. v. a. m. – viele Unternehmen haben erkannt, wie wichtig es ist, stärker als es in der Vergangenheit üblich war, auf die Bedürfnisse ihrer Belegschaft einzugehen, um ihre Mitarbeiter, ihre Fach- und Führungskräfte zumindest mittelfristig an das Unternehmen zu binden.

Immer mehr Unternehmen und HR Manager sind zu der Erkenntnis gelangt, dass eine zu hohe Fluktuation gerade bei den Fach- und Führungskräften dem Tatbestand der Geldverbrennung schon sehr nahe kommt und dass es zumindest in einigen Branchen und Berufsfeldern immer schwieriger und teurer wird, vakante Stellen für Fach- und Führungskräfte wieder von außen zu besetzen.

Wertschätzung als Schlüsselelement

Wertschätzung in ihren unterschiedlichsten Ausprägungen scheint somit einer der Schlüssel, wenn nicht sogar der Schlüssel dafür zu sein, die Mitarbeiter und damit auch aufstrebende Talente davon zu überzeugen, dass sie in dem für sie besten Unternehmen arbeiten und dass es sich für sie lohnen wird, auch weiter für das Unternehmen tätig zu sein oder gar ihre weiteren Karrierevorstellungen in und mit diesem Unternehmen zu realisieren. Dass ein Unternehmen sich ernsthaft bemüht, die Rohdiamanten, die sich zu hoch qualifizierten Fach- und Führungskräften entwickeln können, zuallererst bei sich selbst, d. h. im eigenen Unternehmen zu suchen, ist ein eindrucksvolles und somit unüberhörbares Signal der Wertschätzung, das an alle Mitarbeiter ausgesendet wird.

Stärkung der demografischen Wettbewerbsfähigkeit

Dieses Signal wird allerdings nur dann auch wirklich wahrgenommen, wenn nach der Entdeckung der bis dahin verborgen gebliebenen Rohdiamanten der einmal eingeschlagene Weg konsequent fortgesetzt wird. Das heißt, dass den so identifizierten Rohdiamanten, die als mögliche spätere Fach- und

Führungskräfte infrage kommen, Perspektiven und Wege aufgezeigt werden, die sich in überschaubarer Zeit und mit vertretbarem Aufwand zu realistischen Zielen machen lassen, die dann letztlich von den meisten auch erreicht werden. Diese Vorgehenswiese stärkt die demografische Wettbewerbsfähigkeit des Unternehmens in mehrfacher Hinsicht:

- u. a. dadurch, dass damit ein großer Beitrag zur im Unternehmen gelebten Vertrauenskultur geleistet werden kann,
- oder auch dadurch, dass damit die Unternehmensleitung samt Führungskräften und HR Management unter Beweis stellen kann, dass sie es wirklich ernst meinen mit der Wertschätzung der Mitarbeiterschaft und auf diesem Weg die Glaubwürdigkeit des Unternehmens nach innen wie nach außen stärken,
- aber auch dadurch, dass auf diesem Weg tatsächlich ein realistischer Ansatz zur Rekrutierung von zukünftigen Fach- und Führungskräften beschritten wird, der erheblich Erfolg versprechender und auch kostengünstiger zu sein scheint als sämtliche möglichen Wege der externen Stellenausschreibung.

Bindung und Abwerbungsversuche

Auch wenn der Weg dahin, d. h., bis es gelingt, dass bisher unentdeckte Talente zu Fach- und Führungskräften werden, auf den ersten Blick noch so mühselig zu sein scheint: Er lohnt sich – aber eben erst dann, wenn es auch gelingt, die Mitarbeiter möglichst langfristig, zumindest aber mittelfristig an das Unternehmen zu binden. Um realistisch zu bleiben: Eine derartige Bindung kann höchstwahrscheinlich kein noch so ‚wasserdichter' Vertrag gewährleisten, aus dem gute Fach- und Führungskräfte im Extremfall letztlich doch wieder von der Konkurrenz ‚herausgekauft' werden können.

Eine solch intensive Form der Bindung an das Unternehmen bzw. eine solche Verbundenheit mit dem Unternehmen, die allseits begehrte Fach- und Führungskräfte gegenüber Abwerbungsversuchen anderer Unternehmen zu einem gewissen Grad immunisiert, ist nur möglich, wenn diese Fach- und Führungskräfte die individuelle Wertschätzung erfahren und auch empfinden, mit der das Unternehmen ihnen deutlich macht, dass es sich lohnt, für das Unternehmen zu arbeiten.

Dass die Höhe des Gehalts, Mitarbeiterbeteiligungsmodelle oder auch der Umfang der freiwilligen Sozialleistungen in diesem Zusammenhang selbstverständlich nicht unwichtig sind, haben wir bereits angesprochen, wie auch die Tatsache, dass sich Wertschätzung in einem Unternehmen, das sich um seine demografische Wettbewerbsfähigkeit ernsthaft bemüht, nicht auf diese Aspekte beschränken darf.

Moderne, demografiebewusste Unternehmen und HR Manager müssen sich je nach der individuellen Situation und Bedürfnislage ihrer Fach- und Führungskräfte der einzelnen Elemente aus einem ganzen Strauß von Möglichkeiten bewusst sein, die dem Unternehmen zur Verfügung stehen, seine Wertschätzung für die Mitarbeiter zum Ausdruck zu bringen. Letztlich wird am Ende die richtige Wahl der Instrumente der Wertschätzung und deren strategisch geschickte Anwendung darüber entscheiden, wie fest die Bindung jeder einzelnen Fach- und Führungskraft an das Unternehmen wirklich ist.

6

Der unvermeidbare Blick über den Tellerrand

6.1 Dual zu denken ist eine große Chance

Wie immer wieder betont: Der erste Blick bei der mittel- bis langfristigen Entwicklung von Fach- und Führungskräftenachwuchs sollte nach innen gehen und auf die bisher verborgenen Potenziale gerichtet sein. Dass sich diese Strategie lohnen dürfte, steht für mich außer Frage. Mit hoher Wahrscheinlichkeit wird allerdings die Suche nach Talenten in den eigenen Reihen sowie die Förderung und Bindung der so entdeckten Rohdiamanten kaum hinreichend dafür sein, den Bedarf an Nachwuchskräften für Fach- und Führungspositionen zu decken. Notwendig ist dieser Schritt aber aus den bereits genannten Gründen allemal.

Deshalb sollte nun der zweite Blick folgen, der dann aber über den Tellerrand des Unternehmens hinausgehen und sich denjenigen jungen Menschen zuwenden muss, die bisher noch nicht im Unternehmen arbeiten.

Managementempfehlung

Wenn Sie als Personalverantwortlicher Ihres Unternehmens um zukünftige Nachwuchskräfte bemüht sind, so sind Sie sich beim Blick über den Tellerrand Ihres Unternehmens sicher der Chancen bewusst, die sich hinter einer Strategie verbergen, junge Menschen frühzeitig über eine duale Berufsausbildung oder ein duales Studium ins Unternehmen zu holen. Es ist eine vielversprechende Möglichkeit, duale Ausbildungsstellen oder auch Arbeitsplätze für Studierende in dualen Studiengängen zu schaffen bzw. anzubieten. Informationen und Hilfestellung hierzu finden Personalverantwortliche bei den Kammern, bei der Bundesagentur für Arbeit, den Verbänden und bei den Hochschulen.

Zahlreiche Beispiele von Informationsveranstaltungen für junge Leute, meist noch Schüler, die sich einem ersten Schulabschluss nähern, zeigen: Diese durchführende Unternehmen scheinen erkannt zu haben, wie wichtig es ist, junge Menschen für ihre Branche, für bestimmte Berufe, aber nicht zuletzt auch für das Unternehmen zu interessieren, ja vielleicht sogar zu begeistern.

Recruiting von Nachwuchskräften

Recruiting von Nachwuchskräften: Früher damit anzufangen scheint sich zu lohnen, denn – so zeigen die Erfahrungen mit Unternehmensveranstaltungen für junge Leute – gerade Schüler lassen sich mit den richtigen Argumenten, die sie auf ihrer Ebene ansprechen, durchaus mitreißen. Doch was ist, wenn es dann auch tatsächlich gelingt, die jungen Menschen von dem einen oder anderen Berufsziel zu begeistern oder zumindest ihr ernsthaftes Interesse für eine spezifische Berufsausbildung oder ein bestimmtes Studium zu gewinnen? Können oder auch wollen die Unternehmen wirklich auch den nächsten Schritt tun und sich mit all den jungen Leuten ernsthaft beschäftigen und prüfen, wie sie dazu beitragen können (sei es im eigenen Unternehmen, sei es im Verbund mit anderen Unternehmen und anderen möglichen Partnern), dass die jungen Menschen die Chance einer Ausbildung für den Beruf erhalten, für den sie sich auch nach eingehender Beratung ernsthaft interessieren?

Leisten können wir es uns eigentlich schon heute nicht mehr, den jungen Menschen diese Chance nicht zu bieten. Jeder junge Mensch, der nicht die Möglichkeit erhält, sich in dem Berufsfeld seiner Wahl zu qualifizieren, ist letztlich auch eine verpasste Chance der deutschen Wirtschaft im Hinblick auf das Ziel der langfristigen Fach- und Führungskräftesicherung.

Hochschulen und demografischer Wandel

Aber nicht nur den Unternehmen, sondern auch den Hochschulen muss vor dem Hintergrund der demografischen Entwicklung die Frage gestellt werden, ob sie heute allen studieninteressierten jungen Menschen, bei denen durch den Blick in und auf die Praxis und die damit verbundenen Anforderungen in den Unternehmen ein spezifischer Studienwunsch geweckt wurde, die Möglichkeit eines qualitativ hochwertigen Studiums bieten, das auf die reale betriebliche Praxis vorbereitet.

Wir wissen natürlich alle, dass es in der grauen Wirklichkeit immer noch viel zu viele sogenannte Numerus-clausus-Fächer gibt. Dadurch wird vielen ursprünglich interessierten jungen Menschen früher oder später – vielleicht nach der dritten oder sogar erst nach der vierten Ablehnung – die Begeisterung für ein bestimmtes Studienfach endgültig genommen. Genauso wissen wir, dass es, falls es gelingt, den passenden Studienplatz zu ergattern, immer noch viel zu viele Studienabbrecher gibt. Sicher mag das daran liegen, dass einige (lieber spät als nie) erst nach Aufnahme eines Studiums feststellen, dass es doch nicht das richtige Studium war oder dass es vielleicht doch besser gewesen wäre, eine praxisbezogenere Berufsausbildung zu beginnen. Dennoch werden längst nicht alle, die ihre Hochschule schon während der ersten Semester verlassen, aus freien Stücken zu Studienabbrechern. Leider findet es immer noch – selbst in Berufsfeldern, in denen heute bereits Fachkräftemangel kaum zu bestreiten ist – viel zu wenig Beachtung, dass meiner Ansicht nach viel zu viele Studierende aus ihrem Studienfach und auch aus der Hochschule herausgeprüft werden. Besser wäre es wohl, sich während des Studiums intensiver um sie zu kümmern, um die Anzahl der Studienabbrecher deutlich zu senken.

Chancen für Studien- und Schulabbrecher

Wenn es aber bisher schon nicht gelingt, beispielsweise in den technisch-naturwissenschaftlichen Studienfächern die Zahl der Studienabbrecher signifikant zu senken, sollte sich dann die deutsche Wirtschaft nicht verstärkt dieser zahlreichen Studienabbrecher annehmen, die ein mögliches wichtiges Reservoir junger Talente darstellen? Oder anders: Viele dieser Studienabbrecher sind vielleicht eher an individuellen sozialen Rahmenbedingungen oder auch an hochschulspezifischen Hürden und weniger an ihrem Intellekt oder an ihrem Interesse für das gewählte Studienfach gescheitert. Sollte es sich die deutsche Wirtschaft tatsächlich leisten wollen, es zu versäumen, gerade diesen Studienabbrechern eine berufliche Perspektive eventuell auch auf Basis einer von Zeugnissen und Schulnoten unabhängigen Kompetenzenbilanz aufzuzeigen und damit auf eine weitere Chance zur Fachkräftesicherung bewusst zu verzichten? Sollte eine solche Offenheit nicht auch gegenüber Schulabbrechern oder auch Schulabgängern gelten, denen ihre Schule keine besonders guten schulischen Leistungen bescheinigt hat und die bisher nur in absoluten Ausnahmefällen zum Zug kamen?

Auch wenn seitens der Unternehmen immer wieder schulische Defizite beklagt werden, die ihrer Ansicht nach Auszubildende aus der Schule mitbringen, so mag das zwar ein wichtiger Fingerzeig an das allgemeinbildende Schulwesen sein, Inhalte und Curricula oder auch die Qualifikation der Lehrer an die sich verändernde Bedarfslage anzupassen. Sehr kurzfristige Verbesserungen im Sinne der Ausbildungsbetriebe werden dadurch aber kaum erreicht.

Es bleibt den Unternehmen angesichts der heraufziehenden demografischen Problematik somit ohnehin nichts anderes übrig, als sich der Herausforderung als Ausbildungsbetrieb dennoch zu stellen und sich in Kooperation mit der jeweiligen Berufsschule oder anderen Einrichtungen der beruflichen Bildung der Beseitigung möglicher schulischer Defizite ihrer Auszubildenden anzunehmen.

Offensichtlich signalisiert die Wirtschaft und ihre Unternehmen mit Veranstaltungen und anderen Aktionen, dass man erkannt hat, wie wichtig es ist, noch viel früher auf potenzielle Fach- und Führungskräfte zuzugehen und bei ihnen für bestimmte Berufe, für eine Branche und für ein Unternehmen zu werben. Trotzdem sollte jedes Unternehmen für sich – und auch hier ist natürlich ganz besonders das HR Management gefordert – prüfen, was es tun kann, um ...

- sich als Unternehmen verstärkt aktiv um den akademischen Nachwuchs, aber auch um Studienabbrecher zu kümmern,
- sich als Unternehmen verstärkt als Ausbildungsbetrieb zu profilieren und die duale Ausbildung im Unternehmen zu forcieren.

Duale Ausbildung

Was die duale Ausbildung betrifft, so will ich keinesfalls zum Ausdruck bringen, dass es zurzeit um die Ausbildungsbereitschaft der Unternehmen besonders schlecht bestellt ist. Allerdings bin ich überzeugt, dass im Hinblick auf die weitere demografische Entwicklung in Zukunft noch mehr betriebliche Ausbildungsverhältnisse angestrebt werden sollten. Insbesondere könnten in diesem Zusammenhang die rückläufigen Zahlen in der betrieblichen Ausbildung beunruhigen, die zumindest in der Zeit der Krisenjahre von 2008 bis 2010 zu beobachten waren.

So waren entsprechend der im DIHK-Bildungsbericht 2011 nachzulesenden Angaben im Jahr 2010 insgesamt 877.170 Frauen und Männer in Unternehmen aus den Bereichen Industrie, Dienstleistung und Handel als Auszubildende im dualen Berufsbildungssystem bei kleinen, mittleren und großen Unternehmen unter Vertrag, was insgesamt 58 % aller Ausbildungsplätze entspricht, während im Bereich Handwerk mit 29 % aller Auszubildender insgesamt 438.585 Frauen und Männer gezählt wurden. Im Jahr 2010 befanden sich demnach insgesamt 1.315.755 Auszubildende in sogenannter betrieblicher Ausbildung, während ein kleinerer Teil (ca. 13 %) die Möglichkeit sogenannter außerbetrieblicher Formen der Ausbildung wahrnahm (Ausbildungs-Reha, Berufsausbildung Benachteiligter, Länderprogramme, Bund-Länder-Programme Ost), sodass sich im Jahr 2010 etwas mehr als 1,5 Millionen Menschen in Deutschland in einer beruflichen Ausbildung befanden. Allerdings lag die Zahl der Ausbildungsverträge im Bereich Industrie, Dienstleistung und Handel im Jahr 2010 niedriger als in den beiden vorangehenden Jahren. So hatten die Unternehmen im DIHK-Bereich im Jahr 2008 noch 939.311 und im Jahr 2009 noch 914.353 Auszubildende unter Vertrag. Dieser Rückgang ist wohl weniger auf die demografische Entwicklung, sondern eher auf die sich besonders in den Jahren 2008 und 2009 stark eintrübende Wirtschaft zurückzuführen. Das kann u. a. auch daran abgelesen werden, dass in dieser Zeit auch die Zahl der Ausbildungsbetriebe deutlich rückläufig war: Bildeten im Jahr 2008 noch 224.861 Betriebe in der Industrie, in der Dienstleistung und im Handel aus, waren es im Jahr 2009 noch 217.006 und im Jahr 2010 noch 211.707 Betriebe.[145]

An dieser Stelle ist zu hoffen, dass der Rückgang der Zahl der Ausbildungsbetriebe tatsächlich nur eine vorübergehende ‚Delle' war und sich trotz der auch weiterhin schwelenden Banken- und Eurokrise die Realwirtschaft nicht auch noch die Zukunft dadurch erschwert, dass sie weniger junge Leute zu zukünftigen Fach- und Führungskräften ausbildet. So ist die Bereitschaft, als Ausbildungsbetrieb qualifizierte berufliche Ausbildung umzusetzen, ohne Zweifel ein weiteres besonders wichtiges Merkmal demografischer Wettbewerbsfähigkeit, die man nicht aufgrund kurzfristiger oder gar kurzsichtiger betriebswirtschaftlicher Überlegungen leichtfertig aufs Spiel setzen sollte.

Würde man heute die Anzahl der Ausbildungsstellen im Unternehmen reduzieren oder gar ganz streichen, könnte das zur Folge haben, dass man bereits morgen zusätzliche Probleme haben könnte, Fach- und Führungspositionen zu besetzen! Auch gibt es genügend Indikatoren, die dafür sprechen, dass das Zurückfahren von Ausbildungskapazitäten kein reversibler Prozess ist: Ist man als Unternehmen bei sinkender Nachfrage nach Ausbildungs-

145 Vgl. Deutscher Industrie- und Handelskammertag e. V. (DIHK) (Hrsg.): DIHK-Bildungsbericht 2011, Berlin 2011, S. 50 ff.

plätzen (so ist die Zahl der Abgänger aus dem allgemeinbildenden Schulwesen in der Zeit von 2005 bis 2010 von 939.279 Absolventen auf 847.726 gesunken, was immerhin eine Differenz von fast 100.000 Schulabgängern darstellt) erst einmal aus dem Spiel, wird es vermutlich noch schwerer werden, sich wieder als konkurrenzfähiger Ausbildungsbetrieb zu profilieren.

Die Ausbildungsbereitschaft der Betriebe ist allerdings nur eine Seite derselben Medaille: Als ganz anderes Problem zeichnet sich nämlich bereits der demografisch bedingte Rückgang der individuellen Nachfrage nach Ausbildungsplätzen ab. Auch wenn Fachkräftesicherung bzw. die Entwicklung von Nachwuchskräften, die in Zukunft fachliche und / oder personelle Verantwortung im Unternehmen übernehmen sollen, zu den ureigenen Aufgaben der Betriebe selbst gehört: Die Politik hat sich aufgrund der demografischen Entwicklung – sei es auf der Ebene des Bundes oder der Länder – seit einiger Zeit auf den Weg gemacht, die äußeren Rahmenbedingungen für betriebliche Ausbildung weiter zu verbessern. Auch mögliche Hindernisse – ob hinsichtlich der schulischen Qualifikation und Ausbildungsreife der ausbildungsinteressierten jungen Frauen und Männer oder hinsichtlich deren individueller familiärer Situation – sollen zumindest reduziert werden.

Ausbildung in Teilzeit

Untersuchungen haben gezeigt, dass es für diejenigen, die sich nach dem Schulabgang um Haushalt bzw. Kindererziehung kümmern müssen, fast unmöglich ist, einen Berufsabschluss zu erreichen.[146] Darüber hinaus stellte ein Gutachten des Bundesministeriums für Senioren, Familie und Jugend (BMFSFJ) im Jahr 2000 fest, dass 4,1 % der weiblichen und 1,3 % der männlichen Auszubildenden mit Kindern zusammenleben. Bei den über 25-jährigen Auszubildenden, die immerhin fast 6 % aller Auszubildenden ausmachen, waren es sogar 29 %.

Nun muss verhindert werden, dass die berufliche Zukunft junger Mütter und Väter oder junger Menschen, die sich vielleicht auch um pflegebedürftige Angehörige kümmern, nicht durch diesen häuslichen Umstand infrage gestellt wird. Daher wurde im Jahr 2005 im Zuge der Überarbeitung des Be-

146 Vgl. Troltsch, K., László, A., Bardeleben, R., Ulrich, J. G.: Jugendliche ohne Berufsabschluss. Eine BIBB / EMNID Untersuchung, Bonn 1999, S. 35 ff.

rufsbildungsgesetzes (BBiG) die Möglichkeit der Teilzeitausbildung geschaffen. Damit wird den jungen Menschen die Möglichkeit eröffnet, familiäre Belastungen auch während der Ausbildungszeit mit den beruflichen Erfordernissen in Einklang zu bringen.

Voraussetzungen für Teilzeitausbildung

Das BBiG (§ 8, Abs. 1) sieht u. a. vor, dass während der Ausbildung unter bestimmten Voraussetzungen die tägliche und wöchentliche Arbeitszeit gekürzt werden kann, falls …

- ein gemeinsamer Antrag des Auszubildenden und des Ausbilders bei der örtlichen IHK vorgelegt wird,
- ein berechtigtes Interesse an einer Verkürzung der Arbeitszeit begründet werden kann, das dann vorliegt, wenn Auszubildende eigene Kinder oder auch pflegbedürftige Angehörige zu betreuen haben,
- das Ausbildungsziel trotz der verkürzten Arbeitszeit im Betrieb erreicht werden kann, wobei – falls erforderlich – die Gesamtdauer der Ausbildung in einem gewissen Umfang verlängert wird (beispielsweise von drei auf vier Jahre).

Ergänzend hat der Hauptausschuss des BIBB in seinen Empfehlungen aus dem Jahr 2008 zur Umsetzung des § 8, Abs. 1, BBiG u. a. den Betrieben und Kammern auferlegt, „im Einzelfall zu prüfen, ob die Auszubildenden auch bei einer täglichen oder wöchentlichen Reduzierung der betrieblichen Ausbildungszeiten noch wirklichkeitsnah mit den wesentlichen Betriebsabläufen vertraut gemacht werden können und in dem für die Ausbildung erforderlichen Maß in die betriebliche Praxis eingebunden werden können. Als Richtschnur soll eine wöchentliche Mindestausbildungszeit von 25 Stunden nicht unterschritten werden.“ [147]

Bei der Teilzeitausbildung handelt es sich um einen Ansatz, der helfen soll, mehr jungen Menschen eine betriebliche Ausbildung zu ermöglichen. Dadurch wird den Unternehmen ein zusätzliches Instrument an die Hand

147 Bundesinstitut für Berufsbildung (Hrsg.): Empfehlungen des Hauptausschusses 2008, Bonn 2012, S. 4 (www.bibb.de/dokumente/pdf/ha-empfehlung_129_ausbildungszeit.pdf)

gegeben, in Zeiten sinkender Nachfrage nach Ausbildungsplätzen auch junge Frauen und Männer als Auszubildende zu gewinnen, die ihr Familienleben sonst kaum mit den Anforderungen einer Berufsausbildung in Einklang bringen könnten. Trotzdem bedarf es wohl noch einiger PR-Aktivitäten seitens der Politik und der Kammern, um zu erreichen, dass diese bereits seit mehreren Jahren bestehende Möglichkeit noch stärker genutzt wird. Die Realität ist jedenfalls auf den ersten Blick ernüchternd, wenn man sieht, dass der Anteil der Teilzeitausbildungsverträge noch bei unter einem Prozent liegt.[148]

Nationaler Pakt für Ausbildung und Fachkräftenachwuchs

Die bereits genannten rückläufigen Absolventenzahlen der allgemeinbildenden Schulen, die auch in den kommenden Jahren Realität sein werden, zeigen, dass der Bereich der betrieblichen Ausbildung an vorderster Stelle steht, wenn es gilt, den demografischen Wandel abzumildern. Diese Tatsache war auch Grund genug dafür, dass die Bundesregierung und die Wirtschaft im Oktober 2010 den nationalen Pakt für Ausbildung und Fachkräftenachwuchs bis zum Juni 2014 verlängerten. Auch in dieser nunmehr dritten Auflage sichert die Wirtschaft zu, allen ausbildungsinteressierten und ausbildungsreifen jungen Frauen und Männern ein Ausbildungsangebot zu unterbreiten.[149]

Allerdings wurde dieser neue Ausbildungspakt unter sich verändernden Vorzeichen geschlossen, denn nicht die Ausbildungsstellen werden knapp, sondern eher die Zahl der jungen Menschen, die sich für eine Ausbildungsstelle interessieren bzw. für eine Ausbildungsstelle bewerben. Das führte dazu, dass im Mittelpunkt des neuen Paktes für Ausbildung und Fachkräftenachwuchs das Ziel steht, die Potenziale auf dem Ausbildungsmarkt besser zu erschließen, was sowohl die „leistungsstarken“ als auch die „leistungsschwachen“ jungen Menschen einschließt.

An dieser Stelle sei vor einem mehr oder weniger unreflektierten Gebrauch der Adjektive ‚leistungsstark‘ oder ‚leistungsschwach‘ gewarnt, die meist

148 Vgl. ebd., S. 26 f.

149 Vgl. ebd., S. 8

im Zusammenhang mit den Schulabschlüssen und den Schulnoten des allgemeinbildenden Schulwesens herangezogen werden: Es ist eine meines Erachtens höchst zweifelhafte Etikettierung der jungen Menschen, die unterstellt, dass potenzielle Schwächen in allgemeinbildenden Schulfächern in unmittelbarem Zusammenhang beispielsweise mit berufspraktischen Fähigkeiten stehen könnten.

Einstiegsqualifizierungsstellen (EQ)

Dennoch scheint es mir aber für HR Manager lohnenswert zu sein, sich mit den Inhalten des Paktes zwischen Bundesregierung und Wirtschaft genauer zu befassen. So soll seitens der Industrie- und Handelskammern bei den Unternehmen für die Einrichtung sogenannter Einstiegsqualifizierungsstellen (EQ) geworben werden. EQ sind sogenannte Langzeitpraktika von sechs- bis zwölfmonatiger Dauer. Bei ihnen sollen bereits Elemente beruflicher Ausbildung vermittelt werden. Wie die Vergangenheit gezeigt hat, ist bisher 60 % der jungen Frauen und Männer, die an einer Einstiegsqualifizierung teilgenommen haben, der Übergang in eine Berufsausbildung gelungen. Daher gilt das Konzept der EQ als erfolgreichste Maßnahme zur Vorbereitung der Jugendlichen auf eine Ausbildung.

Partnerschaften zwischen Schulen und Unternehmen

Ein weiteres Element des Paktes für Ausbildung und Fachkräftenachwuchs stellt das Ziel dar, Partnerschaften zwischen Schulen und einzelnen Unternehmen zu vermitteln bzw. herzustellen. Darüber hinaus sollen Schüler der 7. Schulklasse auf Grundlage einer Potenzialanalyse auf dem Weg bis zur Aufnahme einer Berufsausbildung beratend begleitet werden, was mit Unterstützung betrieblicher Praktiker, die als Senior-Experten den Jugendlichen zur Seite stehen, verwirklicht werden soll.[150]

Informationen für potenzielle Ausbildungsbetriebe

Allen HR Managern sowie Unternehmen und Führungskräften, die sich mit dem Gedanken tragen, auch ihren Betrieb zu einem Ausbildungsbetrieb zu machen, stehen im Internet eine ganze Reihe von wertvollen Hinweisen zur Verfügung, wie z. B. auf der Homepage der Bundesagentur für Arbeit (www.arbeitsagentur.de). Dort finden sich u. a. ausführliche Hinweise …

- zur finanziellen Förderung von Unternehmen, die bereit sind, junge Menschen betrieblich auszubilden (Ausbildungszuschuss für die be-

150 Vgl. ebd., S. 9

triebliche Ausbildung von behinderten und schwerbehinderten Menschen, ausbildungsbegleitende Hilfen während einer Ausbildung oder einer Einstiegsqualifizierung),

- zu allem, was bei der beruflichen Ausbildung junger Frauen und Männer zu beachten ist, wie:
  - Anforderungen, die seitens des Betriebs zu erfüllen sind
  - Ausbildungsarten
  - Ausbildungsformen
  - Ausbildungsvorbereitung
  - Bewerberauswahl
  - Einführung in den Betrieb
  - gesetzliche Vorgaben
  - Organisation und Ausbildung

Zusätzlich bietet die Bundesagentur für Arbeit mit dem Arbeitgeber-Service (AG-S) eine für die Unternehmen kostenlose Serviceleistung. Beispielsweise steht den Unternehmen bei Bedarf ein unmittelbarer Ansprechpartner zur Verfügung, der auf Basis seines Eindrucks, den er sich vom jeweiligen Betrieb und dessen Anforderungen verschafft hat, die Arbeitgeber zu Fragen der betrieblichen Ausbildung bis hin zur Formulierung einer Stellenausschreibung (die u. a. kostenlos in die Online-Jobbörse der Bundesagentur für Arbeit eingestellt werden kann) berät und sie bei der bei Suche nach geeigneten Auszubildenden entlastet. Wenn es darüber hinaus gewünscht wird, stellt der Berater der Bundesagentur aber auch den Kontakt zu anderen wichtigen Ansprechpartnern (Kammern, Verbänden, Schulen, Berufsberatern) zur Klärung von Fragen rund um die betriebliche Ausbildung her.

Natürlich bietet auch der Industrie- und Handelskammertag den Unternehmen, die sich für Fragestellungen rund um berufliche Ausbildung interessieren, ausführlichere Informationen (www.dihk.de/themenfelder/aus-und-weiterbildung/ausbildung). Ebenso findet man beim Zentralverband des Deutschen Handwerks (ZDH) wichtige Informationen (www.zdh.de), wie sie auch auf den Seiten des Deutschen Handwerkskammertages (DHKT) abzurufen sind (beispielsweise unter www.hwk.de).

Darüber hinaus findet sich Wissenswertes zur betrieblichen Ausbildung auch auf den Webseiten des Bundesinstituts für Berufsbildung (www.bibb.de), den Seiten der Bundesvereinigung der Deutschen Arbeitgeberverbände BDA (www.bda-online.de), des Deutschen Gewerkschaftsbundes (www.dgb.de) oder auch auf der Homepage der Bundesregierung unter dem Stichwort ‚Bildungsrepublik' (www.bundesregierung.de) .

Zusätzlich stehen qualifizierte und erfahrene Personaldienstleistungsunternehmen bereit, die den Unternehmen beratende und aktive Unterstützung anbieten wie beispielsweise bei der Suche und Auswahl geeigneter Bewerber.

Wie relevant berufliche Ausbildung für die zukünftige Entwicklung der deutschen Wirtschaft ist, unterstreicht u. a. auch ein Blick auf die Politik und darauf, wie weit sie mittlerweile bereit ist zu gehen, um das am Markt verfügbare Potenzial an Fach- und Führungskräften zu erhöhen. Dieses hohe politische Interesse, Fachkräftesicherung auch durch Stärkung der berufliche Ausbildung zu unterstützen, lässt sich u. a. aus der Vielfalt der unterschiedlichsten Initiativen ablesen, die darauf zielen, Menschen neue Chancen zu eröffnen, für die es bisher am Arbeitsmarkt kaum Perspektiven gab.

Programm ‚Perspektive Berufsabschluss'

Eine solche Initiative, die vom Bundesministerium für Bildung und Forschung (BMBF) platziert wurde, firmiert unter dem Namen ‚Perspektive Berufsabschluss'. Dahinter verbirgt sich ein Programm, das sich zum Ziel gesetzt hat, die Zahl der Jugendlichen und jungen Erwachsenen ohne Berufsausbildung dauerhaft zu senken. Im Rahmen des Programms soll – neben zahlreichen Projekten an über 50 Standorten, die unter dem Stichwort ‚regionales Übergangsmanagement' den Jugendlichen den Übergang zwischen Schule und Berufsbildung erleichtern sollen – eine Förderinitiative unter der Überschrift ‚abschlussorientierte modulare Nachqualifikation' dazu beitragen, die Möglichkeit der beruflichen Nachqualifikation Jugendlicher und junger Erwachsener in verschiedenen Regionen zu implementieren und den jungen Menschen das Nachholen eines berufsqualifizierenden Abschlusses zu ermöglichen.

Insbesondere im Zusammenwirken mit dem Zentralverband des Deutschen Handwerks (ZDH) und regionalen Arbeitsmarktakteuren sollen also die Bedingungen dafür geschaffen werden, dass Arbeit suchende junge Menschen ohne abgeschlossene Berufsausbildung sich auf eine sogenannte Externenprüfung bei einer Kammer vorbereiten und diese letztlich auch bestehen, um dann mit einem vollwertigem Berufsabschluss dem Arbeitsmarkt als Fachkraft zur Verfügung zu stehen.

Qualitätsstandards als zentrale Erfolgsfaktoren

So sollen mithilfe der Förderinitiative „Abschlussorientierte modulare Nachqualifizierung" des Programms „Perspektive Berufsabschluss" auch den Unternehmen Wege aufgezeigt werden, „Qualifizierungspotenziale an- und ungelernter Beschäftigter zu erschließen und so ihren Fachkräftebedarf zu decken"[151]. Das BMBF unterstreicht die nachfolgenden Qualitätsstandards als zentrale Erfolgsfaktoren des Konzepts der beruflichen Nachqualifizierung:

- Die Ausbildungsinhalte werden in Qualifikationseinheiten (Module) aufgeteilt, mit denen jeweils abgegrenzte berufsbezogene Kenntnisse, Fertigkeiten und Fähigkeiten vermittelt werden sollen, die einzeln geprüft und zertifiziert werden.
- Die Entwicklung und Umsetzung von Angeboten zur beruflichen Nachqualifizierung orientieren sich an den betrieblichen Bedarfen.
- Dadurch, dass Nachqualifizierung zum großen Teil im Betrieb stattfindet und durch strukturierte Lerneinheiten bei einem Bildungsanbieter ergänzt wird, soll eine enge Verknüpfung von Lernen und Arbeiten gewährleistet werden.[152]

Programm ‚Optimierung der Qualifizierungsangebote für gering qualifizierte Arbeitslose'

Teilqualifizierungskonzepte für verschiedene Berufsfelder

Ähnlich wie das Konzept der beruflichen modularen Nachqualifikation des BMBF zielt auch das Programm ‚Optimierung der Qualifizierungsangebote für gering qualifizierte Arbeitslose' darauf, Menschen, die bisher u. a. aufgrund ihrer Bildungsbiografie kaum die Möglichkeit hatten, eine berufliche Qualifizierung zu erlangen, an einen Berufsabschluss heranzuführen. Im Zusammenwirken der Bundesagentur für Arbeit, der Universität St. Gallen

151 Bundesministerium für Bildung und Forschung (Hrsg.): www.perspektive-berufsabschluss.de/de/105.php, Bonn und Berlin 2013

152 Vgl. ebd.

und dem Forschungsinstitut für betriebliche Bildung (f-bb) entstanden in insgesamt sechs Branchen bzw. Berufsfeldern Teilqualifizierungskonzepte, für die jeweils vier bis sechs für sich wieder anerkennungsfähige Teilqualifikationen entwickelt wurden, mit denen es möglich werden soll, etappenweise einen Berufsabschluss zu erreichen.

Beispielsweise besteht eine Qualifizierung zum Beruf ‚Servicefachkraft für Dialogmarketing' aus insgesamt vier Teilqualifikationen (Kunden betreuen, Kunden gewinnen, Kunden beraten, Projekte bearbeiten und deren Wirtschaftlichkeit bewerten), die jeweils mit einer Kompetenzfeststellung abgeschlossen werden.

Sechs erreichbare Abschlüsse

Der erfolgreiche Abschluss aller vier Teilqualifikationen soll dann schließlich dazu berechtigen, die Berufsbezeichnung ‚Servicefachkraft für Dialogmarketing' zu tragen. Detailinformationen zu den auf diesem Weg zu erreichenden weiteren fünf Abschlüssen (Berufskraftfahrer/-in, Fachkraft für Schutz und Sicherheit, Maschinen- und Anlagenführer/-in (Fachrichtung Metall- und Kunststofftechnik), Systemgastronomie/Catering, Verfahrensmechaniker/-in Kunststoff und Kautschuktechnik) finden sich u. a. auf der Homepage des Forschungsinstituts Betriebliche Bildung (f-bb) unter www.f-bb.de oder auch auf der Homepage der Bundesagentur für Arbeit (www.arbeitsagentur.de).

Duales Hochschulstudium

Duale Hochschule Baden-Württemberg

Was nun das Engagement von Unternehmen für den akademischen Fach- und Führungskräftenachwuchs betrifft, so hat sich in den vergangenen Jahren das Konzept des dualen Hochschulstudiums, wie es an der Dualen Hochschule (ehemals Berufsakademien) des Landes Baden-Württemberg entstanden ist, als besonders attraktiv sowohl für Studierende als auch für die Unternehmen herausgestellt.

Das Studium an der Dualen Hochschule Baden-Württemberg ist auf eine Dauer von drei Jahren angelegt. Das Besondere ist der Ansatz, theoretisch vermitteltes Wissen unmittelbar mit betrieblicher Praxis zu verbinden. Um dies zu realisieren, wechseln sich jeweils dreimonatige Lernphasen im Betrieb und an der Hochschule ab, was für die Studierenden den zusätzlichen Vorteil bietet, während der gesamten Studiendauer eine durchgängige monatliche Vergütung zu erhalten. Für die Unternehmen hat dies den großen Vorteil, dass sie sehr frühzeitig spätere Studienabsolventen an das Unternehmen binden und dass eine Einarbeitungszeit nach Abschluss eines dualen Studiums – wie sie mit ‚neuen' Mitarbeiter unumgänglich ist – dann kaum noch erforderlich ist.

An der Dualen Hochschule Baden-Württemberg werden an den über das Bundesland verteilten Standorten in den Fachbereichen Wirtschaft, Sozialwesen und Technik überwiegend Bachelorabschlüsse angeboten. Allerdings besteht seit kurzer Zeit auch die Möglichkeit, an der Dualen Hochschule berufs- bzw. ausbildungsintegrierende und berufsbegleitende Masterstudiengänge zu absolvieren.

Unternehmenskooperationen als Möglichkeit

Da sich zwischenzeitlich eine ganze Reihe weiterer Hochschulen auf den Weg gemacht hat, ein ‚Studium im Praxisverbund' (Sammelbegriff für duale Studiengänge, ausbildungsintegrierende Studiengänge, die eine berufliche Erstausbildung mit einschließen, und berufsintegrierende Studiengänge, die neben einer regulären Berufstätigkeit absolviert werden können) anzubieten, besteht für immer mehr Unternehmen in immer mehr Regionen in Deutschland die Möglichkeit, mit einer Hochschule eine Kooperation einzugehen, um darüber spätere akademische Fach- und Führungskräfte möglichst frühzeitig an das Unternehmen zu binden.

Die Resonanz in der Öffentlichkeit und insbesondere Urteile zahlreicher Unternehmen oder auch der Absolventen dualer Hochschulen (unabhängig davon, welche Variante des dualen Hochschulkonzepts in den einzelnen Bundesländern realisiert wird) belegen: Das Konzept ‚Duale Hochschule' scheint sich mehr und mehr zu einem Erfolgskonzept zu entwickeln, wie Stimmen aus der Unternehmerschaft unterstreichen:

Peter Marcinkowski, Leiter Personal der Grenzebach Gruppe: „Das duale Studium ist ein hervorragendes Instrument für Unternehmen, Studierende und Fachhochschule. Die Fachhochschulen können mit Stolz beobachten, wie sich ihre Studierenden in der Praxis des konkreten Arbeitslebens behaupten und nach bestandenem Diplom/Bachelor sofort einen festen Arbeitsplatz bekommen. Die Studierenden: Nun, sie haben keine regulären Semesterferien, in denen es immer schwieriger wird, eine bezahlte Ferienarbeit zu finden. Vielmehr bekommen sie vom ersten Moment an eine Ausbildungsvergütung, die ihnen erlaubt, sich voll auf das Studium zu konzentrieren. Und sie haben vom ersten Tag an die unbezahlbare Sicherheit, dass sie nach erfolgreichem Diplom-/Bachelorabschluss auf einen festen Arbeitsplatz zusteuern.

Für das Unternehmen – so meine ich – bietet der duale Studiengang in Zusammenarbeit mit einer Fachhochschule eine gute Möglichkeit, wesentlichen Problemen der mittel- und langfristigen Personalplanung zu begegnen. Sicher, sie müssen Zeit und Geld investieren. Aber Recruiting-Events und Personalanzeigen mit hohem Werbecharakter sind auch nicht billig. Durch hochschule dual[153] können die Unternehmen aktiv an der Entwicklung der nächsten Mitarbeiter-Generation mitwirken. Zunächst haben sie die Wahl, wen sie in das duale Studium aufnehmen. Danach haben sie vier bis knapp fünf Jahre Zeit, die Entwicklung dieses Menschen und seine Eingliederung in sein Aufgabengebiet und in das Unternehmen zu beobachten und aktiv mitzugestalten. Letztlich haben die Unternehmen über einen langen Zeitraum die Möglichkeit, sich als interessanter Arbeitgeber zu positionieren und den/die Absolventen/in an sich zu binden. Das duale Studium ist ein Gewinner-Modell, das in Zukunft noch stärker angenommen werden wird.“ [154]

Edith Volz-Holterhus, E.on Bayern AG, Mitglied des Vorstands: „hochschule dual ist maßgeschneidert auf unsere Personalentwicklungskonzepte. Die Qualitätssicherung unserer Produkte setzt hohe Anforderungen an jeden Mitarbeiter. Frühzeitige Integration, die wir in den hochschule dual-Modellen vorsehen, spart uns Kosten und sichert unseren Vorsprung vor den Wettbewerbern.“[155]

Michael Groß, AUDI AG, Leiter Personalmarketing: „Um auch weiterhin mit wegweisenden Innovationen für unseren ‚Vorsprung durch Technik‘

153 In Bayern wird das Konzept ‚Duale Hochschule‘ unter dem Namen ‚hochschule dual‘ vermarktet.

154 hochschule dual (Hrsg.): Stimmen über hochschule dual, www.hochschule-dual.de/unternehmen/stimmen-von-unternehmen/index.html

155 Ebd.

arbeiten zu können, investiert die AUDI AG schon frühzeitig in eine qualitativ hochwertige Ausbildung des Nachwuchses. Im Rahmen des StEP Programms (Studium und Erfahrung in der Praxis) werden die Teilnehmer optimal gefördert: Sie erhalten eine solide Berufsausbildung und einen Studienplatz an einer renommierten Hochschule, Praktika im In- und Ausland und die Möglichkeit zur Netzwerkbildung im Unternehmen – eine Win-Win-Situation für die Teilnehmer und das Unternehmen.“[156]

Auch wenn das Konzept der dualen Hochschule nachvollziehbar zu Win-win-Situationen bei den Arbeitgebern, den Studierenden und letztlich auch bei den Hochschulen führen mag, so bleibt zumindest bei einem Teil der Unternehmen die Hoffnung, dass sie selbst auch einen angemessenen Beitrag zu leisten bereit sind, um beispielsweise die Ausbildungsvergütung so zu gestalten, dass die Studierenden sich in der Tat auf ihr Studium konzentrieren können. Dass dies noch nicht immer so ist, darauf lässt ein Bericht der Süddeutschen Zeitung vom 02.04.2013 mit dem Titel *Mär vom sorgenfreien Studentenleben* schließen, in welchem moniert wird, dass bei zwei Dritteln der Studierenden das Gehalt nicht zum Leben reicht[157]. Vor dem Hintergrund des demografischen Wandels und seiner Folgen für den Arbeits- und Stellenmarkt und im Hinblick auf die erforderliche demografische Wettbewerbsfähigkeit der Unternehmen dürfte eine angemessene Ausbildungsvergütung kein unüberwindbares Hindernis sein, zumal mit dem Konzept des dualen Studiums ein wichtiger Beitrag zur Fachkräftesicherung geleistet wird.

6.2 Rohdiamanten entdecken – früher anfangen ist Trumpf

Wettbewerb um junge Talente

Der Wettbewerb um junge Talente ist jetzt schon hart und dürfte in Zukunft angesichts der sinkenden Zahlen der Schulabsolventen mittelfristig noch ein Stück härter werden. Das ist kaum zu bestreiten, wenn man den zahlreichen

156 Ebd.

157 Vgl. Osel, J.: Mär vom sorgenfreien Studentenleben, in: Süddeutsche Zeitung, 02.04.2013, www.sueddeutsche.de/bildung/studie-zum-dualen-studium-maer-vom-sorgenfreien-studentenleben-1.1637954

Artikeln und Berichten zum demografischen Wandel und zur Fachkräftesicherung Glauben schenken mag, die im Lauf der Jahre 2012 und 2013 im Internet und in den Printmedien rund um das Thema Fachkräftesicherung erschienen sind.

Als Beispiel sei eine Pressemitteilung des Hessischen Ministeriums für Wirtschaft, Verkehr und Landesentwicklung vom 25.07.2012 angeführt. In dieser Mitteilung wird zwar vermeldet, dass sich laut IAB-Betriebspanel die Ausbildungsbereitschaft vieler Betriebe erhöht hat. Es wird aber gleichzeitig auch kritisch angemerkt, dass es nicht gelingt, die verfügbaren Ausbildungsstellen auch zu besetzen. Besonders Betriebe mit weniger als 50 Mitarbeitern haben dabei die größten Probleme, zumal nach Aussagen des Betriebspanels bei diesen Betrieben ca. 25 % der Ausbildungsstellen unbesetzt bleiben.[158]

Immer weniger Schulabgänger, immer weniger Auszubildende, aber auch immer weniger Studienanfänger, das scheint eine absolut realistische Perspektive auch schon für die nähere Zukunft zu sein. Damit machen sich auch schon viele Hochschulen vertraut, die heute noch mit Kapazitätsproblemen angesichts aktueller Studierendenzahlen kämpfen. Oft hört man in Gesprächen mit Hochschulvertretern die Sorge, dass das Jahr 2016 ein erster markanter Wendepunkt sein könnte, auf den es sich einzustellen gilt.

Um die Fach- und Führungskräftesicherung des Unternehmens zukunftsorientiert zu gestalten, muss das HR Management der Unternehmen also erheblich früher als in der Vergangenheit am ‚Markt' aktiv werden, will es nicht schon von Anfang an auf verlorenem Posten stehen.

Kooperationen mit allgemeinbildenden Schulen

Es dürfte kaum zu bestreiten sein, dass diejenigen Unternehmen sich schon einen kleinen Vorteil erarbeiten, die im Wettbewerb um die Fach- und Führungskräfte der Zukunft Kooperationen mit allgemeinbildenden Schulen eingehen. Diese ermöglichen ihnen schon frühzeitig, mit den Jugendlichen Kontakt aufzunehmen, vielleicht auch um bei einigen Schülern eine erste emotionale Verbundenheit mit dem Unternehmen zu erzeugen.

158 Vgl. Hessisches Ministerium für Wirtschaft, Verkehr und Landesentwicklung, Pressemitteilung vom 25.07.2012, Wiesbaden 2012

Bildungspartnerschaften

Solche Kooperationen, die in den meisten Fällen unter dem Namen ‚Bildungspartnerschaft' firmieren und für die viele Schulen recht offen sind, können, wenn sie gut durchdacht und gut gemacht sind, zu einer Win-win-Situation sowohl für Schule und Betrieb als auch für die Schüler führen:

Win-win-Situation für Schule und Betrieb

- Für die Schule, weil damit ihr schulisches Angebot um berufsvorbereitende Aspekte, um neue Projektideen, um Wissen zur praktischen Realwirtschaft, um zusätzliche Motivation zu lernen etc. bereichert wird.
- Für die Unternehmen, weil sie damit zu einem sehr frühen Zeitpunkt zu jungen Menschen Kontakt aufnehmen können; weil damit frühzeitig am Image des Unternehmens, an dessen sogenanntem Employer Branding gerade bei jungen Leuten gearbeitet werden kann und weil vielleicht damit ein erster Schritt gemacht wird, junge Menschen im Schulalter sehr frühzeitig für die Wahl einer spezifischen Berufsausbildung und/oder eines Studiums zu begeistern, die bzw. das auf Berufstätigkeiten zielt, in denen für die Unternehmen absehbar ein besonderer Bedarf besteht bzw. entstehen wird etc.
- Für die Schüler, weil der Einblick in die berufliche Praxis eine willkommene Abwechslung im schulischen Alltag darstellt, wodurch ihnen möglicherweise Perspektiven geboten werden können, die sie für bestimmte Schulfächer motiviert, aber auch weil ihre berufliche Orientierung konkreter werden könnte und weil sie mehr über das Berufsleben erfahren sowie darüber, wie ein Unternehmen funktioniert etc.

Dass eine solche Bildungspartnerschaft durchaus nicht nur etwas für größere Unternehmen ist und sich höchst praxisorientiert gestalten lässt, zeigt das Beispiel der Bildungspartnerschaft eines kleinen Medienunternehmens aus dem Rhein-Neckar-Kreis, genauer der Firma Delta Vision, einer technischen Agentur für audiovisuelle Medien, mit dem Hockenheimer Carl-Friedrich-Gauß-Gymnasium. Mit Unterstützung der regionalen IHK entstand eine Bildungskooperation, die beispielsweise dazu führte, dass an der Schule eine Film-AG eingerichtet wurde. Die Schüler wurden in die Geheimnisse der Filmtechnik eingeführt und konnten sich als Jungkamerafrauen und -männer erproben. Zusammen mit der Firma Delta Vision erstellten die Schüler des Gymnasiums einen Imagefilm über ihre Schule. Bei der Aktion war die

Beispiele für Bildungspartnerschaften

ganze Schule beteiligt und die Schüler erhielten einen höchst praktischen Einblick in den Alltag einer Filmproduktion. Einige Schüler hatten darüber hinaus im Rahmen kurzer Praktika am Unternehmensstandort die Möglichkeit, etwas tiefer in den betrieblichen Alltag des Unternehmens hineinzuschnuppern.

Einen ganz anderen Weg, junge Menschen frühzeitig mit Unternehmen zusammenzubringen, weist hingegen das Projekt IT-Hochburg Deutschland, das vor dem Hintergrund des im IT-Bereich bereits deutlich sichtbaren Fachkräftemangels entstanden ist: Seit November 2008 treffen sich auf der Burg Liebenzell im Nordschwarzwald einmal im Jahr Vertreter von Unternehmen, Verbänden, Hochschulen und Politik mit talentierten Schülern und Studierenden insbesondere aus dem Bereich Mathematik und Informatik, aber auch mit IT-talentierten Auszubildenden im Alter zwischen 16 und 21 Jahren (bisher nahmen meist junge Leute teil, die im Bundeswettbewerb Informatik besonders positiv aufgefallen sind). Das Treffen auf der Burg Liebenzell ist als Mischung aus Workshops und Fachkonferenz angelegt: Während der Workshop-Phasen arbeiten die jungen Talente mit den IT-Experten aus den beteiligten Unternehmen und Hochschulen zusammen, wobei die in den Workshops zu bearbeitenden Praxisthemen von den beteiligten Unternehmen kommen und vom Beirat der IT-Hochburg ausgewählt sowie für die jungen Leute zielgruppengerecht aufbereitet werden.

Zentrale Zielsetzung der IT-Hochburg Deutschland ist nach Aussagen der Veranstalter, ein Forum zu schaffen, um damit …

- junge IT-Talente zu fördern und zu stärken,
- Strategien zur langfristigen Sicherung von IT-Nachwuchs und IT-Fachkräften zu entwickeln,
- die Innovationskraft der jungen Generation auf dem IT-Sektor sichtbar zu machen,
- IT-Talente mit jungen Menschen gleicher Interessenslage zusammenzuführen,
- frühzeitig eine Brücke von jungen IT-Talenten zur Wirtschaft zu bauen,

- erlebbar zu machen, wie innovationsfreudig das Klima in Deutschland ist,
- den jungen Leuten eine konkretere Berufs- und Studienorientierung für IT-Berufe und IT-relevante Studienfächer mit auf den Weg zu geben,
- die Exzellenz des Informatikstandorts Deutschland zu sichern.[159]

So finden jährlich dreißig und mehr junge IT-Talente aus ganz Deutschland sowie hin und wieder auch aus angrenzenden Ländern wie der Schweiz den Weg in den Nordschwarzwald auf die traditionsreiche Burg und erleben, wie in IT-Unternehmen und bei IT-Anwendern gedacht wird, wie sie ein besseres Bewusstsein für den Wettbewerb entwickeln können, wie sie sich selbst positionieren können und auch wie sie mit den Unternehmen vielleicht schon eine erste lose Bindung aufbauen können. Die bisherige Resonanz sowohl aus dem Kreis der jungen Talente als auch aus dem Kreis der Unternehmen hat den Veranstaltern Mut gemacht, das Projekt auch über die ersten drei Jahre hinaus fortzusetzen, die finanziell durch eine Förderung durch das Bundesministerium für Bildung und Forschung (BMBF) abgesichert waren.

Früher anfangen

Ob Unternehmen attraktive Informationsveranstaltungen für junge Frauen und Männer anbieten, ob sie aktiv Bildungspartnerschaften mit den Schulen vorantreiben, ob sie sich an Projekten wie der IT-Hochburg Deutschland beteiligen oder ob sie die unterschiedlichsten Formen der Kooperation mit Hochschulen eingehen – wenn es darum geht, sich den Fach- und Führungskräftenachwuchs für die Zukunft zu sichern, muss die Grunddevise sein, früher anzufangen.

Wie den Internetauftritten zahlreicher Unternehmen über alle Branchen hinweg zu entnehmen ist, wenden sich mittlerweile viele Unternehmen in ihren Karriereportalen immer stärker jungen Menschen zu und bieten ihnen eine Vielzahl von Möglichkeiten, das Unternehmen beispielsweise durch

159 Vgl. IT-Hochburg Deutschland: Zielsetzung, www.it-hochburg.de/infos-zum-projekt/ziele.html

Praktika oder auch durch vom Unternehmen betreute Bachelor- und Masterarbeiten besser kennenzulernen.

Wesentliche Kriterien aber – und da sei nochmals an die beiden Studierenden erinnert, über deren Auftritt vor Unternehmern aus dem mittleren Neckarraum im Rahmen eines Business-Frühstücks ich berichtet habe – sind neben dem Image des Unternehmens und der Branche die Art und Weise, wie transparent das Unternehmen seine wirtschaftliche Entwicklung darstellt, wie zukunftsorientiert es ist und welche Perspektiven es den jungen Menschen bietet, die ihre berufliche Karriere diesem Unternehmen anvertrauen, und wie es insgesamt um dessen demografische Wettbewerbsfähigkeit bestellt ist.

Natürlich müssen sich die Personalverantwortlichen deshalb auch um neue Wege bemühen, um junge Menschen auf deren Ebene ansprechen zu können, sei es über soziale Netzwerke wie Facebook, Xing, LinkedIn u. v. a. m., sei es über virtuelle oder reale Jobmessen, bei denen die Unternehmen bzw. die Personalverantwortlichen zu den jungen Menschen kommen, damit sich diese über das Unternehmen informieren können und sich einen ersten Eindruck verschaffen. Dieser ist – wie im Privatleben auch – meist der wichtigste, der zumindest für eine ganze Weile die Meinung der jungen Leute über das Unternehmen prägen und im Zweifelsfall darüber entscheiden wird, ob eine junge Frau oder ein junger Mann ein Angebot für ein Praktikum, für einen Ausbildungsplatz, für einen dualen Studienplatz oder für eine freie Arbeitsstelle in diesem Unternehmen ausschlagen oder annehmen wird.

Social Media für Employer Branding und Recruiting

Natürlich ist es deshalb notwendig, dass sich Personalverantwortliche deshalb auch den Anforderungen offensiv stellen, die sich aus der verstärkten Relevanz von Social Media für die Imagebildung des Unternehmens in der Öffentlichkeit, für dessen Employer Branding und für das Recruiting insbesondere junger Menschen ergeben.

Eine Studie des Kölner Staufenbiel Instituts, die unter dem Titel *Jobtrends in Deutschland 2012* veröffentlicht wurde, stellt in diesem Zusammenhang fest: Bereits heute nutzen zwei Drittel der befragten Unternehmen, die IT-Absolventen suchen, soziale Netzwerke zur Unterstützung des Personalmarketings. Das heißt aber auch, dass doch immer noch ein Drittel dieser

Unternehmen den Möglichkeiten, die Social-Media-Aktivitäten als Teil des personalpolitischen Instrumentariums bieten, ablehnend, zumindest aber zurückhaltend gegenüberstehen.[160]

Für mich ist das ein eher bedenkliches Ergebnis, insbesondere dann, wenn ich darüber nachdenke, was dies bedeuten könnte, wenn man das Ergebnis der Staufenbiel-Studie auf die gesamte Unternehmenslandschaft projizieren würde: Nur zwei Drittel der Unternehmen, die nach IT-Experten Ausschau halten, Unternehmen also, bei denen eine höhere Affinität zu Social-Media-Anwendungen als in vielen anderen Unternehmen vermutet werden kann, nutzen Social Media. Wenn dem so ist, dann liegt der Verdacht für mich doch sehr nahe, dass erheblich weniger als zwei Drittel aller Unternehmen aktiv Social Media als Instrument des Personalmarketings nutzen.

Auch wenn es noch für viele Personalverantwortliche eine große Überwindung bedeuten sollte, sich mit dem Thema Social Media vertraut zu machen und sich den damit verbunden Anforderungen zu stellen, gilt auch hier wieder: Je früher man beginnt, desto einfacher wird es für den Einzelnen sein und desto weniger läuft das eigene Unternehmen Gefahr, allein schon wegen der Tatsache, dass das Unternehmen über Social Media nicht erreichbar ist, einen massiven Imageverlust bei einer großen Zahl potenzieller Bewerber zu erleiden und in letzter Konsequenz als Arbeitgeber von diesen jungen Leuten ignoriert zu werden.

Es wäre meines Erachtens grob fahrlässig und ignorant, sich in diesem Zusammenhang den Zeichen der Zeit zu verschließen. Denn wir dürfen dabei nicht vergessen, dass die meisten Menschen der jungen Generation, die für die Unternehmen als zukünftige Fach- und Führungskräfte besonders interessant sind, mit dem Internet und all seinen Anwendungsmöglichkeiten, zu denen auch Facebook, Twitter und Co. zählen, aufgewachsen sind. Diese jungen Menschen können sich somit unter Umständen nur schwer vorstellen, dass ein Unternehmen ihnen interessante Zukunftsperspektiven bieten könnte, das bereits in der Bewerbungsphase erkennen lässt, dass es der

160 Vgl. Weidner, I.: Gesucht Informatiker, jung, pfiffig, eloquent, in: Computerwoche Nr. 14, 2012, München 2012, S. 46

Nutzung der modernen IT-Technologien eher ablehnend gegenübersteht, indem es diese nicht offensiv nutzt.

Möglichkeiten von Social Media

Statt das Social Web auszublenden, sollten die Unternehmen die Möglichkeiten von Social Media nutzen, um Bewerber auf sich aufmerksam zu machen und vielleicht auch über eine durchdachte Form der Kommunikation via Social Media zwischen Bewerbern und dem Unternehmen eine Art Anfangsvertrauen bei den Bewerbern aufzubauen. Wie das geschehen kann, dazu findet sich in der Zeitschrift *Computerwoche* die interessante Empfehlung eines Social-Media-Beraters, zunächst einen Social-Media-Mitarbeiter-Newsroom auf einer zentralen Seite der Unternehmenswebsite einzurichten. Darauf werden dann die jüngsten Blog-Beiträge von Mitarbeitern, Tweets aus einzelnen Abteilungen oder einzelner Kollegen sowie YouTube-Videos, die zum Zweck des Employer Branding gedreht wurden, zusammenfließen. Wenn dann noch dieser Newsroom in den Karriereteil der Unternehmenswebsite integriert wird, erhalten Bewerber einen guten Überblick über Abteilungen und Mitarbeiter und können durch die Nutzung von Kommentar- und Benachrichtigungsfunktionen den direkten Kontakt zu den potenziellen Kollegen suchen.[161]

Natürlich mag dieses Beispiel dafür geeignet erscheinen, die Vorurteile gegenüber Social Media (zu große Transparenz, Einschränkung der Privatsphäre usw.) all derer zu pflegen, die Facebook, Xing, Twitter und Co. ohnehin bisher schon skeptisch bis ablehnend gegenüberstehen. Aber es wird kaum zu bestreiten sein, dass Unternehmen, wenn sie die Internetgeneration als Potenzial für den Fach- und Führungskräftenachwuchs gewinnen wollen, Social Media letztlich nicht werden ausweichen können.

Trotzdem: Social Media offensiv im Dialog mit der jungen Generation zu nutzen ist nur ein erster Indikator für das, worauf sich die Unternehmen besser heute als morgen einzustellen haben. Denn wenn sie nicht nur heute, sondern auch morgen noch demografisch wettbewerbsfähig sein wollen, müssen sie lernen, sich auf die veränderten Lebensmodelle und Wertvorstellungen der jungen Generation einzulassen.

161 Vgl. Königes, H.: Wie das Social Web im Recruiting weiterhilft, in: Computerwoche Nr. 42, 2011, München 2011, S. 46

Generation Y

Oberflächlich mag sich diese junge Generation von Arbeitskräften, die auch als Generation Y bezeichnet wird, vielleicht dadurch auszeichnen, dass ihre Mitglieder mit dem Internet aufgewachsen sind und sie dessen Tools als selbstverständliche Elemente ihres Lebens verstehen. Die Vorstellungen der jetzigen jungen Generation von Berufstätigen sind jedoch geeignet, das Berufs- und Arbeitsleben in ganz besonderer Weise neu zu prägen: „Alles das, was eine hierarchische Organisation ausmacht, wird auf den Prüfstand kommen: Herrschaftswissen, Kontrolle, zentrale Steuerung, Machtspielchen. Stattdessen werden offenes Wissensmanagement, flache Organisationen, gelebte Work-Life-Balance, gute Fehlerkultur, hierarchielose Kommunikation und Vertrauen wichtiger – für Führungskräfte und für Mitarbeiter. Heute gibt es Mitarbeiterbeurteilungen – künftig wird es auch Chefbeurteilungen geben. Vor allem aber werden Werte entscheidend. Die Generation Y will Sinn in dem, was sie tut. Unternehmen müssen den sozialen Aspekt ihres Tuns stärken. Das gilt übrigens auch für Führungskräfte persönlich“ [162], so Thomas Sigi, Personalvorstand bei Audi in einem Interview mit Spiegel Online zu den Ergebnissen einer von Audi in Auftrag gegebenen Studie, die sich mit den Wünschen und Ansprüchen der sogenannten Generation Y [163] auseinandersetzt.

Was macht die Generation Y aus?

Dass die Generation Y und ihre Lebens- und Arbeitsphilosophie mittlerweile in voller Breite in der Arbeitswelt angekommen ist, zeigt nicht nur das Beispiel der Firma Audi, bei der mittlerweile 20 % der Mitarbeiter der Generation Y angehören. So hat der Chirurg und medizinische Geschäftsführer der Kliniken der Stadt Köln, Prof. Dr. Christian Schmidt, im Jahr 2011 als Erster die Konsequenzen des Wechsels zur Generation Y für den Arztberuf und den Gesundheitssektor wissenschaftlich untersucht und das Ergebnis

162 Zitiert aus: Spiegel Online vom 09.08.2012: Die Generation Y ändert die Unternehmen, in: www.spiegel.de/karriere/berufsstart/generation-y-audi-personalvorstand-thomas-sigi-im-interview-a-848764.html, Hamburg 2012, S. 2

163 Generation Y, auch GEN Y, Millennials oder Digital Natives genannt, steht für die Generation der zwischen 1980 und 1995 Geborenen. Vorgänger war die Generation X (Jahrgänge zwischen 1965 und Ende der Siebzigerjahre, die der Generation der Babyboomer, d. h. der in der Zeit nach dem Zweiten Weltkrieg und Mitte der Sechzigerjahre Geborenen).

unter dem Titel *Generation Y – Rekrutierung, Entwicklung und Bindung*[164] publiziert. Die Publikation fand angesichts des zunehmenden Ärztemangels insbesondere in den Personalabteilungen der Kliniken rasch großen Anklang, zumal die Untersuchung zu Ergebnissen kam wie:

- Diese Generation zeichnet sich durch ein ihr eigenes besonderes Selbstbewusstsein aus.
- Die Millennials haben hohe Anforderungen an den Arbeitsplatz.
- Die Mitglieder der Generation Y würden eher den Job wechseln, als sich anzupassen.
- Diese Generation ist pragmatisch und kooperativ.
- Diese den Digital Natives zuzurechnende Generation bildet Netzwerke.
- Die Mitglieder der Generation Y pflegen ein eher konservatives Familienbild. Familie genießt die höchste Priorität.[165]

Work-Life-Balance ist in – Burn-out ist out. Die Unternehmen müssen sich auf Nachwuchskräfte einstellen, deren Lebensplanung und Lebensphilosophie nicht darauf ausgerichtet ist, Karriere um jeden Preis zu machen. Die Generation Y, die vor dem Hintergrund des demografischen Wandels ein besonderes Selbstbewusstsein entwickelt, wird den HR-Managern in Zukunft ein noch viel höheres Maß an Kreativität und Flexibilität abverlangen, wenn es gilt, Fach- und Führungskräftepositionen mit Mitgliedern der Generation Y zu besetzen.

Der Arbeits- und Stellenmarkt wandelt sich ohnehin zu einem Arbeitnehmermarkt, in dem die Unternehmen gewollt oder ungewollt den Status des Umworbenseins zunehmend gegen den Status des Werbenden eintauschen werden. Diese Tatsache erfährt angesichts der sich von der Generation X deutlich unterscheidenden Einstellung der Millennials zum Leben und zur Arbeit eine ganz besondere Dimension.

164 Schmidt, C. E., Möller, J., Schmidt, K., Gebershagen, F., Wappler, F., Limmroth, V., Padosch, S. A., Bauer, M.: Generation Y – Rekrutierung, Entwicklung und Bindung, in: Der Anaesthesist, Nr. 6 / 2011, Heidelberg 2011

165 Vgl. Hucklenbroich, Ch.: Der alte Arzt hat ausgedient, in: Frankfurter Allgemeine Zeitung vom 27.04.2012, Frankfurt am Main 2012 (www.faz.net/aktuell/wissen/medizin/generation-y-der-alte-arzt-hat-ausgedient-11729029.html)

So macht diese Entwicklung nochmals besonders deutlich, dass die Suche nach den sogenannten ‚Rohdiamanten' zwar ein erster wichtiger Schritt auf dem Weg zu mehr demografischer Wettbewerbsfähigkeit ist. Seine Wirkung würde aber ohne tragfähige Konzepte zur mittel- bis langfristigen Mitarbeiterbindung ins Leere gehen.

Managementempfehlung

Wenn Sie als Personalverantwortlicher um mittel- bis langfristige Fach- und Führungskräftesicherung bemüht sind, empfiehlt es sich, so früh wie irgend möglich und auf deren Ebene Kontakt zur jungen Generation aufzunehmen. Gestalten Sie die Außendarstellung und die Kommunikation mit jungen Leuten für diese attraktiv und arbeiten Sie daran, die Unternehmenskultur den Vorstellungen der Generation Y anzupassen. Bleiben Sie im ständigen Dialog mit der Jugend und lassen Sie sich bei den Formen der Zusammenarbeit im Unternehmen auf die Vorstellungen der Generation Y vom Verhältnis von Leben und Arbeit, von Kooperation und Kommunikation usw. ein.

7 Ausblick

„Rekrutierung von Top-Performern ist die größte Herausforderung"[166] – so eine Schlagzeile aus dem Kienbaum Business Newsletter August/September 2012 zu einer Studie der Unternehmensberatung, die auf einer Befragung von über 200 Personalverantwortlichen aus dem deutschsprachigen Raum zu den Themen HR-Management, Employer Branding und Diversity basiert. Die Studie führte zu dem Ergebnis, dass bereits 47 % der Unternehmen ihre Hauptaufgabe darin sehen, die Besetzung von Positionen für Top-Performer zu realisieren.[167]

Dass Herausforderungen wie Talentmanagement (38 %), Attraktivität als Arbeitgeber (31 %), Demografie und strategische Personalplanung (29 %) von den von Kienbaum befragten Personalverantwortlichen ebenfalls eher hohe Priorität eingeräumt wird[168], dürfte in diesem Zusammenhang nicht weiter verwunden. Dass Diversity Management noch nicht die meines Erachtens erforderliche Aufmerksam zuteilwird (lediglich 13 % der Befragten räumten Diversity Management eine hohe Priorität ein[169]), verwundert angesichts der Bedeutung von Diversity Management für die demografische Wettbewerbsfähigkeit allerdings schon. Wie bereits mehrfach angesprochen ist Diversity Management mit seinen zahlreichen Facetten einer der Schlüssel für die Zukunftssicherung der Unternehmen und muss demnach zweifellos zu den Aspekten gezählt werden, derer sich die Personalverantwortlichen in Zukunft stärker annehmen sollten.

Lernbedarf im Hinblick auf den demografischen Wandel und dessen Folgen für den Arbeits- und Stellenmarkt besteht bei allen Arbeitsmarktakteuren und an vielen Stellen. Das zählt ebenfalls zu den Realitäten, denen sich alle zu stellen haben, die ihren Beitrag zur Bewältigung der mit dem demografischen Wandel verbundenen Herausforderungen leisten wollen, sollen und müssen:

166 Kienbaum Executive Consulants (Hrsg.): Business Newsletter August / September 2011, S. 2, Gummersbach © Kienbaum Executive Consulants GmbH

167 Vgl. ebd.

168 Vgl. ebd.

169 Vgl. ebd.

Zu bewältigende Aufgaben

Die Wirtschaft muss mit dem demografischen Wandel zu leben lernen. Das hat zwangsläufig zur Folge, dass die Unternehmen des 21. Jahrhunderts u. a. lernen sollten, dass sie zu immer größeren Konkurrenten um Talente werden, die sie meist eher früher als später dringend als Fach- und Führungskräfte für die Bewältigung zukünftiger Herausforderungen benötigen.

Führungskräfte müssen beispielsweise lernen: Hohe Fluktuationsraten – insbesondere die von Fach- und Führungskräften – waren zwar schon immer ein geeignetes Mittel dafür, die Zukunftsfähigkeit eines Unternehmens zu ruinieren, aber die von hohen Fluktuationsraten ausgehende Bedrohung wird rasant zunehmen vor dem Hintergrund eines Arbeitsmarktes, der sich mehr und mehr zu einem Arbeitnehmermarkt wandelt. Denn schon heute stellt die Wiederbesetzung offener Stellen in Berufs- und Tätigkeitsfeldern, in denen bereits Fachkräftemangel herrscht, eine immer größere Herausforderung dar. Das zeigt auch die Entwicklung, dass Vakanzzeiten, d. h. die Zeitspannen, die benötigt werden, eine Stelle wieder neu zu besetzen, stetig und immer spürbarer zunehmen.

HR-Manager müssen lernen, dass angesichts des sich wandelnden Arbeits- und Stellenmarktes sich ihre Arbeit noch viel stärker als bisher darauf konzentrieren muss, die demografische Wettbewerbsfähigkeit ihres Unternehmens aktiv und dauerhaft zu sichern. Dazu müssen sie auf der Klaviatur des ihnen zur Verfügung stehenden Instrumentariums (von Potenzialanalyse bis Personalentwicklung, von Diversity Management bis Mitarbeiterbindung) so kreativ wie möglich spielen können.

Probleme der nächsten Jahre und Konsequenzen

Doch selbst wenn es in den kommenden Jahren immer wieder zu neuen wirtschaftlichen Krisensituationen in Deutschland kommen mag und auch wenn dies vorübergehend zu mehr Entlassungen führen sollte, ändert all dies im Grunde nichts an dem Megatrend des demografischen Wandels: Die Gesellschaft und damit auch die Belegschaften werden mit und ohne Wirtschaftskrise in den nächsten Jahren weiter altern, es wird auch weiterhin eine viel zu niedrige Geburtenrate geben, es wird auch weiterhin deutlich weniger Schüler geben, die nach ihrer Schulzeit einen Beruf erlernen oder ein Studium absolvieren.

All dies hat zur Folge, dass auch zukünftig eine zunehmende Zahl von Wirtschaftssektoren Probleme haben wird, die erforderlichen Personalressourcen aufzubringen, die sie zur Zufriedenstellung ihrer Kunden benötigen.

Eine ganz zentrale Konsequenz des demografischen Wandels besteht darin, dass sich der Arbeits- und Stellenmarkt seinem Charakter nach mehr und mehr von einem Arbeitgeber- zu einem Arbeitnehmermarkt wandeln wird: Unternehmen bzw. Arbeitgeber, die es bisher gewohnt waren, von Stellenbewerbern umworben zu werden, die also meist ‚nur' vor dem Problem der sogenannten ‚Qual der Wahl' standen, müssen ihre Rolle neu überdenken. Das heißt, sie müssen für sich einen Weg finden, wie sie damit umgehen, nicht mehr die Umworbenen, sondern immer häufiger die Werbenden zu sein, mit all den zugehörigen Konsequenzen für die Personalpolitik und das Personalmarketing.

Beispiel: Verkehrsbetriebe der Stadt Zürich

Wie das schon heute aussehen kann, zeigt ein interessantes Beispiel aus der Schweiz, die vor ganz ähnlichen demografischen Herausforderungen wie Deutschland steht. Dort haben die Verkehrsbetriebe der Stadt Zürich, die in der jüngeren Vergangenheit erfahren haben, dass es immer schwieriger wird, qualifizierte Fachkräfte für den technischen Dienst bei den Verkehrsbetrieben zu gewinnen, einen für viele Unternehmen noch recht ungewohnten Weg des Personalmarketings beschritten. Das Ungewohnte besteht dabei insbesondere darin, dass die Verkehrsbetriebe sich aktiv bei zukünftigen Fachkräften bewerben, um diese wiederum zu motivieren, eine spätere Tätigkeit bei den Verkehrsbetrieben ernsthaft ins Auge zu fassen. Genau genommen bewerben sich bei diesem Beispiel die potenziellen Vorgesetzten über ein Video im Web, bei dem sie einerseits Interesse für die Aufgabe, aber auch für das Arbeitsteam wecken wollen, das die zukünftigen Mitarbeiter erwartet, ohne dabei zu vergessen, Informationen über die Person bzw. die Persönlichkeit des späteren Vorgesetzten zu liefern. Dieses Experiment kann meines Wissens durchaus Erfolge vorweisen und macht deutlich, wie weit im Grunde schon der Prozess des Wandels des Arbeits- und Stellenmarktes zu einem Bewerbermarkt vorangeschritten ist.

Stichworte und Informationsquellen rund um den demografischen Wandel

Arbeitslosenquote Die Arbeitslosenquote bringt zum Ausdruck, wie groß der Anteil der Arbeitslosen an der Gesamtzahl der sogenannten zivilen Erwerbspersonen ist.

Arbeitslosigkeit Unter registrierter Arbeitslosigkeit ist die Anzahl der Menschen zu verstehen, die bei einer Agentur für Arbeit oder einem Jobcenter arbeitslos gemeldet sind.

Beschäftigungsquote Unter Beschäftigungsquote versteht man den Anteil der Erwerbstätigen an der Bevölkerung.

BDA Die Abkürzung BDA steht für ‚Bundesvereinigung der Deutschen Arbeitgeberverbände' mit Sitz in Berlin. Die BDA vertritt als Dachverband die gesamte deutsche Wirtschaft in Fragen der Tarif-, Sozial-, und Bildungspolitik sowie im Arbeitsrecht (siehe auch: www.bda-online.de).

BDI Der Bundesverband der Deutschen Industrie (BDI) als Spitzenverband der deutschen Industrie und der industrienahen Dienstleister spricht für 38 Branchenverbände und repräsentiert die politischen Interessen von über 100.000 Unternehmen mit gut 8 Millionen Beschäftigten gegenüber Politik und Öffentlichkeit (siehe auch: www.bdi.eu).

BIBB Bundesinstitut für Berufsbildung (siehe auch: www.bibb.de)

BBiG Berufsbildungsgesetz

BGM Betriebliches Gesundheitsmanagement

BITKOM e. V. Bundesverband Informationswirtschaft, Telekommunikation und neue Medien e. V (siehe auch: www.bitkom.org)

Blended Learning Blended Learning (englisch: to blend = mischen) steht in der Regel für eine Form des Lernens, bei der Präsenzlernen und E-Learning und Varianten von E-Learning miteinander ‚vermischt' bzw. kombiniert werden.

BMAS Bundesministerium für Arbeit und Soziales (siehe auch: www.bmas.bund.de)

BMBF Bundesministerium für Bildung und Forschung (siehe auch: www.bmbf.bund.de)

BMFSFJ	Bundesministerium für Familie, Senioren, Frauen und Jugend (siehe auch: www.bmfsfj.de)
BRK	Behindertenrechtskonvention
Demograf	„Der Demograf" ist ein vom BMAS initiiertes Internetangebot, das ausführliche Informationen zum Thema Demografie anbietet und dabei auf Daten des Statistischen Bundesamts, der Bundesagentur für Arbeit und des Instituts für Arbeitsmarkt- und Berufsforschung zurückgreift. Das Internetportal ist über www.der-demograf.de zu erreichen.
Demografie	Mithilfe der Demografie (griechisch: demos = Volk) bzw. der Bevölkerungswissenschaft werden Größe und Struktur menschlicher Bevölkerungen und deren Veränderungen erforscht.
DGB	Der Deutsche Gewerkschaftsbund (DGB) vertritt die Gewerkschaften gegenüber politischen Entscheidungsträgern, Parteien und Verbänden in Deutschland (siehe auch: www.dgb.de).
DGFP	Die Deutsche Gesellschaft für Personalführung e. V. (DGFP) ist nach eigenen Angaben mit ihren 2.500 Mitgliedern die Fachvereinigung für das Personalmanagement in Deutschland (siehe auch: www.dgfp.de).
DIE	Das Deutsche Institut für Erwachsenenbildung – Leibniz-Zentrum für Lebenslanges Lernen (DIE) ist nach eigenen Angaben die zentrale Einrichtung für Wissenschaft und Praxis der Weiterbildung in Deutschland (siehe auch: www.die-bonn.de).
ddn	Das Demographie Netzwerk e. V. (ddn), gegründet im Jahr 2006 auf Initiative des BMAS, ist eine Kooperationsplattform von fast 300 Unternehmen und Institutionen, mit dem Ziel, sich bei der Gestaltung des demografischen Wandels gegenseitig zu unterstützen (siehe auch: www.demographie-netzwerk.de)
DIHK	Deutscher Industrie- und Handelskammertag, Dachorganisation aller Industrie- und Handelskammern in Deutschland (siehe auch: www.dihk.de)
Diversity Management	Diversity Management ist ein HR-Ansatz, der zum Ziel hat, nicht nur Unterschiedlichkeiten der Mitarbeiter anzuerkennen, sondern die Vielfalt in der Mitarbeiterschaft für die Unternehmensentwicklung produktiv zu nutzen.

DQR	Deutscher Qualifikationsrahmen (siehe auch: www.deutscherqualifikationsrahmen.de)
Employer Branding	Employer Branding, zu deutsch: Arbeitgebermarkenbildung, wird als Oberbegriff für alle Aktivitäten verstanden, ein Unternehmen als attraktiven Arbeitgeber darzustellen und sich als Arbeitgeber positiv von der Konkurrenz abzuheben.
Europass	Europass ist ein europäisches Instrument, mit dessen Hilfe die Lesbarkeit und Transparenz internationaler Bewerbungen erhöht und deren Bewertung erleichtert werden soll. Der Europass besteht aus den Elementen: Lebenslauf, Sprachenpass, Zeugniserläuterung, Mobilitätsdokumentation und Diploma Supplement (siehe auch: www.europass-info.de).
EQR	Europäischer Qualifikationsrahmen
Eurelea	European Award for Technology Supported Learning
Externenprüfung	Nach § 45, Abs. 2 Berufsbildungsgesetzes (BBiG) und nach § 37, Abs. 2 der Handwerksordnung (HwO) besteht in besonderen Fällen die Möglichkeit, Zulassung zu einer sogenannten Externenprüfung zu erhalten, die der Antragsteller selbstständig bei der für ihn für die Berufsbildung zuständigen Stelle beantragen muss. Dies sind je nach Beruf die Industrie- und Handelskammern, die Handwerkskammern, die Landwirtschaftskammern etc.
Formale Bildung	Laut OECD die Bildung, die durch das System der Schulen, Universitäten und anderen Bildungseinrichtungen des formalen Bildungssystems vermittelt wird.
Formatives Verfahren	Bei Evaluationsverfahren unterscheidet man zwischen formativen und summativen Verfahren. Das besondere Charakteristikum von formativen Verfahren besteht darin, dass die Evaluation permanent während des Verfahrens erfolgt.
Generation Y	Generation Y, häufig GEN Y, Millennials oder Digital Natives genannt, steht für die Generation der zwischen 1980 und 1995 Geborenen.
HwO	Handwerksordnung
IAB	Institut für Arbeitsmarkt- und Berufsforschung, Forschungsinstitut der Bundesagentur für Arbeit

INQA	Steht für Initiative für eine Neue Qualität in der Arbeit (siehe auch: www.inqa.de). INQA ist eine im Jahr 2002 gestartete Gemeinschaftsinitiative aus Bund, Ländern, Sozialversicherungsträgern, Gewerkschaften, Stiftungen und Unternehmen, deren Arbeitsfeld sich an Fragen zum demografischen Wandel, zur globalen Wettbewerbsfähigkeit und zum technologischen Fortschritt orientiert.
KMU	Abkürzung für ‚kleine und mittelständische Unternehmen'
Kompetenzanalyse	Verfahren mit dem Ziel, die fachlichen und außerfachlichen Kompetenzen eines Menschen zu ermitteln
Matching	Verfahren, bei dem ermittelt wird, ob und zu welchem Grad ein Kompetenzprofil ein vorgegebenes Anforderungsprofil erfüllt.
Nicht formale Bildung	Auch non-formale Bildung genannt, ist laut OECD eine organisierte und fortgesetzte Bildungsmaßnahme, die nicht genau den Definitionen der formalen Bildung entspricht. Dieser Definition nach sind die meisten betrieblichen Weiterbildungen der nonformalen Bildung zuzuordnen.
Nachhaltigkeit	Nachhaltigkeit steht ihrer ursprünglichen Bedeutung nach für die „Nutzung eines regenerierbaren Systems in einer Weise, dass dieses System in seinen wesentlichen Eigenschaften erhalten bleibt und sein Bestand auf natürliche Weise regeneriert werden kann", wie einer Drucksache des Deutschen Bundestags zu entnehmen ist.*
Nearshoring	Nearshoring (deutsch: Nahverlagerung) umschreibt den Vorgang von Unternehmensprozessen ins näher gelegene Ausland (aus mitteleuropäischer Sicht ist damit i. d. R. die Verlagerung in osteuropäische Staaten gemeint).
OECD	Organisation für wirtschaftliche Zusammenarbeit und Entwicklung (englisch: Organisation for Economic Co-operation and Development) mit Sitz in der französischen Hauptstadt Paris. Eine im Jahr 1961 gegründete internationale Organisation mit 34 demokratisch-marktwirtschaftlich orientierten und wohlhabenden Mitgliedstaaten.

* Deutscher Bundestag, 14. Wahlperiode: Schlussbericht der Enquete-Kommission Globalisierung der Weltwirtschaft – Herausforderungen und Antworten, Drucksache 14/9200, 12.06.2002 (www.bundestag.de)

Offshoring Offshoring steht allgemein für die Verlagerung von Unternehmensprozessen ins Ausland.

Personaldiagnostik, Personaldiagnostische Verfahren Personaldiagnostik umschreibt Verfahren zur Personalauswahl, zur Platzierung von Personal, zur Mitarbeiterbeurteilung, die aber auch als Grundlage systematischer Personalentwicklung dienen können.

Profiling Verfahren zur Ermittlung eines Kompetenzprofils, in dem Wissen, Fertigkeiten, personale und soziale Kompetenzen eines Menschen ermittelt werden.

Potenzialanalyse (formativ, summativ) Vgl. Kompetenzanalyse, Profiling

Summatives Verfahren Bei Evaluationsverfahren unterscheidet man zwischen formativen und summativen Verfahren. Das besondere Charakteristikum von summativen Verfahren ist, dass die Evaluation nach Abschluss des Verfahrens erfolgt und ein Gesamtergebnis ermittelt wird.

Vollbeschäftigung Vollbeschäftigung ist in Deutschland dann gegeben, wenn die Arbeitslosenquote unter 2 % liegt. Andere Definitionen beschreiben Vollbeschäftigung als eine Situation am Arbeitsmarkt, bei der die Zahl der offenen Stellen größer ist als die Zahl der Arbeitslosen.

Work-Life-Balance Zustand, bei dem Beruf und Familie in einem Verhältnis zueinander stehen, das den heutigen Vorstellungen von Lebensqualität entspricht.

Wuppertaler Kreis 1955 auf Initiative des Bundesverbandes der Deutschen Industrie (BDI) von den Spitzenverbänden der deutschen Wirtschaft und der ehemaligen Arbeitsgemeinschaft Selbstständiger Unternehmer und bedeutenden Unternehmen gegründeter Verband der führenden Weiterbildungsinstitute, die sich zu einem hohen Qualitätsstandard in der Weiterbildung verpflichtet haben (www.wkr-ev.de).

ZEW Zentrum für Europäische Wirtschaftsforschung (www.zew.de), gemeinnütziges wirtschaftswissenschaftliches Forschungsinstitut, gegründet im Jahr 1990 auf Initiative der baden-württembergischen Landesregierung, der Wirtschaft des Landes und der Universität Mannheim. Das ZEW gilt zwischenzeitlich als eines der führenden deutschen Wirtschaftsforschungsinstitute mit hoher europäischer Reputation.

Literatur- und Quellenverzeichnis

Atoss Software AG u. DEKRA Akademie GmbH (Hrsg.): Digging for Diamonds, Verborgene Potenziale im Unternehmen heben – Status quo und Ausblick, www.atoss.com/de/newsroom/downloadcenter/Documents/studien/ATOSS-Digging-for-Diamonds-Management-summary-2008.pdf, München und Stuttgart 2008

BBJ Consult AG (Hrsg.): www.deutscherqualifikationsrahmen.de, Berlin 2012

Berliner Zeitung vom 16.10.2010, Es gibt einen Bewerbermarkt, Berlin, 2010

Boes, A., Baukrowitz, A., Kämpf, T., Marrs, K. (Hrsg.): Qualifizieren für eine global vernetzte Ökonomie. Vorreiter IT-Branche: Analysen, Erfolgsfaktoren, Best Practices, Wiesbaden 2012

Böhm, K., Drasch, K., Götz, S., Pausch, S.: Frauen zwischen Beruf und Familie, in: Institut für Arbeitsmarkt- und Berufsforschung (IAB): IAB Kurzbericht 23/2011, Nürnberg 2011

Bruch, H., Menges, J.: Von emotionalem Kapital zu organisationaler Energie, in: Ebersbach, L., Menges, J., Welling, C. (Hrsg.): Erfolgsfaktor emotionales Kapital – Menschen begeistern, Ziele erreichen, Bern 2008, S. 137–152

Bundesagentur für Arbeit (Hrsg.): Arbeitslosenquoten im Juni 2013, www.arbeitsagentur.de/zentraler-Content/A01-Allgemein-Info/A011-Presse/Publikation/pdf/Landkarten-Eckwerte-2013-06.pdf, Nürnberg 2013

Bundesagentur für Arbeit: Fachkräfteengpässe in Deutschland, Analyse Juni 2012, http://statistik.arbeitsagentur.de/Statischer-Content/Arbeitsmarktberichte/Berichte-Broschueren/Arbeitsmarkt/Generische-Publikationen/BA-FK-Engpassanalyse-2012-06.pdf, Nürnberg 2012

Bundesagentur für Arbeit (Hrsg.): Monatsbericht August 2011, http://statistik.arbeitsagentur.de/nn_10260/SiteGlobals/Forms/Suche/serviceSuche_Form.html?allOfTheseWords=Monatsbericht+August+2011&OK=OK&pageLocale=de&view=processForm

Bundesagentur für Arbeit (Hrsg.): Monatsbericht Januar 2012, http://statistik.arbeitsagentur.de/nn_10260/SiteGlobals/Forms/Suche/serviceSuche_Form.html?allOfTheseWords=Monatsbericht+Januar+2012&OK=OK&pageLocale=de&view=processForm

Bundesagentur für Arbeit (Hrsg.): Monatsbericht August 2012, http://statistik.arbeitsagentur.de/Statischer-Content/Arbeitsmarktberichte/Monatsbericht-Arbeits-Ausbildungsmarkt-Deutschland/Monatsberichte/Generische-Publikationen/Monatsbericht-201208.pdf

Bundesagentur für Arbeit (Hrsg.): Perspektive 2025: Fachkräfte für Deutschland, www.arbeitsagentur.de/zentraler-Content/Veroeffentlichungen/Sonstiges/Perspektive-2025.pdf, Nürnberg 2011

Bundesagentur für Arbeit (Hrsg.): www.arbeitsagentur.de, Nürnberg 2012, statistische Angaben unter: http://statistik.arbeitsagentur.de/Navigation/Statistik/Statistik-nach-Themen/Statistik-nach-Themen-Nav.html

Bundesagentur für Arbeit (Hrsg.): 8. März ist Internationaler Frauentag: Starke Frauen – Starke Wirtschaft, Presseinformation vom 07.03.2012, www.arbeitsagentur.de/nn_ 27044/zentraler-Content/Pressemeldungen/2012/Presse-12-008.html, Nürnberg 2012

Bundesamt für Migration und Flüchtlinge (Hrsg.): Migration nach Deutschland, Jahresbericht 2012, Nürnberg 2012

Bundesinstitut für Berufsbildung (BIBB) (Hrsg.): Datenblatt zum Berufsbildungsbericht 2012, Bonn 2013

Bundesinstitut für Berufsbildung (BIBB) (Hrsg.): Empfehlungen des Hauptausschusses 2008, www.bibb.de/dokumente/pdf/ha-empfehlung_129_ausbildungszeit.pdf, Bonn 2012

Bundesinstitut für Berufsbildung (BIBB) – Nationale Agentur Bildung für Europa - Nationales Europass Center (NEC): Der Europass Lebenslauf – Kompetenzen auf einen Klick, www.europass-info.de, Bonn 2012

Bundesministerium für Arbeit und Soziales (Hrsg.): Arbeitskräftereport, www.bmas.de/SharedDocs/Downloads/DE/PDF-Publikationen/a859_arbeitskraeftereport.pdf?__blob=publicationFile, Berlin 2011

Bundesministerium für Arbeit und Soziales (Hrsg.): Fachkräftesicherung – Ziele und Maßnahmen der Bundesregierung, www.bmas.de/SharedDocs/Downloads/DE/fachkraeftesicherung-ziele-massnahmen.pdf?__blob=publicationFile, Berlin 2011

Bundesministerium für Bildung und Forschung (verantw. f. die deutsche Übersetzung): Bildung auf einen Blick 2011, OECD-Indikatoren, Berlin 2011

Bundesministerium für Bildung und Forschung (Hrsg): www.perspektive-berufsabschluss.de/de/105.php, Bonn und Berlin 2013

Bundesministerium für Familie, Senioren, Frauen und Jugend: Familienpflegezeitgesetz, Mitteilung vom 23.01.2012, www.bmfsfj.de/BMFSFJ/aeltere-menschen,did=183784.html

Bundesministerium für Familie, Senioren, Frauen und Jugend (Hrsg.): Work-Life-Balance, Motor für wirtschaftliches Wachstum und gesellschaftliche Stabilität, www.bmfsfj.de/RedaktionBMFSFJ/Broschuerenstelle/Pdf-Anlagen/Work-Life-Balance,property=pdf,bereich=bmfsfj,sprache=de,rwb=true.pdf, Berlin 2005

Bundesministerium für Familie, Senioren, Frauen und Jugend (Hrsg.): Flexi-Quote und Stufenplan „Mehr Frauen in Führungspositionen", Mitteilung vom 16.04.2013, www.bmfsfj.de/BMFSFJ/gleichstellung,did=172756.html, Berlin 2012

Das Demographie Netzwerk e. V., www.demographie-netzwerk.de

DEKRA Akademie GmbH (Hrsg.): 27 Wege zurück, www.dekra-trainer.de/katalog/Wege_zurueck/blaetterkatalog/blaetterkatalog/pdf/complete.pdf, Stuttgart 2011

DEKRA Akademie GmbH (Hrsg.): DEKRA Arbeitsmarktreport 2011, www.dekra-trainer.de/katalog/DEKRA_Arbeitsmarkt_Report_2011/blaetterkatalog/index.html, Stuttgart 2011

DEKRA Akademie GmbH (Hrsg.): DEKRA Arbeitsmarktreport 2012, www.dekra-media.de/katalog/arbeitsmarktreport2012/blaetterkatalog/index.html, Stuttgart 2012

DEKRA Akademie GmbH (Hrsg.): DEKRA Arbeitsmarktreport 2013, www.dekra-media.de/katalog/arbeitsmarktreport2013/arbeitsmarktreport-2013.html, Stuttgart 2013

DEKRA Akademie GmbH (Hrsg.): Potenziale entdecken – Zukunft sichern, Informationsblatt zum DEKRA Developer Modul System, Stuttgart 2012

Der Deutsche Qualifikationsrahmen für lebenslanges Lernen ist eingeführt. Gemeinsame Pressmitteilung des Bundesministeriums für Wirtschaft und Technologie und des Bundesministeriums für Bildung und Forschung, der Kultusministerkonferenz sowie der Wirtschaftsministerkonferenz vom 16.05.2013, www.deutscherqualifikationsrahmen.de/de/aktuelles/der-deutsche-qualifikationsrahmen-f%C3%BCr-lebenslanges_hgnieuyd.html?s=5qlPHmZv4P9oBlu3x

Deutscher Bundestag, 14. Wahlperiode: Schlussbericht der Enquete-Kommission Globalisierung der Weltwirtschaft – Herausforderungen und Antworten, Drucksache 14/9200, 12.06.2002, http://dipbt.bundestag.de/dip21/btd/14/092/1409200.pdf

Deutscher Bundestag, 17. Wahlperiode: Gesetzesentwurf der Bundesregierung, Drucksache 17/6260, 22.06.2011, http://dipbt.bundestag.de/dip21/btd/17/062/1706260.pdf

Deutscher Industrie- und Handelskammertag e. V. (DIHK) (Hrsg.): DIHK-Bildungsbericht 2011, Berlin 2011

diversity hamburg (Hrsg.): Diversity-Management als Chance für kleine und mittlere Betriebe. Eine Anleitung zur Umsetzung, Hamburg 2005

Elprana, G., Gatzka, M., Stiehl, S, Feife, J.: Führungsmotivation im Geschlechtervergleich. Aktuelle Ergebnisse aus dem Forschungsprojekt Mai 2009 bis Februar 2011, Hamburg 2011

Gallup GmbH (Hrsg.): Gallup Engagement Index 2011, www.gallup.com/strategic-consulting/158183/präsentation-zum-gallup-engagement-index-2011.aspx

Gallup GmbH (Hrsg.): Pressemitteilung anlässlich der Veröffentlichung des Gallup Engagement Index 2011, Berlin 2012 (http://hamburger-coachingcontor.de/cms/wp-content/uploads/2012/06/Pressemitteilung-zum-Gallup-Engagement-Index-2011.pdf)

Grünert, H., Wiekert, I.: Nachwuchsrekrutierung in Zeiten demografischer Umbrüche, Reaktionen von Betrieben in Sachsen-Anhalt und Niedersachsen, in: Bundesinstitut für Berufsbildung (Hrsg.): BWP (Zeitschrift für Berufsbildung in Wissenschaft und Praxis), Nr. 6, Bonn 2010, S. 20–24

Horx, M.: Das Megatrend Prinzip. Wie die Welt von morgen entsteht, Deutsche Verlagsanstalt, in der Verlagsgruppe Random House GmbH, München 2011

Hessisches Ministerium für Wirtschaft, Verkehr und Landesentwicklung, Pressemitteilung vom 25.07.2012, Wiesbaden 2012

hochschule dual (Hrsg.): Stimmen über hochschule dual, www.hochschule-dual.de/unternehmen/stimmen-von-unternehmen/index.html

Hucklenbroich, Ch.: Der alte Arzt hat ausgedient, in: Frankfurter Allgemeine Zeitung vom 27.04.2012, Frankfurt am Main 2012, www.faz.net/aktuell/wissen/medizin/generation-y-der-alte-arzt-hat-ausgedient-11729029.html

Humboldt-Universität zu Berlin (Hrsg.): GenderKompetenzZentrum. Gender Mainstreaming und Diversity Management, www.genderkompetenz.info/w/files/gkompzpdf/gm_dm.pdf, Berlin 2012

Ilg, P., Kaufmann, M.: Mit Karacho in den Schweinezyklus, in: Spiegel Online vom 06.09.2011, Hamburg 2011, www.spiegel.de/karriere/berufsstart/ingenieurmangel-mit-karacho-in-den-schweinezyklus-a-784325.html

Illich, I.: Entschulung der Gesellschaft. Eine Streitschrift, München 1985 (Erstauflage 1972)

Industrie- und Handelskammer Osnabrück-Emsland-Grafschaft Bentheim (Hrsg): Demografie-Rechner Niedersachsen, www.osnabrueck.ihk24.de/standortpolitik/Arbeitsmarkt/Generation_Erfahrung/400608/Demografie_Rechner.html;jsessionid=20395F6C2B6C2BD12A62C69B1886AD39.repl22, Osnabrück 2012

INQA (Initiative für eine Neue Qualität in der Arbeit), in: INQA-Unternehmenscheck, www.inqa-unternehmenscheck.de/check/daten/mittelstand/check_01.htm, Berlin 2012

Institut für Arbeitsmarkt- und Berufsforschung (IAB): Gesamtwirtschaftliches Stellenangebot im ersten Quartal 2013, http://doku.iab.de/grauepap/2013/os1301.xls, Nürnberg 2013

Institut für Arbeitsmarkt- und Berufsforschung (IAB): Pressemitteilung vom 12.02.2012, www.iab.de/de/informationsservice/presse/presseinformationen/os1104.aspx, Nürnberg 2012

ISB Information und Kommunikation GmbH & Co. KG (Hrsg.): www.competenzia.de/index.php?option=com_content&task=view&id=14&Itemid=43, Büren 2013

IT-Hochburg Deutschland: Zielsetzung, www.it-hochburg.de/infos-zum-projekt/ziele.html

Jungwirth, I.: Arbeitsmarktintegration hochqualifizierter Migrantinnen – Berufsverläufe in Naturwissenschaft und Technik, Bonn und Berlin 2012

Junior Management School, www.juniormanagementschool.de

Kienbaum Executive Consulants (Hrsg.): Business Newsletter August/September 2011, Gummersbach © Kienbaum Executive Consulants GmbH

Kohlmeyer, B.: Sich mehr um Mitarbeiter kümmern, in: Badische Zeitung vom 05.07.2012, Freiburg 2012, www.badische-zeitung.de/lahr/sich-mehr-um-mitarbeiter-kuemmern--61297908.htm

Königes, H.: Wie das Social Web im Recruiting weiterhilft, in: Computerwoche Nr. 42, 2011, München 2011, S. 46

Littig, P.: eLearning – Qualität und Evaluation von Konzepten in der Praxis, in: Mayer, H. O., Kriz, W.: Evaluation von eLernprozessen, München 2010, S. 119–133

Littig, P.: Die Klugen fressen die Dummen: „Das lernende Unternehmen". Ergebnisse einer Marktstudie, Bielefeld 1996

Littig, P.: Perspektiven für die IT-Weiterbildung auf dem Weg zum European e-Competence Framework (e-CF), in: Boes, A., Baukrowitz, A., Kämpf, T., Marrs, K. (Hrsg.): Qualifizieren für eine global vernetzte Ökonomie. Vorreiter IT-Branche: Analysen, Erfolgsfaktoren, Best Practices, Wiesbaden 2012, S. 205–214

Malik, F.: Führen, Leisten, Leben. Wirksames Management für eine neue Zeit, Stuttgart und München 2002

Mannheimer Morgen vom 23.02.2012, BASF weitet Angebot für Mitarbeiter aus, Mannheim 2012, S. 7

Mannheimer Morgen vom 23.04.2012, Ein neues Tor zur Karriere, Mannheim 2012, S. 4

Marquard, O.: Inkompetenzkompensationskompetenz? Über Kompetenz und Inkompetenz der Philosophie, in: Baumgartner, H.-M., Höffe, O., Wild, C. (Hrsg.): Philosophie – Gesellschaft – Planung. Kolloquium, Hermann Krings zum 60. Geburtstag. Bayerisches Staatsinstitut für Hochschulforschung und Hochschulplanung, München 1974, S. 114–125

MMB-Institut für Medien- und Kompetenzforschung (Hrsg.): MMB-Trendmonitor I/2012, Essen 2012

Naisbitt, J.: Mind Set! Wie wir die Zukunft entschlüsseln, München 2007

Osel, J.: Mär vom sorgenfreien Studentenleben, in: Süddeutsche Zeitung, 02.04.2013, www.sueddeutsche.de/bildung/studie-zum-dualen-studium-maer-vom-sorgenfreien-studentenleben-1.1637954

Perform Partner (Hrsg,), Lang-von Wins, T., Triebel, C.: Die Kompetenzenbilanz (Arbeitsmappe), Weilheim o. J.

Preißer, R., Völzke, R.: Kompetenzbilanzierung – Hintergründe, Verfahren, Entwicklungsnotwendigkeiten, in: Deutsches Institut für Erwachsenenbildung (Hrsg.): Report (30), Bonn 2007, S. 62–71

Puhani, P., Sonderhof, K.: The Effects of Parental Leave on Training for Young Women. In: Journal of Population Economics, Jg. 24, H. 2, Berlin, Heidelberg 2011, S. 731–760

Schmidt, C. E., Möller, J., Schmidt, K., Gebershagen, F., Wappler, F., Limmroth, V., Padosch, S. A., Bauer, M.: Generation Y – Rekrutierung, Entwicklung und Bindung, in: Der Anaesthesist, Nr. 6/2011, Heidelberg 2011, S. 517–524

Spiegel Online vom 09.08.2012, Die Generation Y ändert die Unternehmen, www.spiegel.de/karriere/berufsstart/generation-y-audi-personalvorstand-thomas-sigi-im-interview-a-848764.html, Hamburg 2012

Strauß, S.: Familienunterbrechungen im Lebensverlauf als Ursache kumulativer Geschlechterungleichheiten, in: Bolder, A., Epping, R., Klein, R., Reutter, G., Seiverth, A.: Neue Lebenslaufregimes – neue Konzepte der Bildung Erwachsener?, Wiesbaden 2010, S. 89–104

trendence Institut GmbH (Hrsg.): Top-Arbeitgeber Business, www.deutschlands100.de/top-arbeitgeber/ranking-business.html

trendence Institut GmbH (Hrsg.): trendence Graduate Barometer, www.deutschlands100.de/deutschlands-100/trendence-graduate-barometer.html

Troltsch, K., László, A., Bardeleben, R., Ulrich, J. G.: Jugendliche ohne Berufsabschluss. Eine BIBB/EMNID Untersuchung, Bonn 1999

UN-Behindertenrechtskonvention, amtlicher deutscher Text im Bundesgesetzblatt (BGBl), 2008, Teil II, Nr. 35

Unger, C.: Der erste Eindruckzählt, in: Computerwoche vom 14.05.2012, 20/12, München 2012, S. 44

von der Leyen, U.: „Demografischer Wandel in der Arbeitswelt", Rede der Bundesministerin für Arbeit und Soziales auf dem 5. INQA-Know-how-Kongress am 07.12.2010 in Berlin, www.bmas.de/DE/Service/Presse/Reden/rede-von-der-leyen-inqa-kongress.html

W. Bertelsmann Verlag: www.profilpass-online.de, Bielefeld 2012

Weidner, I.: Gesucht Informatiker, jung, pfiffig, eloquent, in: Computerwoche Nr. 14, München 2012, 2012, S. 46

Weise, F.-J., in: ‚Alle Chancen nutzen, um dem Fachkräftemangel entgegen zu wirken', Interview in: Bundesinstitut für Berufsbildung (Hrsg.): BWP (Zeitschrift für Berufsbildung in Wissenschaft und Praxis), Nr. 3, 2011, Bonn 2011, S. 11

Wiener ArbeitnehmerInnen Förderungsfonds waff (Hrsg.): Information ‚Kompetenzenbilanz', http://ec.europa.eu/ewsi/UDRW/images/items/itpr_17866_546540804.pdf

Zapf, I.: Flexibilität am Arbeitsmarkt durch Überstunden und Arbeitszeitkonten – Messkonzepte, Datenquellen und Ergebnisse im Kontext der IAB-Arbeitszeitrechnung (IAB-Forschungsbericht, 03/2012), Nürnberg 2012

BERUF & KARRIERE

Potenziale erkennen
Chancen nutzen
Erfolgreich sein

Fachkräftemangel und ein immer härterer Wettbewerb haben zu einem wahren „War for Talents“ geführt. Dr. Peter Littig erklärt karriereorientierten Fach- und Führungskräften ...

- wie sie ihre Potenziale erkennen,
- wie sie ihre Chancen nutzen,
- in welchen Branchen besonders gesucht wird,
- was man bei einem Jobwechsel fordern kann.

Dr. Peter Littig
Wanted
Fach- und Führungskräfte
163 Seiten, 14,5 x 20,7 cm,
Klappbroschur
Best.-Nr. E10486
€ 17,95 (D) / € 18,50 (A) / SFr. 22,10
ISBN 978-3-86668-860-5

Dr. Peter Littig ist Direktor Bildungspolitik und -strategie der DEKRA Akademie GmbH (einer der größten privaten nationalen und internationalen Anbieter beruflicher Aus- und Weiterbildung). Er befasst sich mit Fragen zur Entwicklung des Arbeits- und Stellenmarkts im europäischen und außereuropäischen Kontext und vertritt die Akademie in wichtigen (bildungs-)politischen Gremien in Berlin und Brüssel.

23-BK-R002

Bestellungen bitte direkt an:
STARK Verlag · Postfach 1852 · D-85318 Freising
Tel. 0180 3 179000* · Fax 0811 6000499-163 · www.berufundkarriere.de · info@berufundkarriere.de
* 9 Cent pro Min. aus dem deutschen Festnetz, Mobilfunk bis 42 Cent pro Min. Aus dem Mobilfunknetz wählen Sie die Festnetznummer 08167 9573-0

STARK